本书系教育部高等教育

区块链司法存证理论与实务

颜　卉　毛智琪　主编

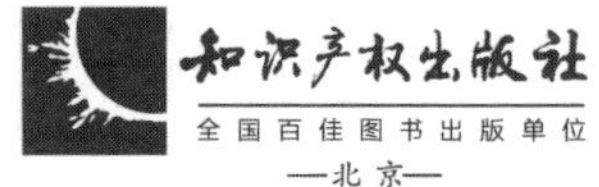

图书在版编目（CIP）数据

区块链司法存证理论与实务/颜卉，毛智琪主编．—北京：知识产权出版社，2024.5
（新技术法学丛书）
ISBN 978-7-5130-9166-4

Ⅰ.①区…　Ⅱ.①颜…②毛…　Ⅲ.①区块链技术—应用—司法制度—研究—中国
Ⅳ.①D926-39

中国国家版本馆 CIP 数据核字（2024）第 024924 号

责任编辑：李芸杰　　**责任校对**：潘凤越
封面设计：乔智炜　　**责任印制**：刘译文

区块链司法存证理论与实务

颜　卉　毛智琪　主编

出版发行：知识产权出版社有限责任公司　　**网　　址**：http://www.ipph.cn
社　　址：北京市海淀区气象路 50 号院　　**邮　　编**：100081
责编电话：010-82000860 转 8739　　**责编邮箱**：liyunjie2015@126.com
发行电话：010-82000860 转 8101/8102　　**发行传真**：010-82000893/82005070/82000270
印　　刷：三河市国英印务有限公司　　**经　　销**：新华书店、各大网上书店及相关专业书店
开　　本：720mm×1000mm　1/16　　**印　　张**：19.5
版　　次：2024 年 5 月第 1 版　　**印　　次**：2024 年 5 月第 1 次印刷
字　　数：320 千字　　**定　　价**：88.00 元

ISBN 978-7-5130-9166-4

《区块链司法存证理论与实务》编委会

|主　编|

颜　卉　毛智琪

|撰稿人|

（以姓氏笔画为序）

刘　斌　丁　灿　尧　天　林子寒　张心雨

序一

区块链法学作为新技术法学的一个分支，对于新兴交叉学科体系的建设和完善具有十分重要的价值。司法实践中，随着区块链技术的不断发展和完善，由该技术带来的ICO（首次币发行）委托合同纠纷、区块链智能合约诈骗、区块链存证等一系列法律问题也作为新兴课题摆在了研究智慧司法的学界和实务界专家面前。2021 年 8 月，最高人民法院开始施行《人民法院在线诉讼规则》，该规则确定了区块链存证效力范围和审查标准。根据区块链技术的特点，确认了区块链存储数据具有推定上链后未经篡改的效力，并分别明确了上链后数据真实性和上链前数据真实性的审查认定规则，首次对区块链存储数据的真实性认定作出规则指引。这将有助于当事人积极利用区块链技术解决电子证据“存证难”“认证难”的困境，提升人民法院证据认定效率，推动完善互联网时代新型证据规则体系。2020 年 11 月，教育部发布了《新文科建设宣言》，对新文科建设作出全面部署，并提出要促进专业优化，紧扣国家软实力建设和文化繁荣发展新需求，紧跟新一轮科技革命和产业变革新趋势，积极推动人工智能、大数据等现代信息技术与文科专业深入融合；夯实课程体系，鼓励支持高校开设跨学科跨专业新兴交叉课程、实践教学课程，培养学生的跨领域知识融通能力和实践能力。从理论与实务融合的角度，编写一本区块链存证的教程回应了新文科建设的时代需求。

从新兴科学技术对传统民事诉讼法学的发展和促进角度来看，这本书不仅是一本面向在校法科生的入门教程，对于法官、律师等相关领域的实务专家而言，该书也具有系统性和规范性价值。区块链作为数字化变革的前沿核心技术之一，其独特的技术特点带来全新的信任构建方式与社会协作机制。区块链存证技术是区块链运用于司法领域的重要突破，区块链技术“不可篡改”“全程留痕”“可以追溯”等特征，与法律证据的真实性天然结合，能够极大地弥补目前司法取证中的成本高、效率低、真实性难以确保等痛点，在电子证据发展中具有里程碑意义。特别是随着中国经济的数字化转型以及数据要素市场化发展的推进，其数字化的特征也对司法提出了新的要求，区块链存证技术与产业发展深度融合，既有区块链存证照进合同管理、版权、商业秘密保护等传统法律领域的创新应用，也有像数字藏品、实物资产数字化这样基于区块链技术而诞生的新兴产业。区块链技术与司法的结合，对于数字经济背景下提升人民法院诉讼纠纷治理能力、提升社会综合治理现代化水平具有重要价值。当前，关于知识产权类的区块链存证已经成为一项专门的业务场景，未来逐渐成熟的还会有遗产管理人通过遗嘱哈希值校验来核对遗嘱真实性等应用场景落地。探微知著，广大读者可以从这一本虽不算成熟但足以用心的编著中去挖掘更多的实践运用场景。

2020年，西南政法大学在智能司法研究院下成立了区块链司法存证中心，并立项了教育部产学协同育人课题。为了紧跟新技术法学的快速发展，培养兼具法律思维与实务操作能力复合型区块链法律服务人才，作者经过前期的充分调研，编写了这本兼具理论与实务价值的书籍。总体而言，本书具有以下三方面的特点：一是通过知识点的梳理，帮助读者了解区块链技术基础理论与区块链证据存证基本原理，并掌握网页端和App端通过区块链平台存证的流程及操作方法；二是通过典型案例解析，帮助读者掌握法院在对区块链电子证据进行审查时的关注重点，在案例中融合了民事诉讼法学中相关理论知识点与区块链电子证据的最新法律规定，有助于读者区分区块链电子证据存证不同环节法院对证据“三性”的审查侧重点；三是对我国目前的区块链存证实务进行了较为全面的概括和整理，对于不了解区块链存证的读者而言，阅读本书无疑是一个快速掌握相关知识要点的便捷方法。

是为序。

唐　力

（中国法学会民事诉讼法学研究会副会长

西南政法大学法学院教授、博士生导师）

序二

区块链作为数字化变革的前沿核心技术之一，由于其独特的技术特点，带来全新的信任构建方式与社会协作机制，越来越受到国际社会的重视，已经被公认将在众多社会场景中带来颠覆性影响力并促进全球技术产业创新。

我国早在2016年便已将区块链技术列为战略性前沿技术，习近平总书记在中央政治局第十八次集体学习中强调，区块链技术的集成应用在新的技术革新和产业变革中起着重要作用。我们要把区块链作为核心技术自主创新的重要突破口，明确主攻方向，加大投入力度，着力攻克一批关键核心技术，加快推动区块链技术和产业创新发展。2020年4月，国家发改委首次将区块链纳入新基建范畴，明确将区块链纳入新型基础设施中的信息基础设施。国家工信部和网信办也于2021年6月7日发布了《关于加快推动区块链技术应用和产业发展的指导意见》，坚持核心技术突破，通过链接产业网络和构建信任机制，扎实解决行业实际问题，服务实体经济和国家发展战略。各地也纷纷围绕区块链关键技术、高质量发展等出台了具体的行动方案。

作为一种通过去中心化的方式集体维护的技术方案，区块链技术具有高度透明、去信任、不可篡改的特点，这使其在社会各行各业均有广阔的落地场景。随着区块链技术渗透各行各业，其在司法领域的应用也被不断提及。

综观当下实践，社会信息化催生了大量复杂多样的网络环境下的纠纷，传统的审判流程越来越难以满足社会的需要及新技术的冲击。在此背景下，人民法院通过加速实现信息化建设，推动实现智慧法院转型，更好地应对新技术、新业态带来的挑战。其中，以区块链技术为依托的司法链，是法院将审判与技术相融合的创新模式，在法院审判的过程中发挥着越来越重要的作用。最高人民法院在《人民法院信息化建设五年发展规划（2019—2023）》

中明确指出，要“探索区块链技术在电子存证、数据管理等领域的应用”。随后，又在《最高人民法院关于加强区块链司法应用的意见》中，设定了到2025年关于区块链司法应用的总目标：建成人民法院与社会各行各业互通共享的区块链联盟，实现与工商、金融、征信等多个领域跨链信息共享和协同，司法区块链跨链联盟融入经济社会运行体系，“助力平安中国、法治中国、数字中国和诚信中国建设，形成中国特色、世界领先的区块链司法领域应用模式，为新时代我国经济社会数字化转型和高质量发展提供坚强有力的司法服务和保障”。此外，随着区块链与司法证据的探索不断深入，最高人民法院还通过《最高人民法院关于互联网法院审理案件若干问题的规定》《人民法院在线诉讼规则》等司法文件制定了一系列关于区块链证据的规定。

目前，各地法院、第三方机构均在推进区块链技术在司法领域的应用，已经形成了一定规模并取得一定成效，一定程度上解决了电子数据的存证难题，在提升审判效率、推进智慧法院建设方面发挥着积极作用。

我国区块链产业处于蓬勃发展的阶段，区块链技术的迅速发展，正在深刻改变生产关系，重构社会信用体系，成为新科技革命和产业变革的重要驱动力，推动数字信任基础设施的构建。区块链以其独特的技术特点，在支持司法数智化转型的同时，其与产业的结合也为司法带来了新的挑战与机遇。

在此背景下，本书紧跟司法应用创新趋势和区块链产业发展方向，立足客观现实，从区块链司法应用的实践情况入手，以存证为切入口，并选取司法链应用的实际案例进行深入分析及研究，探索如何通过区块链等前沿技术解决司法难题，支持司法实践需要。对于加深大众对于区块链司法应用的认识和理解，推动区块链司法应用的进一步落地和发展有着积极的意义。

是为序。

杨　东

（中国人民大学交叉科学研究院院长

区块链研究院执行院长）

编写说明

随着科学技术的进步，网络法学、区块链法学、人工智能法学、数字法学、科技法学等新兴法学学科逐渐兴起，尤其是伴随着生成式人工智能的快速发展，对法律从业者掌握、运用新兴技术进行法学研究、实践的要求日益提升。

从 2018 年区块链存证第一案开始计算，距今已有 5 年多的时间，区块链技术应用于司法存证领域也逐渐在法律层面得到了认可，行业也陆续通过发布标准的形式针对数字版权、互联网贷款合同、商业秘密和数字藏品等细分领域的存证进行统一和规范。本书的编写起因于 2020 年教育部产学协同育人项目的立项，项目的研究内容即是与区块链前沿技术企业共同研发“区块链司法存证取证理论与实务”课程，目前该项目已经顺利结项。在研究过程中，编者也发现无论是学生还是相关从业者，对如何应用区块链存证平台低成本、高效率完成电子存证了解并不太多。通过梳理发现，目前已经出版的有关区块链的著作也多为区块链技术层面的内容，专门针对区块链司法存证的内容相对匮乏。鉴于以上情况，编者对区块链存证的理论与实务进行了梳理，以便有需要的读者可以聚焦性地对此内容加深了解。

本书的主要内容包括八章，尽可能涵盖区块链存证的全流程领域：第一章为区块链司法存证基本概述，主要介绍区块链技术基本原理、区块链司法存证建设运行情况、区块链司法存证的相关法律规定及标准、区块链存证的技术优势、区块链存证在电子证据认定方面的价值；第二章为区块链存证的司法应用场景，具体包括区块链存证在诉讼服务、审判执行、司法协同、社会存证等方面的应用，以及司法确认智能合约、诉前存证、知识产权诉讼等特定场景的应用；第三章为区块链与电子取证，具体包括电子取证的技术原理、操作流程和应用困境，以及区块链技术在电子取证场景下的价值与应用实践；第四章为区块链转化存证，具体包括区块链存证技术的基本原理、存证操作流程、区块链存证系统的技术架构、区块链存证在司法实践中的应用价值；第五章为区块链存证典型案例分析，具体分为人格权纠纷、合同纠纷和知识产权纠纷三大案件类型；第六章为区块链电子证据效力审查，包括区块链电子证据概述、区块链电子证据认定的司法实践样态、区块链电子证据审查要点三部分内容；第七章为区块链电子证据审查难点，也是对真实性认定规则的检视，具体包括区块链电子证据真实性认定规则的理论争议、区块链电子证据真实性认定的司法适用解析、区块链电子证据真实性认定的不足及原因分析、区块链电子证据真实性认定规则的完善路径等内容；第八章为区块链在电子证据方面的挑战与展望。

作为教育部产学协同育人项目“区块链存证取证理论与实务”的成果，本书的编写由本人和毛智琪博士合作完成。第一章、第二章和第八章由毛智琪博士完成；第三章、第四章、第五章、第六章和第七章由本人完成；全书由本人完成统稿。

本书从大纲的编写到文稿的最终确定，得到了国内民事诉讼法学界、区块链存证产业界、司法存证实务界等各领域师长、同仁的诸多指点和帮助，不胜感激！本书在编写过程中，援引了部分著作、论文，特别感谢从事区块链存证理论与实务研究的各位专家学者，以及本书所援引大作的各位著者、编者！知识产权出版社的编辑老师为本书的出版倾注了大量的时间和精力，非常感谢他们的付出！

编写组为保证本书的质量尽了最大努力，但囿于学识和能力，还有很多不足，敬请广大读者不吝指正！

颜　卉

2023 年 12 月 6 日于西南政法大学

目录

CONTENTS

第一章　区块链司法存证基本概述

随着数字经济和信息通信技术的发展，互联网与社会经济生活深度融合，对我们生活方式的改变已经毋庸置疑，而且这种影响和改变还在继续向纵深发展。受2020年新冠疫情的影响，几乎所有的活动都在加速通过互联网进行，比如家庭通过网络购买生活资料、老师通过网络进行教学、公司通过网络会议进行办公等。互联网的出现，改变了我们的生活方式，改变了我们的日常行为习惯，也改变了我们的社会关系。法律的调整对象就是社会关系，社会关系的改变反过来也会影响法律的运行。

我国为了调整互联网时代出现和发展的新的社会关系，首先，出台新的法律，比如2019年开始施行的《电子商务法》，就是专门为了保障电子商务各方主体的合法权益，规范电子商务行为，维护市场秩序，促进电子商务持续健康发展而制定的法律。其次，设立为应对新的社会关系的产生而对某一领域进行专门管理的机构。在司法领域，最具有代表性的专门机构就是互联网法院。北京、杭州、广州设立的互联网法院，是集中管辖特定互联网案件的法院，按照“网上案件网上审理”的基本思路，实现案件诉讼全过程的在线进行。最后，在司法实践的基础上逐渐出台和完善一些有针对性的司法解释，修改相关法律规定，确保司法能够有效应对新的社会关系所带来的法律问题，如2018年发布的《最高人民法院关于互联网法院审理案件若干问题的规定》等。

另外，互联网经济的蓬勃发展在改变了社会关系和人们行为模式的同时，也引发了交易纠纷形态及证据形式的改变。基于互联网模式形成的电子商务、知识产权、在线金融、电子合同、电子交易等应用逐渐成为企业的核心业务模式与经营资产，由此引发的交易纠纷数量呈几何级增长态势。然而电子数据存在着“虚拟性、脆弱性、隐蔽性、易篡改性”的先天不足，传统电子证据被存储在自有服务器或云服务器中，文件在备份、传输等过程中容易受损，遭受攻击和篡改，导致证据不完整或遭到破坏，降低了电子证据可信度。同时，法院内部信息化系统涉及的数据大多和电子证据相关，如何确保数据的真实完整成为重要课题。

此外，随着区块链技术的不断发展和应用场景的不断深化，区块链在民生、教育、医疗健康、食品安全以及智慧城市建设等领域得到越来越多的应用，其已成为核心技术自主创新的重要突破口，在新的技术革新和产业变革中起着重要作用。互联网改变了我们的生活方式，区块链又是在互联网基础上的创新性应用，二者的结合必然会改变我们的社会关系，为法律的运行方式带来深刻变革。

区块链是分布式数据存储、点对点传输、共识机制、加密算法等计算机技术在互联网时代的创新应用模式。一般来说，区块链基础架构由数据层、网络层、共识层、激励层、合约层、应用层组成，具有去中心化、公开透明、难以篡改、可追溯等特点，因而也被称为“分布式账本技术”或“无须信任的共识引擎”。去中心化是区块链的根本特征，它通过点对点的分布式账本技术予以保障，避免了传统中心化系统中，单一中心的安全问题对全局安全的不利影响。共识机制保障了分布式记账节点数据的一致性，不仅解决了信任风险，还让链上信息拥有了不可篡改的特性，使可信度空前高涨。所有的信息一旦通过共识验证并且写入区块链之后，数据将很难被篡改。可见，分布式账本技术是区块链技术的本质特征，共识机制下的去中心化所带来的“不信之信”是区块链技术的根本价值。基于此，有观点认为，这一技术有望彻底重塑人类社会活动形态，为人类社会带来深刻变革。

新冠疫情的冲击给全球经济带来更大不确定性，原本的社会秩序发生重大变化，区块链作为传递信任的机器，其价值得到了更大的显现。随着互联网发展及区块链技术的成熟，人类社会原有的经济结构、地缘结构、文化结构、社会结构都受到了深刻的影响。2019 年 10 月 24 日，习近平总书记在中央政治局第十八次集体学习上强调，区块链技术的集成应用在新的技术革新和产业变革中起着重要作用。我们要把区块链作为核心技术自主创新的重要突破口，明确主攻方向，加大投入力度，着力攻克一批关键核心技术，加快推动区块链技术和产业创新发展。2020 年 4 月，国家发改委首次将区块链纳入“新基建”范畴，明确将区块链纳入新型基础设施中的信息基础设施，区块链技术现已上升为国家战略。作为一种通过去中心化的方式集体维护的技术方案，区块链技术具有高度透明、去信任、不可篡改的特点，这使其在社会各行各业均有广阔的落地场景。随着区块链技术渗透各行各业，其在司法领域的应用也被不断提及。

如前所述，社会信息化催生了大量复杂多样的网络环境下的纠纷，传统的审判流程越来越难以满足社会的需要及应对新技术的冲击。在此背景下，人民法院通过加速实现信息化建设，推动实现智慧法院转型，以更好应对新技术、新业态带来的挑战。其中，以区块链技术为依托的司法链，是法院将审判与技术相融合的创新模式，在法院审判的过程中发挥着越来越重要的作用。正如最高人民法院在《人民法院信息化建设五年发展规划（2019—2023）》中所明确指出，要“探索区块链技术在电子存证、数据管理等领域的应用”。

2018 年 9 月 6 日，最高人民法院发布《最高人民法院关于互联网法院审理案件若干问题的规定》，明确了通过可信时间戳、哈希值校验、区块链等技术手段认定的电子证据的法律效力，第一次将区块链技术引入民事案件审判的电子证据的认定。区块链技术在司法实践中逐渐显现出创新和变革的趋势，尽管这种趋势刚刚开始，但其方向已清晰可见。

诉讼作为司法实践重要的组成部分，是信息传递和交流的过程。表示信息的符号和承载符号的物理介质的变化，必然会相应地改变诉讼行为与审判行为的方式。以区块链技术为基础架构的新型创新模式，不仅改变了诉讼中信息的传递和交流方式，也将效率和信任的价值嵌入其中。如果说之前的互联网是传送信息的互联网，区块链则是传送价值的智能网络。信任和效率，是区块链传送价值的基本体现。分布式账本技术极大提高了区块链上的信任价值，而信任价值的提升，能够节省验证信任的成本，从而带来效率的提高。信任价值同时能够促进公平、正义、效率、透明等一系列价值的实现，从而贯彻诉讼程序应遵循的基本原则，实现诉讼程序所追求的基本目标。价值契合和技术驱动所带来的价值的强化，使区块链和司法结合具有了必然性，技术发展所蕴含的巨大潜力，使得这种结合在某些方面具有了可操作性和进一步深度结合的想象空间。将区块链技术引入民事案件审判的电子证据认定方面就是区块链技术影响和改变民事司法的集中体现。

第一节　区块链技术基本原理

一、区块链的定义与分类

2008年，中本聪通过论文《比特币：一种点对点的电子现金系统》首次表述了链（chain），提出了区块链的思想。❶ 之后，一些人把各种加密货币采用的“公共账本”思想归纳为区块链（blockchain）。狭义的区块链是一个分布式的共享账本和数据库，❷ 能按时间顺序以链条的方式组合数据区块，并以密码学方式避免篡改或伪造，安全地存储简单的、有先后关系的、能在系统内验证的数据。广义的区块链则由多种技术整合而成，指用加密链式区块结构来验证与存储数据、用分布式节点共识算法来生成和更新数据、用自动化脚本代码（智能合约）来编程和操作数据的去中心化基础架构与分布式计算范式。❸

目前，区块链有公有链、联盟链和私有链三种形态。公有链向社会所有人开放，只要接入此链就可以在上面发送交易，所有成员均可参与共识，这类区块链实现了完全去中心化；联盟链向联盟内的成员开放，在联盟内部首先会制定多个预选节点为记账人，预选节点决定区块链的共识，其他节点只能接入区块链负责交易，这类区块链是部分去中心化的；私有链仅向个人或团体内部开放，此种区块链的隐私保护性较高。

通俗来讲，区块链作为一种去中心化的数据储存库，是一串使用密码学方法相关联产生的数据块，每一个数据块中包含了一次网络交易的信息，用于验证其信息的有效性（防伪）和生成下一个区。因此上传到区块链存证平台的电子资源，将难以被篡改，具备可信性、可靠性与共识性。

二、区块链的关键技术

区块链具有的适用于电子数据存证的能力来源于区块链系统的关键技术，

---

❶ Nakamoto S. Bitcoin：A Peer-to-Peer Electronic Cash System，https://bitcoin.org/bitcoin.pdf，2009.

❷ 李拯：“区块链，换道超车的突破口”，《人民日报》，2019年11月4日，第005版。

❸ 袁勇、王飞跃：“区块链技术发展现状与展望”，《自动化学报》，2016年第4期，第482页。

关键技术包括两方面：核心技术和相关技术。区块链的核心技术包括共识机制、存储结构、通信方式等，用于保障区块链的多方参与、难篡改、难丢失的特性。区块链的相关技术包括可信存储、电子身份、可信时间等，为区块链系统的多种应用场景提供支持。

（一）核心技术

一是哈希算法（常用 SHA256 算法），具有不可逆性和抗碰撞性。一旦改动电子数据，其生成的相应哈希值必然变动，当事人也几乎不可能伪造与另一份哈希值相同的数据。通过验证哈希值，就可验证当事人提供的电子数据与上链的电子数据是否一致。

二是共识机制。共识机制用于协调区块链全网中各节点数据的一致性。共识机制通过制定达成共识的规则，实现节点选举、数据一致性验证和数据同步控制等功能。一般来说共识机制具有如下功能：（1）参与共识的节点在互不信任的条件下达成共识；（2）支持节点独立进行算法运算，不依赖任何其他节点数据和状态；（3）保证各节点对上链数据打包区块的计算能收敛并达到最终一致性；（4）声明在一定规模的节点环境下达成共识所需的理论时间；（5）有明确的抗恶意攻击指标。

三是签名验签。签名验签是使用非对称密钥加密技术与数字摘要技术，用于鉴别数字信息的方法。它主要用于确定消息确实是由发送方签名并发出来，并确定接收到的消息的完整性，没有在传输过程中被篡改。签名验签技术是将摘要信息用发送者的私钥加密，与原文一起传送给接收者。接收者只有用发送者的公钥才能解密被加密的摘要信息，然后用哈希函数对收到的原文产生一个摘要信息，与解密的摘要信息对比。如果相同，则说明收到的信息是完整的，在传输过程中没有被修改，否则说明信息被修改过，因此签名验签能够验证信息的完整性。

四是链式存储结构。链式存储结构是将一段时间内发生的事务处理以区块为单位进行存储，并以密码学算法将区块按时间先后顺序连接成链条的一种数据结构。由于后一个区块中包含着前面区块的特征信息，因此如果想要修改其中一个区块中的数据，需要将链式存储结构中的后序区块全部修改。而随着区块链中区块数量的不断增加，修改难度也不断增大。因此链式存储结构有效地提高了存储其中的数据的防篡改和防伪造能力。

五是P2P通讯。P2P（点对点）是指网络中的每个节点的地位都是对等的，每个节点既充当服务器，为其他节点提供服务，同时也享用其他节点提供的服务。P2P网络中的资源和服务分散在所有节点上，信息的传输和服务的实现都直接在节点之间进行，可以无须中间环节和服务器的介入，避免了可能的瓶颈，凸显了网络可扩展性、健壮性等方面的优势。区块链中的各节点是典型的相互平等、不分主次的服务器网络，通过P2P通讯机制可以实现节点间数据就近快速同步的效果，同时提高了整个区块链的抗网络攻击的能力。

（二）相关技术

一是电子身份认证。电子身份是一种数字化唯一身份标识，用于在IT系统中对人、组织、现实主体等进行唯一标注。电子身份认证使用各种验证手段来校验现实主体与电子身份间的合法对应关系，如带有智能芯片的身份卡、指纹、虹膜、语音等。电子身份认证的核心是数字签名技术，它保证了用户身份的唯一性和合法性。电子身份认证是司法存证主体及用户的反欺诈认证的基础，使用电子身份可以准确地记录行为方主体、操作人员信息，是电子数据有效性的基础保障。电子身份认证可以通过权威机构信息认证、大数据、人工智能方式对行为人的真实性进行验证，也可以直接在区块链上进行构建。

二是时间戳服务。时间戳是一个能够表示一份电子数据在一个特定时间点已经存在的、完整的、可验证的数据。它主要提供一份电子证据，以证明某个电子数据的产生时间。在实际应用上，它可以使用在电子商务、金融活动的各个方面，尤其可以用来支撑公开密钥基础设施的“不可否认”服务。

可信时间戳是将电子数据摘要和权威时间源绑定，由国家授时中心负责授时和守时，并由可信的时间戳服务机构对电子数据摘要和权威时间记录进行数字签名生成的时间戳。通过可信时间戳可确定电子文件生成的精确时间，并防止电子文件被篡改，为电子数据提供可信的时间证明和内容真实性、完整性证明，作为证据使用具有权威性和可信赖性，符合《电子签名法》要求，在法律上具备证明效力。时间戳不仅可以准确地标示出行为的发生时间，还可以通过时间的先后顺序构建可信的、完整的证据链条，是电子数据存证的重要技术支撑。

三是数据加解密。数据加解密是使用加密算法将明文数据转变为无法直接读取并理解的密文数据，拥有解密权限的人可以通过解密算法将密文恢复为明文数据。数据加解密应用在数据的传输、存储环节，保证数据在传输、存储中的安全性。数据加解密也是电子数据存证系统对于数据隐私保护的重要支撑。

四是数据储存。区块链通常为了控制数据传输量，只记录原始数据的哈希值，以达到电子数据保全的目的。还需对在区块链上固化的电子数据原文进行安全存储。数据存储系统使用安全的存储方式，同时拥有数据高并发、动态扩容等能力。

五是智能合约。智能合约以代码的方式实现既定的复杂业务逻辑，智能合约由合约参与方共同制定和维护，一旦部署则自动执行。智能合约具有自动执行的特性，可降低人为干扰和人工成本。智能合约技术为区块链用于复杂业务场景、支持垂直行业业务提供了支撑。[1]

三、区块链的特征

（一）去中心化

区块链技术采用点对点对等网络架构，在每个节点中均存在独立的运算、存储等功能，经过每一个信息节点有序运行形成区块，每一份区块又链接成区块链。在此基础上，数据被完整地储存在点、块、链中，改变了以往互联网中心化网络架构，即将数据、账户、密码等数据储存在中心服务器上的传统模式。这就是去中心化的特点，降低数据巨头对数据的控制，让数据自由地存储于每一个链条之中，也保证区块链信息保存的安全性，不因数据泄露、互联网巨头篡改、黑客攻击而危及用户数据。

（二）不可篡改性

区块链技术通过公私钥密码学技术，信息经过哈希函数加密后发送，并

---

❶ 最高人民法院信息中心（指导单位）：《区块链司法存证应用白皮书（1.0版）》（来源：可信区块链推进计划），2019年6月，第10–14页。

且不预先向对方发送密钥最终由接收人经过签名来确认发送者身份。因为算法生成保障私钥难以被公钥破解，保证了信息安全。最终，链上所有信息均储存在区块链上的每一个点，使得信息更改成为天方夜谭。区块链在保存信息、数据安全方面存在牵一发而动全身的特殊效果，每一个节点均存储上一区块的信息，每个节点独立成块，形成区块链，因此区块链上所有的节点、区块均储存信息，单纯修改一个节点或区块均不能完全篡改数据，除非将区块链上所有信息清除。因此，区块链不可篡改性的特点显现出来。

（三）隐私性

区块链的加密功能通过公钥和私钥的方式实现，区块链中的信息都是层层加密的，表面上公钥串看似一堆乱码，但只有通过唯一的私钥才能解锁杂乱无章数字串背后的信息，所以信息本质上是一组加密组，区块链中的信息都是加密的，因此不用担心信息泄露。在区块链运行过程中，存在一一对应的公私钥，公钥对外可见，但公钥的内容需要层层加密后的私钥才能打开，并且私钥具有唯一性和复杂的密码学构造，有专家测算，若想破解私钥密码，需要集合目前全世界所有的超级计算机算力，经过数百年才能破解。因此，区块链安全性极高，赋予智能合约应用强大的隐私性。❶

第二节　区块链司法存证建设运行情况

一、区块链司法存证的类型化应用

区块链司法应用方向主要分为三个部分：一是司法系统，如北京互联网法院“天平链”（北互天平链）电子证据平台、广州互联网法院“网通法链”（广互网通链）证据平台。截至 2023 年 2 月 6 日，北京、杭州互联网法院司法联盟链上链存证总数达到 5.19 亿条，最高人民法院司法链上存证数达到 1.24 亿条（见表 1-1）。二是第三方存证机构，如 e 签宝、安存等。三是公证

❶ 高奇：“《证据新规》下版权诉讼中的区块链证据：需求、规制及治理应对”，《电子知识产权》，2020 年第 9 期，第 91 页。

机构、仲裁机构的电子存证平台。

表 1-1　司法联盟链存证数据统计

司法联盟链	上链存证数据	验证次数	节点数
北互天平链❶	2.35 亿条	32187 次	24
杭互司法链❷	2.84 亿条	—	32
最高院司法链❸	1.24 亿条	—	32

（一）司法系统

截至 2023 年 4 月，全国范围内由人民法院主导建设的且已经上线运行的区块链电子证据平台共有 14 个，包括互联网法院建设的 3 个平台（北京互联网法院“天平链”、杭州互联网法院司法区块链、广州互联网法院“网通法链”），高级人民法院建设的 3 个平台（吉林省高级人民法院电子证据平台、山东省高级人民法院电子证据平台、青海省高级人民法院电子证据平台），中级人民法院建设的 2 个平台（郑州市中级人民法院电子证据平台、合肥市中级人民法院电子证据平台），以及基层法院建设的 6 个平台（成都市郫都区人民法院电子证据平台、江苏省沭阳县人民法院电子证据平台、合肥市蜀山区人民法院电子证据平台、安徽省天长市人民法院电子证据平台、四川省邛崃市人民法院电子证据平台、安徽省凤阳县人民法院电子证据平台）。可以看出，区块链存证平台的建设呈现出“遍地开花”的态势，不仅东部法院、高审级法院积极参与，中西部法院、基层法院也表现出极大的热忱。不仅如此，据最高人民法院消息，经各级法院共同努力，自 2023 年 3 月 10 日起，全国 3500 多家法院的电子送达文书均支持电子送达文书在互联网司法区块链平台或人民法院在线服务小程序进行在线核验。至此，人民法院今后送达的每一份电子文书均将实现区块链技术存证验证。

❶ 北京互联网法院“天平链”，https://tpl.bjinternetcourt.gov.cn/tpl/#shen4，最后访问日期：2023 年 4 月 4 日。

❷ 杭州互联网法院司法区块链，https://blockchain.netcourt.gov.cn/first，最后访问日期：2023 年 4 月 4 日。

❸ 最高人民法院司法链，https://sfl.court.gov.cn/pages/，最后访问日期：2024 年 3 月 29 日。

1. 最高人民法院司法区块链

最高人民法院牵头搭建的"人民法院司法区块链统一平台"，以期实现电子数据全节点共识可见证、全链路安全可信、全流程留痕记录、数据难以篡改，解决诉讼实践中存证难、取证难、认证难、鉴证难等痛点问题。目前已应用至江苏、浙江、天津、河南等地方高级人民法院，以及中级人民法院、互联网法院等30余家司法单位，在线采集数据超1.8亿条，处理存证业务4300万次。❶

2. 北京互联网法院"天平链"

2018年9月9日成立的北京互联网法院，以"网上案件网上审理"为基本理念，建设了由互联网法院主导建立、产业各方积极参与的电子证据开放生态平台——"天平链"。北京互联网法院秉持"中立、开放、安全、可控"的原则，联合北京市高级人民法院、司法鉴定中心、公证处等司法机构，以及行业组织、大型央企、大型金融机构、大型互联网平台等20家单位作为节点共同组建了"天平链"。通过利用区块链本身技术特点以及制定应用接入技术及管理规范，实现了电子证据的可信存证、高效验证，降低了当事人的维权成本，提升了法官采信电子证据的效率。截至目前，已经吸引了来自技术服务、应用服务、知识产权、金融交易等9类23家应用单位的接入。"天平链"的建设及运行，实现了以社会化参与、社会化共治的方式，践行"业务链、管理链、生态链"三链合一的"天平链2.0"新模式，打造了社会影响力高、产业参与度高、安全可信度高的司法联盟区块链。"天平链"作为司法区块链，目前完成跨链接入区块链节点18个，已完成版权、供应链金融、电子合同、第三方数据服务平台、互联网平台、银行、保险、互联网金融等9类25个应用节点数据对接，❷ 上链电子数据超过3042万条，跨链存证电子数据超过3亿条。❸

3. 杭州互联网法院司法区块链

全国首例司法区块链存证案例在杭州互联网法院于2018年6月28日落地

---

❶ 中国信息通信研究院：《区块链白皮书（2021年）》，2021年12月，第19页。

❷ 最高人民法院信息中心（指导单位）：《区块链司法存证应用白皮书（1.0版）》（来源：可信区块链推进计划），2019年6月，第48页。

❸ 伊然、董学敏："互联网审判中区块链存证技术的应用进路"，《人民司法》，2020年第31期，第14页。

实践，成为国内首家将区块链技术用于司法案件定分止争的互联网法院。随后，杭州互联网法院于2018年9月18日上线了司法区块链系统。杭州互联网法院在推动司法与区块链融合方面做了大量有益探索，并积累了丰富的实践经验。截至目前，已采集20.19亿条数据，为网上购物、网络服务、金融借款等引发的诉讼案件提供重要支撑。区块链与司法的结合，强化了司法体系对电子证据存证、固证的能力，简化了取证、认证与质证过程，优化了线上诉讼处理流程，助力司法公开与智慧法院建设。[1]

4. 广州互联网法院“网通法链”

广州互联网法院“网通法链”智慧信用生态系统于2019年3月31日正式上线。该法链的建设以区块链技术为核心，通过密码学、共识算法、证据规则等要素的整合，建立了权威的多方数据存证模式。为确保数据的存储开放中立、安全可信，广州互联网法院与广州市中级人民法院、广州市人民检察院、广州市司法局、广州知识产权法院、广州铁路运输中级法院、中国广州仲裁委员会、广东省广州市南方公证处、广州公证处等八家单位共同组建司法区块链。坚持“生态系统”理念，打造“一链两平台”新一代智慧信用生态体系。在“网通法链”系统建设中，司法区块链依托智慧司法政务云，联合“法院+检察院+仲裁+公证”多主体，集聚“电信运营商+金融机构+互联网企业”，为智慧信用生态系统提供区块链技术支撑。

统计显示，该系统试运行一周时间，存证数量已逾26万条，其中涉及互联网金融类证据材料12万多条；网络购物、网络服务类证据材料10万多条；网络著作权类证据材料近3万条。[2] 从2019年3月底上线至2019年6月，不到3个月时间“网通法链”存证的电子数据已经超过545万条。[3] 目前，广州互联网法院累计受理案件量已迈过14万件大关，在线庭审平均用时和案件平均审理周期分别比传统审理模式节约了五分之三和三分之二的时间。[4]

---

[1] 中国信息通信研究院：《区块链白皮书（2021年）》，2021年12月，第19页。

[2] 中国法院网：“广州互联网法院‘网通法链’上线”，https://www.chinacourt.org/article/detail/2019/03/id/3808242.shtml，最后访问日期：2022年2月27日。

[3] 最高人民法院信息中心（指导单位）：《区块链司法存证应用白皮书（1.0版）》（来源：可信区块链推进计划），2019年6月，第49页。

[4] “激发互联网司法治理新活力——广州互联网法院成立三周年工作纪实”，https://baijiahao.baidu.com/s?id=1712058014042819973&wfr=spider&for=pc，最后访问日期：2022年2月27日。

5. 吉林省高级人民法院电子证据平台

吉林省高级人民法院建设的“易执行—线索智能分析平台”，主要包含“鹰眼查询”“失联修复”“失信曝光”三大功能模块，借助区块链技术进行上链存证。而此前作为最高人民法院首批区块链试点，吉林省高级人民法院表现十分突出，截至2021年3月，吉林省高级人民法院司法链平台存证数据量超过2.6亿条，区块链节点数2个，上链系统数13个，核验总数21万条。[1]

6. 山东省高级人民法院电子证据平台

山东省高级人民法院电子证据平台可通过山东省高级人民法院官网首页进入，由山东省高级人民法院、中国科学院国家授时中心、中国信息协会法律分会、国家信息中心（中经网）、公安部第一研究所（中天峰）以及全国百家法院和中国司法大数据研究院等重要的区块链节点组成，并支持对接更多国家或社会组织的联盟链。

该平台支持证据核验、电子证据存证、电子证据取证、区块链公示等方面功能，重点解决互联网版权、互联网金融、电子合同等领域发生的纠纷类型。将互联网存证平台与法院建立区块链的数据融合共享在案件审理与案件执行阶段，降低司法诉讼成本，提升解纷效率，防止数据被篡改，推动诉讼服务及社会公信体系建设。

7. 合肥市中级人民法院电子证据平台

为深入贯彻落实上级法院工作部署，合肥市中级人民法院引入区块链技术搭建“电子数据证据平台”，对人民法院工作过程中的监管数据和当事人上传的各种数据进行固证存证，提升司法效率、减少取证成本，有效提高数据证据的完整性、公开性、透明性。平台通过区块链节点部署，实现上链数据的互信互认，形成高效公开透明的数据共享链。运用区块链技术去中心化、高透明度、不可篡改的三大特征，可以对上传的多种电子证据实时进行收集、存储和固定，在后期可随时调用，并具备时间追溯性，能够进行证据真实性的验证，形成证据风险性的评估，支持哈希值校验，为电子数据的取证提供

---

[1] 陀螺研究院：《数字基建新引擎：2021年中国区块链产业发展报告》，2021年12月，第64页。

了一个“利器”。[1]

8. 成都市郫都区人民法院电子证据平台

郫都区人民法院电子证据平台借助区块链技术，在电子证据存证取证环节，诉讼当事人可将电子合同提交、维权过程等行为全程记录于区块链，各机构节点进行全流程跟踪。该平台可对证书内容与电子签名、当事人信息及哈希值等方面进行核验。打开当事人提交的“司法电子证据云《电子证据保全及认证证书》”对当事人身份进行验证，确认当事人已通过实名认证。通过多方证据核验平台，确认当事人提交的电子数据即为证书中所述电子数据，以此保证电子数据的原始性。在多方证据核验平台的证书核验中对可信时间进行核验，在提交可信时间凭证编号与哈希值（数字指纹）验证后获得“时间与事件对应关系明确，并且时间被认证是来源于国家标准时间，权威可靠、真实可信”的结果，以此确认当事人提交电子证据时间来源可信、可追溯、可查验。

（二）第三方存证机构

区块链第三方存证机构是一种基于区块链技术的存证服务平台。它们提供了一种安全、透明、不可篡改的存证方式，可以让用户上传并存储重要文件或数据，并获得时间戳和存证证明。这种存证方式可以被用于保护知识产权、证明身份、签署合同等方面。这些第三方存证机构通常采用区块链技术中的分布式账本和加密算法，确保数据的安全和不可篡改性。用户上传的数据会被转化为一个唯一的哈希值，并记录在区块链上，这样数据就无法被篡改或删除，同时保证了数据的隐私性。

1. 蚂蚁链

蚂蚁链致力于打造信任链的基础设施，用技术手段创建数字时代的信任机制。其包含可信数字存证、可信资产登记等核心功能，具有高性能、高安全、强隐私等核心优势。目前，蚂蚁链的落地项目也包括司法维权领域。2019 年 12 月 20 日，司法区块链智能技术应用于全国首例案件的民事诉讼审判程序，基于租赁业务的电子商务领域首例交易全流程上链存证的诉讼案件

---

[1] 澎湃网：“合肥中院‘电子数据证据平台’上线啦”，https://www.thepaper.cn/newsDetail_forward_21559200，最后访问日期：2023 年 4 月 5 日。

完成在线宣判，蚂蚁链为其提供了安全的技术支持。

此外，蚂蚁链也在积极联合其他机构共同探索司法领域区块链存证业务。蚂蚁链携手上海金桥公司在法律科技领域深度布局，打造基于区块链的司法在线服务平台，并发挥区块链技术优势，助力企业和平台实现合同签署全流程上链及签名防篡改，联合公证处、司法鉴定中心等权威机构提供可信存证服务。作为“元宇宙”中的重要底层技术，区块链预计未来在司法领域也将实现多个落地案例。❶

2. 汽车数据可信存证区块链平台

中国汽车工业协会也首次发布了汽车数据可信存证区块链平台，可免费为一汽、上汽、长安、东风、北汽、广汽、长城、吉利、奇瑞、蔚来、理想、小鹏、特斯拉等协会会员单位提供可信数据服务。❷

3. 至信链

至信链可信存证服务是腾讯公司联合北京枫调理顺科技发展有限公司发布的可信存证区块链服务，基于长安链技术底层建设，已有十余家社会各界公信力机构作为节点加入。至信链的优势在于上链证据可通过互联网法院等在线诉讼平台提交至法院进行诉讼，法院可进行核验，证据处理方便快捷，省时高效，直通司法；满足电子证据司法存证链的要求，有助于提升司法判决的效率，盘活金融资源和提高金融机构坏账处理效率。这种区块链技术有效支持了“电子证据存证+网络仲裁”的模式，使网贷证据链条整理系统化，重点解决了信息篡改和业务隐私泄露两大风险，实现最快“7 天出裁决书”的效果，该方案获得中国信通院 2017 年十佳区块链优秀应用案例奖。❸ 至信链日均上链量超 50 万条，累计上链数据超 1 亿条，版权保护、数字版权交易、金融存证等多场景广泛落地，场景丰富。目前，至信链已有多达 2 亿条的存证数量，7 个节点使其每分钟出块数量多达 86 个。❹

2021 年 5 月，腾讯又发布区块链电子证据服务系统“一点存”存证平台，首批接入深圳市先行公证处、北京市国信公证处、上海市徐汇公证处、

---

❶ 民生证券：《金桥信息（603918）动态报告》，2021 年 12 月，第 1 页。

❷ 陀螺研究院：《数字基建新引擎：2021 年中国区块链产业发展报告》，2021 年 12 月，第 65 页。

❸ 腾讯研究院：《2019 腾讯区块链白皮书》，2019 年 10 月，第 20 页。

❹ 至信链可信存证平台，https://www.zxinchain.com，最后访问日期：2024 年 3 月 29 日。

成都市蜀都公证处、杭州市西湖公证处等5家公证处。

4. 京东智臻链

京东科技于2018年8月17日发布JDBaaSV1.0，建立“京东智臻链”技术平台，京东智臻链主要涉及数字存证、金融科技应用等领域。

5. 趣链

趣链科技携手中南卡通在2021年10月发布了国内首个区块链影视版权保护平台“版钉平台”，为上海市新虹桥公证处建设“采虹印”公证服务平台，提供网页取证、过程取证、移动端取证等电子数据取证功能，公证所需时间相较于之前缩短了50%，同时拓宽了公证处的服务场景，探索公证服务新模式。[1]该平台基于浙江省知识产权研究与服务中心、杭州互联网法院、杭州互联网公证处等权威机构共同构建了一个权威的司法服务联盟，通过联盟共识的方式，实现链上存证数据的多方互信见证。

6. 保全网

保全网提供基于区块链技术的电子数据存证与取证服务，广泛满足金融、科技、教育、出版、电商等领域中具有司法认可需要的电子数据保全需求，帮助当事人在诉讼、仲裁、政府监管等场景下便捷取得与提交电子数据证据，有效维护自身权益。

7. 无忧存证

无忧存证是杭州安存网络科技有限公司推出的“一站式”电子数据存证业务，通过区块链技术为企业及合作伙伴提供安全可靠、便捷高效的电子数据存证服务，利用区块链多中心化、分布式存储、多方共识、防篡改、可追溯等技术特性，对符合统一接入规范的电子数据进行前置性审查和检验，保障电子数据来源可靠、真实，解决“取证难、认定难”问题，并通过电子证据格式化、要素化梳理和智能归类分析、校验、核算等辅助法官轻松办案，简化电子证据采信工作，提升证据的调取、查验及鉴别效率，解放法官繁琐事务性工作，引领司法服务数字化转型升级。助力构建安全可信的司法环境，特别适用于对电子证据数量、质量有高要求的法院、仲裁、公证等司法领域。

---

[1] 腾讯网：“顺利完成三轮融资　趣链科技‘出落’成区块链领域独角兽”，https://new.qq.com/omn/20210420/20210420A00W5Z00.html，最后访问日期：2022年2月27日。

8. 链上壹法

链上壹法是北京全链通有限公司基于底层区块链基础设施“獬豸链”提供的面向司法领域的区块链应用平台。满足当事人的电子文件和证据存证固证，防止被篡改，保障诉讼安全。灵活的存取证方式也解决当事人取证难、固证难的问题。该系统可采用本地上传、在线录屏、在线截屏等方式，快速将自己的线上、线下作品权益存证。用户群体包括C端、B端客户，使用范围广泛。当权益受到侵犯时，将侵权内容快速、便捷、有效裁取下来，利用区块链不可篡改的技术特点达到证据固定的效果，安全、可信、高效。用户实名登录后可使用该产品进行线上申请区块链证据文书；链上可采集的数据包括域名、合同、邮件、视频、网站、游戏、个人信息被侵害的证据等，内容丰富、形式多样、方法便捷。取证后的文件将生成区块链证书，可供用户在相关的互联网法院及实体法院诉讼中使用。链上壹法平台还提供在线服务，用户既可以在线找律师进行法律咨询，还可以在线将电子证据快速固证、公证，技术安全可靠。目前，链上壹法已有用户780名，存证数量达到24913个。❶

（三）公证、仲裁机构的电子存证平台

1. 公证机构的电子存证平台

区块链上的数据都有迹可循，在不借助第三方中立机构背书的情况下，均能够保证证据的真实性。既然区块链技术被冠以“创造信任的工具”，区块链上的每一条数据都可以通过区块链的结构追本溯源进行验证，在有能力不借助第三方的情况下，提供足以保证证据真实性的证明。而公证作为传统意义上最权威的存证方式是否会被区块链存证技术取代？实际上，已经有区块链技术试图取代公证机构的存证，Stampery公司就试图利用区块链技术所具有的时间戳属性来代替传统公证的效力。将区块链技术引入公证，在无须公证机关介入的情况下，降低用户证明与时间有关事项的时间成本与经济成本。此外，区块链技术从技术层面解决了公证书伪造的问题。❷ 许多公证处也意识到如不能积极引进新技术，其相关的业务会明显流失，目前在北京和上海等

❶ IAC区块链司法取证平台，https://www.unilaw.net.cn/#/home，最后访问日期：2024年3月29日。

❷ 长铗、韩锋等：《区块链：从数字货币到信用社会》，中信出版社，2016年版，第239页。

多个公证处开始建立区块链取证平台，开展相关的业务。以北京互联网法院“天平链”为例，目前就已经吸引了多个公证处加入，成为“天平链”的一级或二级节点单位。通过国家公信力与技术信任力的结合达到公证与区块链“1+1>2”的效果是诸多公证处的期冀。究其本质，当下的区块链公证存证，依然是电子存证及公证手段的增强，并未提供去中心化环境下的信任产生这一区块链核心理念。我国的公证机构天然具有国家赋予的中心属性，这就与区块链技术所蕴含的去中心化理念显得格格不入。

2. 仲裁机构的电子存证平台

2017 年 10 月，微众银行联合广州仲裁委（以下简称仲裁机构）、杭州亦笔科技（以下简称存证机构）三方基于区块链技术搭建了面向司法仲裁行业的“仲裁链”。“仲裁链”发挥区块链技术的透明、防篡改、全流程追溯等优势，利用分布式数据存储、加密算法等技术对交易数据进行共识签名后上链，将实时保全的数据通过智能合约形成证据链，以满足证据的真实性、合法性、关联性要求，进而实现证据及审判的标准化。基于该平台，仲裁机构出具了业内首份仲裁书。

仲裁案件的区块链存证过程如下：业务发生时，用户的身份验证结果和业务操作证据产生的哈希值均通过区块链技术进行记录。需要仲裁时，后台人员只需点击一个按键，相应的证据便会传输至仲裁机构的系统平台上，仲裁机构收到数据后与区块链系统节点中存储的数据进行校验，确认证据真实、合法有效后，依据网络仲裁规则和国家相关法律规定进行裁决并出具裁决书。通过使用“仲裁链”，仲裁机构可参与存证业务过程，共同见证、实时共识验证，一旦发生纠纷，经核实签名的存证数据可视为直接证据，有助于仲裁机构快速完成证据核实，极大地缩短了仲裁流程。

“仲裁链”采用联盟链的治理方式，图 1-1 展示了“仲裁链”的业务架构。在该网络中，金融机构、存证机构、仲裁机构和其他业务相关方都可作为链上节点加入，形成一个可靠的联盟链网络。

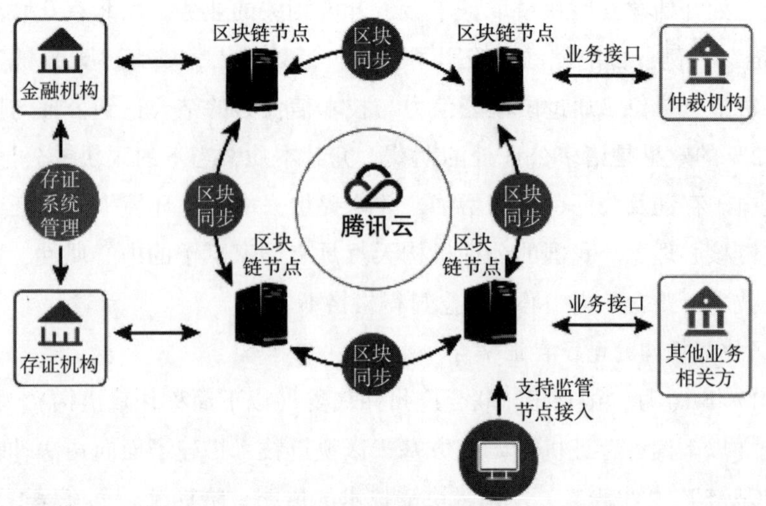

图 1-1 “仲裁链”的业务架构

二、区块链司法存证具体运行项目

(一) 版权服务平台“鹊凿”权益存证应用场景

可信存证通过将身份、信息、资产、行为上链，使存证无法被篡改，便于被各方共享，并作为纠纷发生时的电子证据，实现全流程留痕，全链路可信，全节点见证，高效解决企业纠纷，降低企业风控成本，营造互信的商业环境。蚂蚁区块链可信存证立足社会关注焦点，致力于切实解决社会存在问题，在数字版权、电子凭证❶、在线交易❷、侵权维权❸及服务须知存证❹等方面展开了积极的探索。

❶ 电子证明、交易凭证、电子合同、电子票据等数据凭证不容易管理，容易遗失，很难流通，很难验真，区块链可信存证可以为电子凭证提供永久性存证、验证服务，提升管理效率并促进数字化权益流通。

❷ 网络购物行为、交易行为中存在大量的细节性数据，随着时间的推移这些数据会容易遗失，当产生纠纷时就很难串接起来，区块链可信存证可以为在线交易提供公正客观、司法认可的存证服务，为线上数据分析提供双保险。

❸ 当用户合法权益受到侵犯时，区块链可以提供侵权证据的存证服务，如侵权网站的服务条款、服务内容、交易价格、客服沟通记录等，保障用户的合法权益。

❹ 互联网服务大量纠纷在于平台和商家是否就服务协议的关键条款提前明确告知用户，包括限制性条件、使用范围、隐私保护条款等，区块链可信存证服务提供了可信时间戳，公正中立，确保司法认可，帮助商家或者用户维护自身合法权益。

以版权场景为例，互联网时代信息传播极快，在没有预先登记的情况下，数字作品被侵权的概率很大，而且维权成本很高，基于蚂蚁链的版权保护和交易平台“鹊凿”为原创者及内容生产机构提供权益存证、侵权监测、链上取证等一站式版权保护解决方案（见图 1-2）。结合司法区块链的底层能力及专利获取技术，提供数字作品，包括图片、视频、音频、文字、代码等的所有权登记服务，让原创作品快速生成司法认可的电子数据存证证明，保护数字作品版权，相关数字证据可以在法院进行核验，提供司法证据保障。在发现侵权行为后，通过网页截屏、视频录屏等方式在线取证，并记录在区块链上，为维权提供可信赖的司法证据。还可以提供权益存证服务，即基于区块链特性，实现“发布即确权”，将权利人身份信息、登记内容唯一身份 ID（哈希值）以及注册登记时间等信息安全上链，基于链上权威节点见证的取证证据效力，保证数字证据的权威性。

创作过程中
权益存证
作品文件上链后，可获得国家权威机构颁发的存证凭据，作为后期维权的有力证据

由中国科学院国家授时中心签发可信时间凭证，存证过程受公证见证，司法认可度高

作品发布后
侵权监测
基于用户上传文件，在互联网范围内通过DNA提取检索，隐藏线索仍可有效识别

DNA识别技术能快速发现和精确识别侵权，比对准确率超过99%，监测范围广而全

收益受损后
链上取证
录屏/截图方式留存侵权事实，且取证前完成清洁性检测，让证据包获得法院认可

提供清洁性的自检设备环境，取证证据可在争议阶段进行司法核验，证据更可靠

图 1-2 “鹊凿”权益存证应用场景

（二）蚂蚁链电子合同存证运用场景

随着数字经济的推进，中小企业对于数字化合同的需求急剧增加，蚂蚁链基于区块链技术提供电子合同全流程服务管理，包括实名认证、意愿认证、电子签名和文档存证等。通过技术手段提高了签署效率，降低了合同管理成本。合同文件通过哈希运算后在链上进行存证，并同步到各联盟节点，无法被篡改和伪造，增加了数据的可信度。

蚂蚁链电子合同存证是高可信、高易用、高智能的数字化合同服务，基于区块链为合同安装上程序大脑，实现企业和机构多场景数字化升级。具有高可信度、高应用度、高智能度。全流程自动存证、可追溯，全流程权威节点见证，真实透明不可篡改，同时提供一体化的电子合同签约服务，丰富的一站式 API 接入，支持多种签署方式及身份认证方式，深度集成智能执行能力，合约维权高效通达，合同履约更强保障。

目前蚂蚁链电子合同存证已经在中小企业的人事、采购、租赁和金融等场景中得到广泛应用，助力百万企业实现办公数字化，共享数字经济的红利。杭州住房保障局率先支持链上签约购房，帮助一个无法从国外回来的用户通过链上签约顺利完成房产购买。某租赁平台也通过该服务的引入，在大幅降低坏账率的同时，降低了 65% 的合同管理成本，并实现了业务转化率的大幅提升。

（三）兴业消费金融区块链存证运用场景

兴业消费金融区块链存证运用区块链技术将全流程的信贷电子数据上链，且与司法机构相连接，通过线上诉讼流程提升诉讼效率，同时配合审判要求，对金融机构和审判机关在该类型案件的审理中实现破区域性。在实践中，它推动系统与泉州法院金融案件一体化办案平台进行数据对接，初步实现金融机构立案申请线上运行。同时，建立了案件标准化证据材料和审判数据要素标准，提升办理效率（当前无法从外部访问兴业消费金融区块链存证平台，仅可通过新闻报道等途径进行了解）。

（四）至信链在线信贷业务存证运用场景

针对金融纠纷场景电子证据多、认定难、成本高等问题，至信链在线上业务发生时对关键证据（如合同及收付凭证）进行区块链存证，从技术上保障电子证据的真实性，同时保护交易数据原文等商业秘密。后续发生纠纷时，金融机构可将已固定的合同、凭证作为证据通过“微法院”等通道直接提交至法院，法院可通过“微法院”等证据平台在线校验证据的真实性（见图1-3）。至信链目前已上链存证的数量为558345925条，区块高度为199801921个，每分钟出块个数为217个，节点数量达到8个。[1] 至信链现已与互联网法院、微法院和部分地区中高级人民法院及基层法院完成对接，覆盖全国31个省、自治区、直辖市和新疆生产建设兵团。

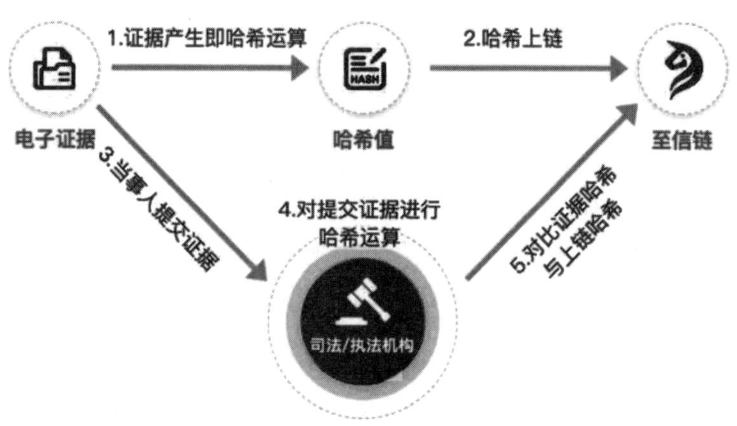

图1-3　至信链在线信贷业务存证运用场景

（五）至信链版权运用场景

至信链与内容平台对接，作者在内容平台创作完成时，发表即上链，固定权属信息。至信链提供的SDK（软件开发工具包），可以对业务系统产生的电子数据/证据进行实时哈希运算，将得到的哈希值实时上链存证。此外，至信链提供的版权取证能力固定侵权内容，为后续维权提供已固定的权属信息

[1] 至信链可信存证平台：https://www.zxinchain.com/bigScreen，数据更新时间：2023年12月15日15：48：15。

及侵权内容，作为证据通过最高人民法院与腾讯联合建设的“微法院”诉讼平台小程序等通道直接提交至法院，法院可通过“微法院”进行在线审理，相关证据审查可以在至信链提供的证据校验平台进行（见图1-4）。在公信力节点引入方面，工信部一所、新华网、中国版权保护协会、首都版权保护中心、深圳先行公证处、上海徐汇公证处、厦门鹭江公证处等众多机构已加入至信链生态，增加数据的可信性。

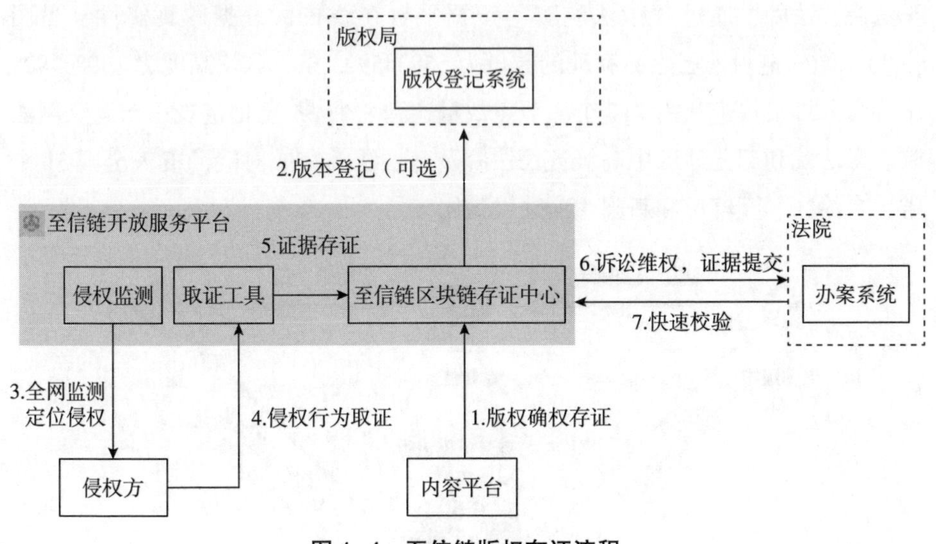

图1-4　至信链版权存证流程

（六）易保全旗下产品“君子签”运用场景

该产品签署流程可以分为以下九步：发起签约—合同生成—发送链接—真人认证—在线签约—保全托管—在线公证—智能仲裁—风险代理。

在合同管理方面，“君子签”采用在线缔结的方式，无须面对面签署，可以在线下载和查看合同，并及时进行电子化归档，不需要专人管理纸质合同。在数据存证方面，采用了CA证书+区块链+时间戳的底层技术，进行立体加密防护，数据同步至仲裁机构、版权机构、公证处、互联网法院等，可以有效地保障数据安全。在出证方面，“君子签”直接对接仲裁委、版权机构、公证处以及互联网法院等，可以在后台一键申请在线出证（见图1-5）。

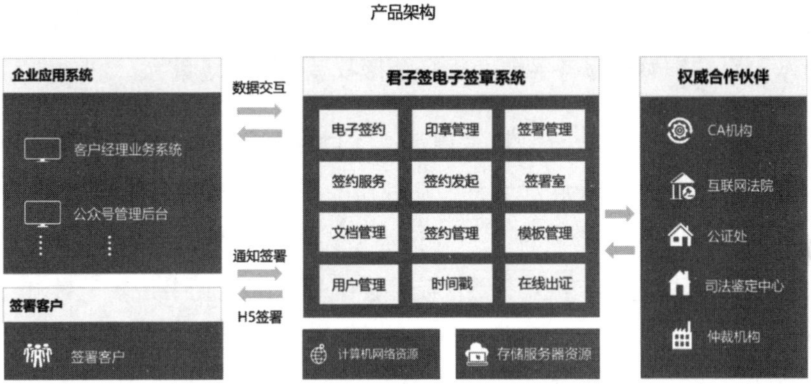

产品架构

企业应用系统
客户经理业务系统
公众号管理后台
签署客户
签署客户
数据交互
通知签署
H5签署
君子签电子签章系统
电子签约
印章管理
签署管理
签约服务
签约发起
签署室
文档管理
签约管理
模板管理
用户管理
时间戳
在线出证
计算机网络资源
存储服务器资源
权威合作伙伴
CA机构
互联网法院
公证处
司法鉴定中心
仲裁机构

图 1-5　“君子签”区块链存证产品架构

（七）保全网区块链存证运用场景

保全网提供存证确权、在线取证、证据查验、侵权检测、公证与司法鉴定等多方面服务。存证确权将提供电子证据哈希值，保全网唯一标识。同时，保全网链上区块由多个第三方节点共识备份后生成。

存证确权过程在采用传统存证的基础上引入共识机制、去中心化存储，储存方式采用存储于区块链网络上的每一个节点服务器的方式，验证机制为数据生成根据共识固定，实时完成多方验证。最后可以获得由保全网与杭州互联网公证处共同签发的《电子数据存证确权证书》，用于证明对应电子数据自存证成功起已经存在并且内容保持完整，未被篡改。同时，可以由浙江千麦司法鉴定中心在七个工作日内出具纸质版司法鉴定意见书对电子数据证据及取证环境进行鉴定，以证明取证环境清洁，证据取得过程真实合规（见图 1-6）。

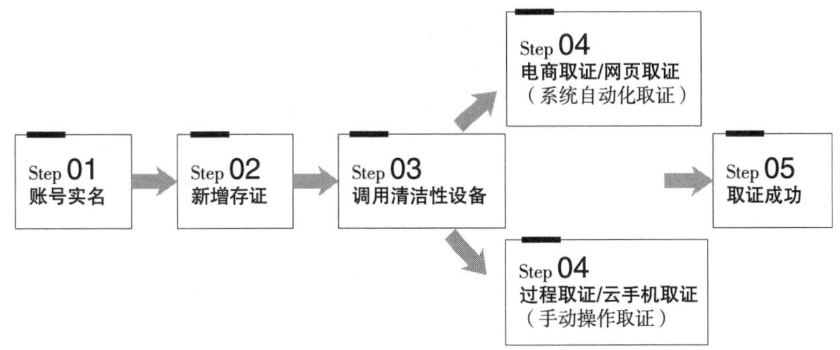

图 1-6　保全网区块链存证流程

（八）京东智臻链服务平台“氢舟”版权登记应用场景

该平台版权登记流程分为填写申请、支付申请费、申请受理、权威机构审核、获得确权证书。最后“氢舟”版权服务平台会出具区块链证书以及IP-CI证书。区块链证书包含存证方、存证类型、存证内容、存证大小、存证哈希、北京互联网法院和广州互联网法院存证编号。IPCI证书是基于对IP的溯源、验证的结果出具的版权权利范围、交易、授权的确权证明。

在发现侵权行为时，即可在“氢舟”平台直接线上发起维权服务申请，平台团队会全程进行维权处理，减少存证主体维权成本，缩短维权周期，实现高效低成本维权。图片、视频等视觉内容上传至“氢舟”平台进行作品登记后，平台将生成对应的区块链存证证书，通过区块链、哈希验证、电子签名、可信时间戳等技术实现对作品创作时间和内容的不可篡改存证（见图1-7）。

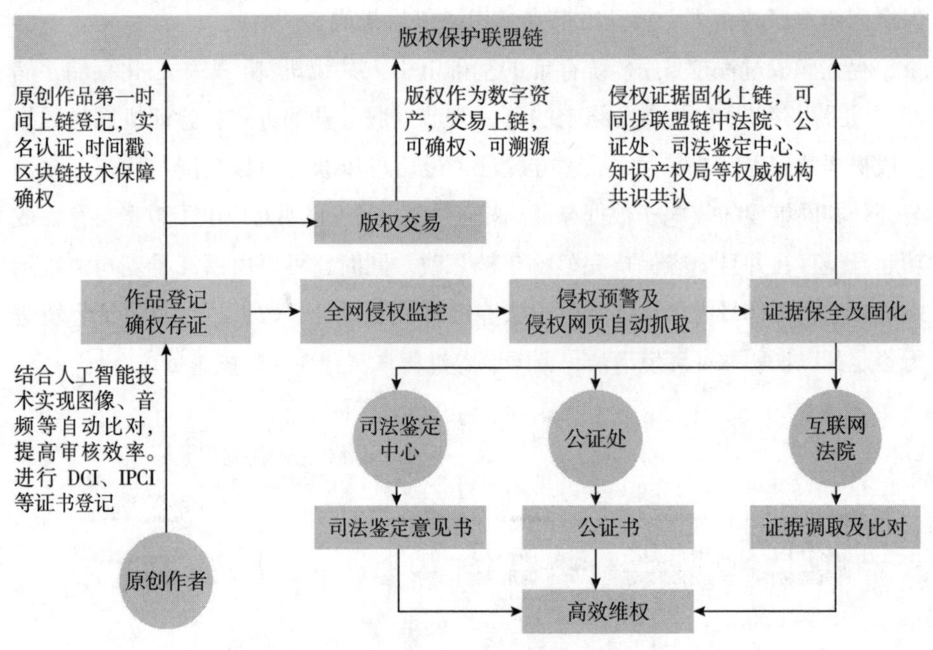

图1-7 “氢舟”版权登记存证流程

（九）趣链科技“飞洛印”区块链司法取证平台侵权取证应用场景

“飞洛印”侵权取证提供存证确权、取证与公证服务。在存证确权方面，用户通过文件存证或版权存证两种方式进行存证。文件存证是对已产生的本地文件证据固定。具备一键确权、强司法信任的优势特性，适用于图片、视频、音频等版权作品通过区块链进行可信存证。同时，证据通过“印刻链”同步共识至互联网公证处、互联网法院、知识产权保护中心，实现存证即确权。版权存证是将作品文件及时存证，获取《浙江知识产权中心权威版权证书》，可在作品发生侵权维权事宜时，证明作品的首发时间，以确定著作权归属。版权存证适用于原创作品版权保护，为原创作品版权归属提供强力证明。在取证方面，“飞洛印”网页取证通过对目标网页进行截图保全，及时固化侵权、违法信息，适用于文章、网页源代码、图片、页面信息侵权等取证场景，针对目标网址进行截屏、页面资源等信息采集，证据通过区块链进行存证保全；过程取证通过提供清洁环境操作虚拟桌面，操作过程全程录屏，形成证据，适用于视频侵权取证、多页面多内容取证等场景，提供环境清洁的远程 Windows 桌面，操作全程录屏，证据通过区块链进行存证保全；自动取证是网站侵权内容自动化取证固定，全程无须人工操作，适用于部分商城、音视频网站、多页面多内容等侵权取证场景，对音视频网站或其他取证场景进行全自动化取证，全过程录屏上链，无须人为操作，形成取证方式全覆盖（见图 1-8）。

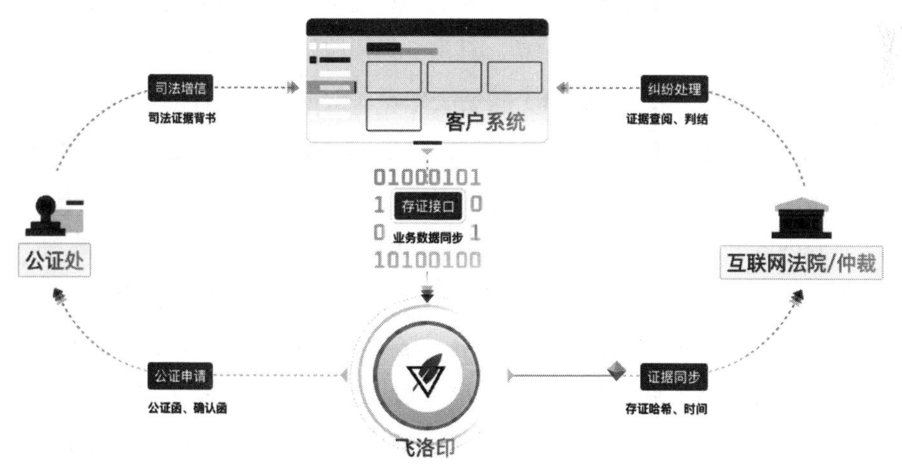

图 1-8 “飞洛印”区块链存证产品架构

第三节　区块链司法存证相关法律规定及标准

一、区块链司法存证相关法律规定

（一）法律法规及司法解释

2012 年之前，在我国法律体系下，电子数据不能作为独立证据参与诉讼。随着 2012 年《民事诉讼法》《刑事诉讼法》以及 2014 年《行政诉讼法》的修改，电子数据作为一种新的证据种类被纳入立法，获得了独立的证据地位。2015 年《最高人民法院关于适用〈中华人民共和国民事诉讼法〉的解释》第 116 条第 2 款规定了电子数据的部分形式。2019 年公安部发布《公安机关办理刑事案件电子数据取证规则》，其中第 7 条规定了提取电子数据的方式方法。2011 年国家工商行政管理总局发布了工商市字〔2011〕248 号《关于工商行政管理机关电子数据证据取证工作的指导意见》，其中第 3 条、第 4 条、第 5 条就电子数据证据取证的方式和条件进行了规定。

上述法律法规和司法解释等明确了电子证据在司法实践中可以作为独立证据，并对电子数据的取证手段进行了规定。其规定的取证手段包含：(1) 扣押、封存原始存储介质；(2) 现场提取电子数据；(3) 网络在线提取电子数据；(4) 冻结电子数据；(5) 调取电子数据；(6) 书式固定；(7) 拍照摄像；(8) 拷贝复制；(9) 委托分析。其中，扣押原始存储介质是首要选择。

《电子签名法》第 5 条明确了满足法律要求数据电文原件的形式；第 8 条阐述了审查数据电文真实性应对考虑的因素。该法第 5 条规定，符合下列条件的数据电文，视为满足法律、法规规定的原件形式要求：(1) 能够有效地表现所载内容并可供随时调取查用；(2) 能够可靠地保证自最终形成时起，内容保持完整、未被更改。但是，在数据电文上增加背书以及数据交换、储存和显示过程中发生的形式变化不影响数据电文的完整性。该法第 8 条规定，审查数据电文作为证据的真实性，应当考虑以下因素：(1) 生成、储存或者传递数据电文方法的可靠性；(2) 保持内容完整性方法的可靠性；(3) 用以鉴别发件人方法的可靠性；(4) 其他相关因素。

最高人民法院在 2018 年 9 月 6 日印发《最高人民法院关于互联网法院审理案件若干问题的规定》（以下简称《互联网法院规定》），其第 11 条规定，当事人对电子数据真实性提出异议的，互联网法院应当结合质证情况，审查判断电子数据生成、收集、存储、传输过程的真实性，并着重审查以下内容：电子数据生成、收集、存储、传输所依赖的计算机系统等硬件、软件环境是否安全、可靠；电子数据的生成主体和时间是否明确，表现内容是否清晰、客观、准确；电子数据的存储、保管介质是否明确，保管方式和手段是否妥当；电子数据提取和固定的主体工具和方式是否可靠，提取过程是否可以重现；电子数据的内容是否存在增加、删除、修改及不完整等情形；电子数据是否可以通过特定形式得到验证。当事人提交的电子数据，通过电子签名、可信时间戳、哈希值校验、区块链等证据收集、固定和防篡改的技术手段或者通过电子取证存证平台认证，能够证明其真实性的，互联网法院应当确认。该规定首次承认了经区块链存证的电子数据可以用在互联网案件举证中，标志着我国区块链存证技术手段得到司法解释的认可。

（二）公证体系法律法规和行业规范

关于电子证据保全公证的操作程序，主要散见于《公证法》《公证程序规则》，以及中国公证协会发布的《关于办理保全证据公证的指导意见》《办理保全互联网电子证据公证的指导意见》等。综合上述法律法规及行业规范的规定，电子证据的保全公证的基本程序包含以下要点：应当使用公证机构的计算机进行；由公证员按照申请人提供的书面操作程序进行操作；公证员应当按照顺序记录登录网络、进入网址、下载、打印（或刻录）等整个证据保全过程和所使用的操作软件名词、版本；公证员审核下载内容与网页内容是否相符；制作电子证据保全公证书；在公证申请人主动提出或者保全的电子数据具有复杂性、重要性时，公证员应当对保全的过程进行录像，并将录像资料与电子证据保全资料一并封存。电子证据保全的方式主要包括：备份、打印（按照书证方式）、拷贝、拍摄。对于当事人无法确切证明电子邮件或聊天记录中对方身份的，保全的电子数据可能不具有证据效力。

由此看出，电子数据公证的流程较繁琐，证据保全方式成本较高，对当事人的举证能力有一定要求。

二、主要法律法规条文解读

《互联网法院规定》首次认定链上数据可以作为司法采信的依据。2019年公安部发布的《公安机关办理刑事案件电子数据取证规则》第7条也规定了电子数据提取的方式方法。

随着2018年9月7日《互联网法院规定》的施行，最高人民法院首次对以区块链技术进行存证的电子数据真实性作出司法解释，由此区块链存证的法律效力得到进一步确认。区块链的加密和不可篡改的技术特点恰恰切中数字版权、供应链金融等行业领域痛点，可以有效解决电子证据真实性、合法性问题，使电子数据认证过程具有更高的可信赖性。[1] 作为下一代互联网数字资产的区块链确权和交易具有广阔的市场前景，实体经济的资产上链和业务上链应用不断落地推进。

2019年12月25日，最高人民法院公布的《最高人民法院关于修改〈关于民事诉讼证据的若干规定〉的决定》中由证据类型（第14条）、原件认定（第15条）、真实性认定（第93条）以及第三方平台（第94条）确立的“推定真实”和“视为原件”规则，初步解决了区块链证据的真实性认定和原件认定问题。

2021年6月16日，最高人民法院发布的《人民法院在线诉讼规则》（以下简称《规则》）进一步明确了基于区块链平台存储的电子证据的有效性判定规则，建立了较为丰富的区块链证据规则体系。

《规则》第16条规定了区块链技术存储数据的效力，明确了区块链证据在使用时需要满足核验的条件、核验通过的法律效果以及核验结果的时间属性。即区块链证据提交法院后，法院经过技术核验才能认定该证据在上链后未经篡改。区块链证据在经过第16条规定的核验程序被认定为可以适用的证据后，对方当事人若想否定核验结果，则必须从该证据储存所运用的区块链和相关平台进行突破。

《规则》第17条规定了四项区块链技术存储数据的审核规则，包括对存

---

[1] 伊然、董学敏：“互联网审判中区块链存证技术的应用进路”，《人民司法》，2020年第31期，第13页。

证平台和存证技术的审核。第一，从行政管理的角度，存证平台必须“符合国家有关部门关于提供区块链存证服务的相关规定”，即目前存证平台必须已按照国家互联网信息办公室发布的《区块链信息服务管理规定》进行备案。第二，从建设主体的角度，存证平台必须保持中立，即“当事人与存证平台是否存在利害关系，并利用技术手段不当干预取证、存证过程”。对存证平台是否保持中立，需要从“利害关系”和“不当干预”两个方面进行考察，需同时符合。第三，从通用技术的角度，存证平台的信息系统需要符合国家标准或行业标准，一般指 GB/T 25000.51—2016、GB/T 366627—2018 和 GB/T 22239—2019 这三项标准中所包含的对信息系统进行技术及安全评价的通用标准。第四，从专用技术标准的角度，存证技术和过程需要符合相关国家标准或行业标准，这里的相关规定目前主要指司法部于 2020 年 5 月 29 日发布的《电子数据存证技术规范》。[1]

《规则》第 18 条规定了审查区块链证据上链前真实性的启动条件——当事人提出数据上链储存前已经不具备真实性并提供证据证明或说明理由。对上链前真实性审查设置一定的门槛可能是为了防止实践中当事人仅以“无原件，真实性不予认可”提出无“价值”质证意见。

《规则》第 19 条是关于区块链储存数据真实性的补强认定规则，重申了专家辅助人、鉴定在区块链存储证据中的应用。

值得注意的是，《规则》的第 15 条“证据材料的认定”内容为：“当事人作为证据提交的电子化材料和电子数据，人民法院应当按照法律和司法解释的相关规定，经当事人举证质证后，依法认定其真实性、合法性和关联性。未经人民法院查证属实的证据，不得作为认定案件事实的根据。”该条为一般规定，第 16 条至第 19 条为具体规定。

三、区块链存证相关标准

2019 年，北京互联网法院发布《天平链应用接入技术规范》《天平链应用接入管理规范》。2020 年 5 月 29 日发布实施的《电子数据存证技术规范》

---

[1] 蒋鸿铭、吴平平：“《人民法院在线诉讼规则》区块链证据规则若干问题探析”，《法律适用》，2021 年第 7 期，第 158-159 页。

行业标准，规定了电子数据存证服务提供者、电子数据存证平台和电子数据存证过程的要求，并明确该标准适用于电子数据存证的规范化运作。同年5月，最高人民法院信息中心牵头制定了《司法区块链技术要求》《司法区块链管理规范》，旨在为全国法院通过区块链技术获取或者存储电子数据提供规范指导。2022年5月23日，最高人民法院发布《最高人民法院关于加强区块链司法应用的意见》（以下简称《意见》），《意见》明确提出："建立健全区块链在司法领域应用的技术标准和管理规范，为与相关领域区块链平台和节点接入互通、共享协同提供技术指引和标准接口支持。"由此可见探索建立司法区块链技术标准的重要性。随后，可信区块链推进计划结合司法及实务部门智慧，立足行业实践经验，连续发布了《可信区块链：区块链版权存证系统测评规范》《区块链司法存证应用标准　第1部分：数字版权应用场景》《区块链司法存证应用标准　第2部分：互联网贷款应用场景》《区块链司法存证应用标准　第4部分：商业秘密保护》《区块链司法存证应用标准　第5部分：数字藏品应用场景》等[1]，上述具体应用场景的区块链存证标准为行业存证平台、技术以及操作方式提供了可以参考和遵循的范式。

四、区块链证据真实性推定规则

区块链证据并非法律规定的独立的证据类型，区块链证据的实质是现有法定证据形式（或其复制件、衍生件）的区块链化，[2] 具体而言，其仍属于电子数据。对经区块链存证的电子数据的审查方法，目前仅在《互联网法院规定》以及《规则》中有规定，《互联网法院规定》第11条第2款明确规定："当事人提交的电子数据，通过电子签名、可信时间戳、哈希值校验、区块链等证据收集、固定和防篡改的技术手段或者通过电子取证存证平台认证，能够证明其真实性的，互联网法院应当确认。"上述内容体现了法院对区块链证据形式上的认可。《规则》第16条规定"当事人作为证据提交的电子数据系通过区块链技术存储，并经技术核验一致的，人民法院可以认定该电子数据上链后未经篡改"，由此部分学者认为我国已经确立了区块链证据真实性推

[1] 这些标准的文件参见本书附件部分。

[2] 刘品新："论区块链证据"，《法学研究》，2021年第6期，第130-148页。

定规则。[1] 除此之外，《规则》对区块链证据入链前以及入链后分别规定了不同的审查标准，可称为一大创举，然而我们也应当认识到此种区分尚且存在一定限制。《规则》第 17 条“当事人对区块链技术存储的电子数据上链后的真实性提出异议，并有合理理由的，人民法院应当结合下列因素作出判断”以及第 18 条“当事人提出电子数据上链存储前已不具备真实性，并提供证据证明或者说明理由的，人民法院应当予以审查”的规定本质上没有区别，都需要否认区块链证据真实性一方当事人主动提出疑问并说明理由或提出证据，法院才对区块链证据的真实性进行实质审查，尚未做到真正的区别对待。

这种真实性推定规则，不同于《最高人民法院关于民事诉讼证据的若干规定》第 94 条确立的电子证据真实性推定规则，区块链证据能够推定真实的原因在于自身链式数据结构、分布式存储和加密机制等技术特点，能够很大程度上保障数据上链后难以被篡改，而难以篡改就能保障电子数据从证据生成或被发现时到出庭质证时保持内容的同一性、完整性。这正是电子数据真实性认定的两个重要内容。

由于区块链技术并非全程参与电子数据生命周期全过程，即从生成到传输、收集、保管、质证全环节，大多数情况下，在证据收集以前，区块链技术都是不参与的，所以区块链技术并不能确保上链存储前的数据必然是客观真实的。因此该推定规则的效力范围仅限于“上链后未经篡改”，并非直接确认区块链存储数据的完整真实性，所以区块链电子证据推定真实只是针对电子数据上链后环节推定真实。有鉴于此，《规则》对区块链证据入链前以及入链后分别规定了不同的审查标准。然而，虽然《规则》对区块链电子证据真实性审查做了“入链前”与“入链后”的划分，但对于电子证据“入链前”的真实性，《规则》第 18 条第 1 款规定：“当事人提出电子数据上链前已不具备真实性，并提供证据证明或者说明理由的，人民法院应当予以审查。”该条第 2 款规定：“人民法院根据案件情况，可以要求提交区块链技术存储电子数据的一方当事人，提供证据证明上链存储前数据的真实性。”从逻辑上讲，只有对方当事人对区块链证据上链前真实性提出疑问并提供证据或理由的，法

[1] 陈爱飞：“区块链证据可采性研究——兼论我国区块链证据规则的构建”，《比较法研究》，2022 年第 2 期，第 29-43 页。

院才按照第18条第2款的规定对上链前证据的真实性进行审查。可见，对于区块链证据无论是上链前还是上链后法院都推定其具有真实性。结合《规则》第16条、第17条、第18条的规定，当事人对电子证据真实性有异议的，应当说明理由（对于电子证据上链前已经不具备真实性的，需要提供证据或者说明理由），此处的规定按文意可以理解为是将证明电子证据真实性的证明义务分配给了对方当事人，法院在技术核验通过后，便不再主动对电子证据的真实性进行审查。

第四节　区块链存证的技术优势

杭州互联网法院在全国首例区块链存证案[1]中，认为区块链技术本身具有难以篡改、删除的特性，只要能够确认诉争电子证据已经保存至区块链中，就可以认定区块链存证这种方法在电子存证领域具有可靠性。至于诉争电子证据是否已经保存至区块链中，法院通过哈希值检验校对一致的结果判断本案电子数据已经真实上传且为诉争电子数据。杭州互联网法院在全国法院系统中首次肯定了区块链存证的法律效力，为新电子存证形式在司法实践中运用奠定了基础。区块链存证的法律效力为何不经公证也能够得到法院认可，需要对区块链技术本身具有的特点进行分析。

一、区块链存证具有不可篡改性的特征

不可篡改性指的是，一旦信息经过验证并添加至区块链，就会永久存储，鉴于区块链分布式记账技术，人为地修改数据几乎不可能完成，除非能够同时修改系统中超过51%的节点。而且有学者认为，在区块链技术中运用时间戳技术[2]，

---

[1] （2018）浙0192民初81号。

[2] TSA（可信时间戳）是由中国科学院国家授时中心联合信任时间戳服务中心根据国际时间戳标准（RFC3161）签发的，能证明各种电子数据和电子文件在一个时间点是已经存在的、完整的、可验证的，具备法律效力的电子凭证。可信时间戳是解决《电子签名法》中对数据电文原件形式要求的必要技术保障。上述提及的中国科学院国家授时中心联合信任时间戳服务中心是由国家法定授时机构“中国科学院国家授时中心”和“北京联合信任技术服务有限公司”共同建设，按照有关标准和规定运营。时间戳的概念可参见中华人民共和国国家标准《信息安全技术　公钥基础设施时间戳规范》（GB/T 20520—2006）“术语和定义”部分。

为未来基于区块链的互联网和大数据增加了一个时间维度，使得数据更加容易追溯，历史重现成为可能。另外，时间戳可以作为存在性证明的重要参数，它能够证明特定数据必然在某个特定时刻是切实存在的，也因此凸显了区块链在电子存证领域所独具的不可篡改性、不可伪造性。❶ 传统电子证据在司法实践中主要面临司法采信度偏低的困境，这主要原因就是电子证据上传时间及内容极易被修改。与之不同的是，区块链存证具有的隐藏性、分布式记账功能，使得个体想要修改数据几乎难以实现。加之区块链是以各个区块以链的方式结合在一起，每一个区块上记录的交易是上一个区块形成之后、该区块被创建前发生的所有价值交换活动，因此也保证了数据库的完整性。❷

二、区块链存证具有去中心化和自治性的特征

去中心化是指区块链不存在中心化的硬件或管理机构，采取分布式记账技术，简而言之，人人都可能成为数据信息的记录者。自治性，则表明区块链是基于一套公开透明的算法使整个系统中的节点能够不受人为干扰地安全自由交换数据，这一点更能保障区块链存证的中立性和公正性。有学者在中国裁判文书网上以“电子证据”“电子数据”为关键词进行搜索，共抓取了8095份裁判文书，统计结果表明，92.8%的案件中法院对电子证据并未作出评判，7.2%案件中法院明确作出了评价。其中对电子证据作出评价的案件中，完全采信的比例为29.2%，部分采信的比例为2.0%，不采信的比例高达68.8%。❸ 其中，电子证据未经公证是法院不采信的主要理由，足见电子证据对国家公证的高度依赖。❹ 然而，区块链存证这种新型的电子存证方式，借由区块链充当去中心化的公证处角色，彻底改变了传统电子证据过度依赖公证的情形。以杭州互联网法院首例区块链存证案为例，华泰一媒通过第三方存证平台，进行了侵权网页的自动抓取和侵权页面的源码识别，并将上述内容上传至Factom区块链和比特币区块链中保存。上述案例中，Factom这种第三

❶ 邹均、张海行、唐屹等：《区块链技术指南》，机械工业出版社，2016年版，第27页。

❷ 冯科、宋敏：《互联网金融理论与实务》，清华大学出版社，2016年版，第98页。

❸ 刘品新：“印证与概率：电子证据的客观化采信”，《环球法律评论》，2017年第4期，第110页。

❹ 张玉洁：“区块链技术的司法适用、体系难题与证据法革新”，《东方法学》，2019年第3期，第102-103页。

方存证平台由于对自身存储数据的客观公正性及难以篡改等要求不够自信，就通过“锚定”技术引入了比特币区块链这条最强有力的公链为数据的可靠性进行背书❶，从而确保了证据存储的公信力。

三、小结

上述特性为区块链技术应用于公证、知识产权注册等时间敏感领域提供了可能性和权威性。也正是基于区块链技术所具有的不可篡改性、不可伪造性的特点，有学者认为区块链解决了法律案件审理中事实认定的难题，不同于传统电子证据难以被固定、容易被篡改的弊端，区块链技术理论上可以将法官从事实判断中解放出来，甚至可以认为在事实问题的判断上，区块链技术实现了对法官的完全替代。❷

上述论断应当是区块链存证应用于民事司法领域的理想状态，目前区块链存证仍然存在诸多现实问题。区块链存证由于其自身技术的不可篡改性，经合法、安全、透明的取证过程所获取的证据具有较高的证明力，可以改变传统电子证据依赖公证的困境，但是仍然面临着取证环节的安全性、真实性的证明难题。从全国首例区块链存证案的判决文书可以得知法院对区块链存证的审理思路，即对于此类证据，法院应秉承开放、中立的态度进行个案分析认定，既不能因其较之于传统证据更具技术依赖性而排斥或者提高认定标准，也不能因为其技术所具有的难以篡改、删除的特点而降低认定标准，应当坚持从证据的合法性、真实性及关联性三方面认定证据效力。

第五节　区块链存证在电子证据认定方面的价值

目前，区块链技术在民事诉讼证据、民事诉讼执行以及民事诉讼送达三个方面已经有了较为成熟的应用落地，其所体现的价值能够很好地契合和推

---

❶ 张延来：“‘锚定’技术或成区块链存证的主流”，《中国新闻出版广电报》，2018 年 8 月 30 日，第 5 版。

❷ 史明洲：“区块链时代的民事司法”，《东方法学》，2019 年第 3 期，第 111 页。

动这三个方面的既定法律价值和目标的完成，且技术风险可以在法律框架内得到有效预防、控制与救济。

针对电子数据的可信性问题，可利用区块链技术对电子证据关键信息及要素进行计算并记录，以密码技术为基础，采用多节点共识机制共同维护电子证据，实现电子数据存证的真实可信、防篡改、可追溯等技术能力。利用对等网络技术，每个节点都无差别储存一份数据，具有良好的崩溃容错机制；使用哈希嵌套的链式存储结构，保证每个区块内容的更改都需要更改其他所有前序区块，使系统数据安全、难以被篡改；使用数字签名技术，对于每条数据都记录其出处，不可抵赖；使用合理的数据模型，使每条数据的流转都可以追溯到起源；使用时间戳技术，对于每条数据的生成时间有明确认定。基于以上技术实现司法的存证服务，将诉讼材料或其他数据进行存证，当对材料及数据存疑时，当事人、其他参与人员可快速进行数据的核验，确定数据的真实性及完整性，验证数据的真伪。

关于电子证据的认定，本部分主要围绕电子证据的“三性”讨论区块链存证对证据“三性”的影响。区块链技术对电子证据“三性”的影响首先体现在对电子数据真实性判定的显著影响，其次区块链技术的相关技术、业务管理和链治理对电子数据的关联性和合法性也有部分提升。

一、电子证据真实性认定的要素

由于电子数据存证的特殊性，其真实性可以从三个不同的层面来认定：电子证据载体的真实性、电子数据的真实性和电子证据内容的真实性。

（一）电子证据载体的真实性

电子证据载体的真实性，是指存储电子数据的媒介、设备在诉讼过程中保持原始性、同一性、完整性，不存在被伪造、变造、替换、破坏等问题。电子证据载体的真实性，主要包括两方面的要求：一是电子证据载体来源的真实性。具体来说，法官审查电子证据时往往会关注：提交的电子证据是否包括原始存储介质，原始存储介质的收集程序、方式是否符合法律规定和有关规范；如果无法提取原始存储介质，如何确保其他存储介质能够保障电子数据的真实性。这是对电子证据载体原始性和同一性的审查。二是电子证据载体在诉讼前和诉讼中流转过程中的真实性。诉讼前和诉讼中，证据会在多个主体（如刑事案件的公检法和民事、行政案件中原告、法院、被告）间流转。在此过程中需要考察：电子证据载体在移送、流转中是否保持同一性，是否符合鉴真的要求；电子证据载体是否保持完整性，是否被改变、破坏等。

需要明确的是，应当对电子证据载体的真实性和电子证据载体的原始性加以区分。由于很多电子证据是在网络、计算机系统中生成，导致无法判断认定哪台计算机、哪个存储设备是电子证据的原始载体。因此，在判断电子证据载体的真实性时，首先要审查是否存在电子证据的原始存储介质。如果能够确认，则通过原始存储介质来认定电子证据载体的真实性；如果没有收集到原始存储介质，则需要通过技术措施、程序规则来确认电子证据载体的同一性。这意味着，电子证据载体的真实性和原始性并不相同，真实性的判断并不要求载体必须具备原始性。

区块链技术极大地扩展了电子证据的载体外延，并可以从技术上确保电子证据载体的真实性。具体而言，区块链存证使用分布式存储并附加防篡改校验机制，使电子证据可以脱离原始存储介质而安全存储，同时无被篡改之虞。

（二）电子数据的真实性

电子数据的真实性问题，是指作为电子证据信息在技术层面的存在形式的电子数据是否真实，是否与原始数据保持一致，是否存在被修改、删除、增加等问题。电子数据的真实性是电子证据内容保持原始性、同一性、完整性的技术前提，其对于电子证据真实性的审查判断具有基础性意义。从法律规则来说，电子数据的真实性主要包括两方面要求：一是电子数据来源的原始性、同一性。由于电子数据存储于网络、服务器等介质之中，在诉讼过程中使用电子数据，必须进行提取，因此在提取环节应确保电子数据来源的原始性、同一性。二是电子数据在诉讼过程中保持同一性、完整性。在诉讼过程中，存储于介质内的电子数据会随着诉讼进程的发展而流转，因此应防止电子数据在流转过程中被修改、删除或者增加。

为保障电子数据的真实性，现行规范性文件确立了一些规则，其中既包括技术措施，也包括程序规则。例如，《关于办理刑事案件收集提取和审查判断电子数据若干问题的规定》第22条第（二）项规定，对电子数据是否真实，应当审查电子数据是否具有数字签名、数字证书等特殊标识，这其实是对保障电子数据真实性的技术措施的审查。这些技术规则的适用，就是为了使电子数据在提取、使用过程中保持完整性、同一性。

电子数据的真实性，是区块链存证真实性评价中的一个关键问题。如前述，区块链技术可以保障电子证据的载体及载体上证据副本的真实性，但载体的真实和副本数据的真实，无法决定电子数据本身的真实性。同时，在区块链存证场景下，如果电子证据或其证据指纹（或称校验数据）上链并分布式存储，则证据的真实性已经具有技术保证。则欲保障电子数据的真实性，则需要确保作为电子证据的数据信息（或其证据指纹）在生成时即同步上链，或者确保该数据信息在上链前未被篡改。考虑到确保作为电子证据的数据信息在上链前未被更改实际上是一个传统的电子证据鉴定场景，不能发挥区块链技术的优势，故而在区块链存证领域，比较理想的确保电子数据真实性的方案是作为电子证据的数据信息（或其证据指纹）在生成时即同步上链。

（三）电子证据内容的真实性

电子证据内容的真实性，是指：（1）在“排除合理怀疑”证明标准场合（如刑事案件特别是死刑案件），电子证据所包含的信息可以与案件中其他证据所包含的信息相互印证，从而准确证明案件事实；（2）在“优势证据”证明标准场合（如民事案件），电子证据所包含的信息可以证明一定的法律事实，特别是证明当事人的意思表示和法律行为。电子证据内容的真实性是电子证据真实性的核心问题，不少语境中，电子证据的真实性就是指电子证据内容的真实性。在司法实践中，鉴定意见、证据相互印证是确认电子证据内容真实性的主要方式，有些情况下二者还会同时使用。

当然，上链证据同非上链证据乃至非电子证据一样，也会在特定场景下面临证据内容和客观事实不一致的难题。在区块链存证场合，证据载体的真实性和电子数据的真实性均得到区块链技术支撑、强化，电子证据的内容真实性有望得到一种“自我鉴真”的自证明效果。当然，在适用“排除合理怀疑”证明标准的刑事案件中，使用区块链存证技术的电子证据如果系孤证，仍然要服从于“孤证不能定案”的原则，区块链存证不能等同于法律事实。

而在适用“优势证据”证明标准的民事案件中，使用区块链存证技术的电子证据，一般可以逻辑推导出内容真实。比如，附加可信时间戳的上链数据，可以推定为形成于特定时间点，则该数据中的时间信息就具有内容真实性。同理，通过区块链达成的智能合约，在作为证据使用时可以推定合约内容数据真实，合约数据也具有了内容真实性。

二、电子数据关联性和合法性的认定要素

（一）关联性认定要素

证据的关联性，是指证据必须和需要证明的案件事实或其他争议事实具有一定的联系。从证据法角度评价，关联性标准要求每一个具体的证据必须对证明案件事实具有实质性意义。换言之，一个证据的使用必须对证明案件事实或其他争议事实具有确实的帮助。故而，证据的关联性和证据的真实性未必有关。区块链在单纯的存证场景应用，技术本身并不增强电子证据的关联性。如果是一类或一系列业务运行在区块链上，因其全流程留痕，可能因为可追溯性使证据的关联更加明确，方便进行关联性认定。无论如何，上链证据和案件无关的情况不可避免，区块链存证不能确保电子证据具有关联性，而是在部分场景下为电子证据的关联性认定提供参考。

（二）合法性认定要素

证据的合法性认定包括取证主体合法性、证据形式合法性、取证程序合法性以及证据保存与运用方式合法性四个方面。它是证据认定主体机械式对比法条的过程，其中不掺杂证据认定主体的私人价值评价。因此，与证据的真实性、关联性要求不同，证据的合法性判断不应考虑与案件事实的联系，而应与法律规定密切相关。

三、区块链存证系统对电子数据认定的作用

区块链技术对电子数据证据认定的作用，即对电子证据“三性”的影响，主要在于对电子证据真实性的判定所产生的显著影响。此外，对于某些业务类型，诸如证据在链上形成并同步存储的情形，该系统对于证明所存证据的

合法性和关联性也具有一定帮助。因此，区块链司法存证系统可以帮助司法工作人员，特别是法官和仲裁员，有效提高证据审查认定的效率和质量，降低审查难度和风险，对于提升案件办理质效和促进司法公正具有积极意义和重要价值。具体而言，该系统对于证据认定辅助功能主要通过以下三个层面来实现。

（一）安全架构确保电子数据载体真实性

在系统架构层面，区块链共识机制协调参与节点记账并保证所有诚实节点的数据一致性。任何不超出共识范围的节点作伪，都可以被识别，避免了单点作恶的可能。同时，不超出安全范围的节点崩溃，也不会影响系统的正常运行，大大降低了崩溃丢失数据的可能。这种机制下，影响区块链系统的正常运行，需要有超过共识范围的节点数作伪或宕机（如33%），攻击成本极高。区块链系统采用哈希嵌套的块链式存储结构，信息以交易的形式呈现，多笔交易打包成为一个区块，前序区块的哈希值嵌套进后序区块中。这种形式存储的数据，一旦某条数据被篡改，其后所有的数据都需要进行相应的修改，更改愈早存储的数据，其计算量愈大。只要节点控制权具有足够的分散程度（分散程度是否足够取决于共识算法种类），存储的数据结构和哈希碰撞达到足够的难度，这种结构的优势和防篡改能力就会有足够的保障力度，就能够达到法律规定中关于能够有效地表现所载内容并可供随时调取查用，能够可靠地保证自形成时起，内容保持完整、未被更改（同时，在数据电文上增加背书以及数据交换、储存和显示过程中发生的形式变化不影响数据电文的完整性）等要求，符合电子数据作为证据的法定标准。

（二）关键技术提高电子数据真实性

区块链司法存证系统除使用安全架构外，还使用了其他关键技术，为证据认定提供了重要帮助。这些关键技术包括数据储存、可信时间戳、智能合约与虚拟机、隐私与数据加密等技术。由于区块链本身存储的只是哈希值，而非原件，因此在示证的时候如果没有原件与哈希值相对应，存证也将无法达到目的。因此，数据储存电子数据原件也是区块链司法存证系统的重要部分。可信时间戳是将用户的电子数据信息和权威时间源绑定，由国家授时中心提供授时信息，将对电子数据信息和授时信息进行数字签名生成时间戳。通过可信时间戳可确定电子数据信息生成的精确时间，并防止电子文件被篡改，为电子数据提供可信的时间证明和内容真实性、完整性证明。在区块链上，虚拟机是智能合约的运行环境，是一个可以完全对外隔离的完整计算机体系。区块链通过虚拟机来调用和执行智能合约，并要求所有节点达成一致。通过在虚拟机中执行智能合约，可以达成区块链上多节点之间计算结果的验证和一致，为在区块链司法存证系统中扩展更多的执行操作建立基础。区块链司法存证系统的节点和当事方并不希望自己的数据能够被其他无关的节点或者当事人自由地调阅，因此，基于数据加解密技术的隐私方案也是区块链司法存证系统的重要组成部分。

（三）相关技术提高证据认定效率

区块链司法存证系统除具备前述技术外，还融合了一些相关技术，如实名身份认证、关联证据追溯、操作行为审计、文件公示与送达等辅助功能。这些辅助功能能够通过结合现有关键证据收储认定节点系统，提升证据认定工作的处理效率并降低工作复杂度，一定程度上减免传统证据认定的非关键步骤。

（1）实名身份认证。这也是《网络安全法》的强制性要求，是区块链司法存证系统必不可少的重要环节。如果不进行实名认证，那么电子数据存证的签名无法追溯到法律主体，会对证据的真实性、关联性产生不良影响，影响证据的效力。相反，如果电子证据在存证时即是经过实名认证的数字签名签字确认的，则将大大减少质证过程中是否为当事人本人签章的不必要验证甚至是签章鉴定活动，从而大大提高法庭质证效率。

（2）关联证据追溯。在传统存证当中，共同制作的文件由于其文件的独立性，难以确认其关联关系，无法共同处理。但是在区块链司法存证系统中，多份共同制作的系列文件，可以通过关联证据追溯相关技术，确认证据之间的关联性，为法庭认证工作提供便利。

（3）操作行为审计。在传统存证当中，对于接触并处理过证据原件的先后顺序是难以确定的；即使需要确定，也需要专业的鉴定机构介入。而使用操作行为审计相关技术，可以确定对原始数据的操作人、操作内容和操作顺序，为法官确定证据的效力和证明力提供支持。

（4）相关业务和链下治理辅助证据认定。基于上述机制和技术特性，区块链存证系统还可以与公证、司法鉴定、审计等业务相互融合，彼此赋能，进一步提高所存储和输出证据的可信度。有效的链下治理如实名认证等，更方便对电子数据的合法性认定。运行在链上的业务形式，因系统可追溯以及可靠电子签名的特性，可能对电子数据的关联性认定提供帮助。

此外，由于在联盟链中，用户的授权和访问控制需要由值得信任的管理员执行，建设方还需要选用满足条件的加密技术、可信的运行环境、保持节点的中立性等。因此，还需要加强业务管理，完善联盟链治理，才能保证区块链存证系统在司法实践中真正有效发挥对认证环节的支撑促进作用。

第二章　区块链存证的司法应用场景

第一节　区块链存证在诉讼服务方面的应用

一、区块链在诉讼服务方面的探索方向

面对区块链为司法诉讼带来的价值与潜在风险及挑战，如何最大程度地发挥其对于司法改革的促进作用，提高司法与新技术的融合，同时防范技术等方面的风险成为司法实务工作者面临的重要课题。结合目前的司法实践情况，法院系统正在积极探索区块链技术在法院诉讼服务方面的应用场景，基于区块链技术去中心化信任机制、不可篡改及可溯源的特点，结合法院实际业务，促进区块链技术与司法场景的融合。同时，深入挖掘智能合约技术与法院诉讼服务业务的契合点，创新区块链技术在法院的应用。优化诉讼流程管理，梳理传统诉讼流程中存在的问题，研究对应解决方案，推动实现电子数据的规范存储、安全调取、便捷认证，切实减轻当事人诉讼负担。同时，加快区块链建设落地进程，提升智慧法院建设水平。

持续推广区块链电子证据，加强推进诉源治理。诉源治理，是纠纷化解途径与体系完善发展的重要进路，与现有诉讼、仲裁、调解等传统纠纷解决方式的理念不同，诉源治理关注的是纠纷产生源头，从社会矛盾肇始之处着手，实现“将矛盾消解于未然，将风险化解于无形”。“区块链+互联网”应用于诉源治理，可以在诉讼前对信息进行实时原貌存储，并同时向其他链节点发送对应权限的信息，通过链式结构、分布式存储保证信息完整性与真实性，从技术上确保数据真实完整。应用区块链技术在调取、保存证据上节省

时间和精力，能够促进纠纷在短期内解决。

推广扩充联盟链，助力多元化矛盾纠纷化解工作。强化区块链基础建设，不断拓展联盟链，推动知识产权确权机构、软件著作权确权机构、银行、保险等的加入，以合作机制辅助法院开展司法活动，丰富链上生态，实现覆盖面广、跨界通用的区块链应用。实现数据第一时间上链存证，解决当事人自行收集保全电子数据等证据存在的困难，在存证、取证、质证等方面为人民群众提供更加智能、便捷、优质的司法服务，为诉讼全流程无纸化网上办理提供有力安全保障，提升诉讼服务效率和司法公信力，提高数据服务水平，有助于促进数据共享、优化业务流程，有利于建立互联网信任体系。

此外，另一个重要的探索方向就是电子送达及存证场景。面对实践中难以确保案件从立案到结案全过程电子送达的及时性、规范性、有效性，电子送达接收的电子文书的真伪辨认困难以及电子证据易被篡改、真实性无法保证等社会公众关注的问题，应立足区块链的技术特征和司法实践经验，探索跨系统融合的电子送达智能合约技术。根据审判执行业务流程分类，从送达期限、送达内容、送达对象、送达流程、送达结果等维度，探讨如何利用区块链智能合约技术调度审判执行业务系统、微法庭、电子送达平台、邮政投递系统等多方系统，按照送达规则合约共同配合完成电子送达。实现对电子送达全流程操作行为元数据及送达文书的哈希值的上链存证，方便法院验证送达结果，送达对象对接收到的电子文书也可以进行区块链验证，保证电子送达的效果和公信力。

二、区块链在诉讼服务方面的落地场景实践

目前，应用区块链技术可以将诉讼服务过程中的电子材料、业务数据、用户行为等信息进行固证，防篡改、可验真、可追溯，确保诉讼服务数据的生产、存储、传播和使用全流程安全可信，提升电子诉讼服务的权威性、专业性和司法公信力。通过将当事人进行网上立案、网上交费、网上开庭、证据交换等诉讼活动的登记信息、电子材料、操作行为全部上链，随时验真、追溯，提升网上电子诉讼服务的公信力和质效。此外，将诉讼服务过程中自动生成的送达地址确认书、庭审笔录、调解协议、送达回证、调查令等电子法律文书通过数字证书进行电子签名，确保身份真实有效。通过材料上链，

实现材料固化和防篡改，保障在线电子生成法律文书的唯一性、真实性和法律效力，为诉讼全流程无纸化网上办理提供有力安全保障。随着保险、银行、证券、电商等社会组织的数据上链固证，当纠纷产生时，可以构建基于区块链的涉诉单位、法院、鉴定机构等一体化纠纷办案平台，探索信用卡纠纷、金融借款纠纷等特定类型的一体化纠纷化解机制。一体化平台业务数据、电子合同等产生固化，线上直接提交给法院，实现全流程留痕、全节点见证、全链路可信，快速溯源、采信、利用，实现纠纷精准、专业、一体化快速化解，提升诉讼服务效率和司法公信力。

（一）电子送达上链

在传统存证当中，文件的公示与送达是难以确认、耗时费力的。但是在实名制支持的区块链司法存证系统中，文件是否进行了公示、当事人是否已经签收了文件，都是可以即时确认、无法抵赖的。这一技术发展可以为法官节约大量工作时间。

1. 送达的司法实践困境

一直以来，送达问题都是民事诉讼中的一个难点和痛点。如果受送达人积极配合，那么送达就不会成为一个问题，但实践中受送达人往往不配合或采用拒绝的方式与态度，导致送达成为一个很大的问题。《民事诉讼法》规定了直接送达、留置送达、电子送达、委托及邮寄送达、转交送达和公告送达的方式。如果受送达人有意拒绝送达，采取一些规避的方式和方法，人民法院最终只能选择公告送达。公告送达往往是在其他送达方式均无法达到有效送达的法律效果之后，最后采取的一种兜底送达方式。公告送达耗时较长，从决定公告送达到实际开庭，需要几个月时间。此外，公告送达的实际效果也不理想。公告送达一般是在有资质的报纸的一块小版面登报公告，因此很少有人会注意，更不用说通过公告送达获知相关诉讼信息。公告送达实际上是带有惩罚性质的送达，只是履行法院送达的法律义务和得到法律认可的送达效果，至于相关人员是否能够真正收到法律文书而在所不问。不可否认，在司法实践中，如果受送达人配合，是不会出现需要公告送达的情形的。公告送达往往是在受送达人拒不配合的情况下才会采取的送达方式，目的是推进诉讼的顺利进行。

为改变送达面对的困境，相关法律和司法实践也进行了有益的探索，那就是将电子送达作为法律认可的送达方式。《最高人民法院关于进一步加强民事送达工作的若干意见》规定："同意电子送达的，应当提供并确认接收民事诉讼文书的传真号、电子信箱、微信号等电子送达地址。"电子送达方式的增加，适应了社会发展和技术进步的现状，相比传统的送达方式，具有方便、高效的优势。为了提高电子送达的效率，促进人民法院案件办理的提速和增效，最高人民法院发布《人民法院在线诉讼规则》。其中第29—32条全面规定了电子送达的适用条件、内容范围、手段方式和生效标准。与以往电子送达的规定相比，其亮点在于：(1) 将可通过电子送达的文书范围扩大至"证据材料"；(2) 电子送达的地址为"电子邮箱、即时通讯账号和诉讼平台专用账号"；(3) 将"同意电子送达"从既有的诉前确认扩展至诉前的约定、诉中的行为和诉后的认可；(4) 确立了"默示同意电子送达规则"，即只要"受送达人通过回复收悉、参加诉讼等方式接受已经完成的电子送达，并且未明确表示不同意电子送达的"，人民法院就可以确定受送达人同意电子送达；(5) 明确了电子送达"到达生效"和"知悉生效"两种生效标准，其中"知悉生效"是一种推定生效规则。以上规定体现了最高人民法院正在加大推动电子送达的适用力度，也解决了原有电子送达中的部分难点问题——受送达人拒不配合时如何能够实现有效的电子送达。

在目前的司法实践中，部分当事人在地址确认书中记载的微信号未通过好友验证，法院无法通过微信向其送达；有的当事人表示没有甚至从不使用电子邮箱，不能及时收发信息，这些都影响了电子送达的实际效果。即使法院通过电子送达的方式进行了送达，如何证明受送达人确已收到，也是较难解决的问题，这种情况下的电子送达效力也会令人质疑。

此外，电子送达时间固定技术也尚未达到要求。司法实践中，对传真、电子邮件等到达受送达人特定系统的日期确认和固定，往往没有专业的、专门的电子科学技术设施予以辅助，致使该送达日期难以固定，无形中削弱了电子送达方式的适用性和效能。

另外，在电子送达的安全性方面也尚缺乏足够的保障。司法实践中，电子送达因其高效、便捷、低成本的优越性而备受青睐。但由于电子送达需借助于网络传输，存在相当的安全风险。在没有公用的微信号、电子邮箱的情况下，工作人员担心个人信息泄露而不愿意用个人号码向当事人送达，电子送达在技术上潜藏着极大的不安全性。

目前，当事人对电子送达的信任度没有对传统方式的高，特别是通过法官或者书记员等个人邮箱发送的情况缺乏规范标准，更可能给予犯罪分子可乘之机，如何辨认送达文件的真伪也成为实践中出现的问题之一。

2. 区块链技术带来的解决方案——电子送达可信操作

对于电子送达司法实践中存在的问题，需要通过进一步强化法院信息化建设探索有效的解决方案。在电子送达基础上构建以区块链技术为基础的区块链电子送达，可以有效解决受送达人拒不配合，其他送达方式又难以送达时所产生的难题。如果受送达人拒不配合，法院可通过区块链技术，对拟送达的电子邮箱、电话号码、即时通信工具等近期活跃状态进行分析、验证和存证，对达到一定活跃程度的账号进行送达，并推定受送达人收悉。如果近三个月内拟送达的电子邮箱、电话号码、即时通信工具较为活跃且处于正常使用状态，就可以达到法律上推定送达的条件，进行区块链电子送达。同时将这一送达情况上链，如果之后区块链又记录该送达账号的使用状况或活跃程度，那么就为推定受送达人收悉提供了验证。这样就解决了在受送达人拒绝接受送达的情况下，司法机关如何合理、合法地完成送达的问题，为送达难问题的解决增加了一种高效且可操作性较强的新方式，并达到了法律效果和社会效果的有机统一。

以“司法链”为例，在电子送达业务流程中，法院审判系统出具送达文书，并对送达文书原文生成的哈希值及原文地址链接通过“司法链”平台上链存证。同时通过集约送达一体化系统发起送达请求，系统会生成送达信息。通过“司法链”平台对送达信息原文生成的哈希值及原文地址链接上链存证，并生成一个存证码给到集约送达一体化系统。该系统会将送达信息、送达信息核验流程与核验方式及存证码，一同发送给当事人，当事人接收送达信息时，运营商获取签收回执，通过“司法链”平台对回执信息原文生成的哈希值及原文地址链接上链存证。

当事人对送达信息、送达文书等存疑时，可按照送达信息内提供的核验流程与核验方式，持存证码登录（需注册认证）“司法链”平台，输入存证码在线发起验证，核验通过，“司法链”平台会返回存证证书，显示送达信息、送达文书等相应原文链接、存证方等信息。当事人可点击送达信息原文链接，查看核对电子送达相关信息原文。

区块链技术的引入有助于实现电子送达过程中全部电子材料可存可验，保证电子送达全流程安全可靠，消除当事人对送达信息、送达文书真实性的存疑，同时对送达结果形成回执上链存证，保障电子送达的签收效力，提升法院公信力。

3. 基于司法链的电子签章服务平台

为了在现有完成送达文书存证的基础上，进一步提升以电子方式送达的文书的真实性、送达过程操作的可追溯性，目前还在探索通过在法院专网上搭建基于司法链的电子签章服务平台，实现电子签章跨网系可验证，同时增加电子送达过程可信操作的应用。在法院专网司法链之上搭建电子签章服务平台，可以在审判、执行案件管理系统中支持制式文书自动生成时自动签章，裁判文书经审核流程之后可以加盖基于区块链的电子签章。人民法院送达平台也可增加制式文书的自动生成和电子签章功能，以满足当前部分法院操作便利性的需求。

在文书送达阶段，在人民法院送达平台发起送达时，除对所送达的文书提交到司法链进行存证外，还可以对法官、书记员的操作过程，包括终端、操作者、操作时间、所选文书、送达方式等高敏感操作和关联信息进行实时存证。当事人在人民法院送达平台当事人端或微法院端进行文书查看时，一方面对查看的行为在互联网司法链上进行实时存证；另一方面也可以对法院送达的文书进行真实性核验。此外，由于使用了基于区块链的电子签章服务，第三方（如银行等）在拿到当事人的电子版裁判文书时也可对文书的真实性进行核验。

在人民法院送达平台可对当事人文书送达和收悉的回证进行核验，并可生成验证文书，作为卷宗材料入卷。在通过人民法院送达平台对失联当事人进行信息修复时，系统记录使用协查功能时的过程信息和关联信息，并进行实时存证。另外，还提供相应的审计功能，以便对信息修复操作全流程的合规性进行审查。

为确保服务响应的及时性和系统鲁棒性，基于司法链的电子签章服务平台与司法链节点及人民法院送达平台的部署一致性，在高院层面进行分布式部署。除具备电子签章系统的基本功能外，可以通过跨链服务，将签章信息同步到互联网，提供签章核验的功能和标准化服务。

法官在审判过程中可以对当事人文书送达和收悉的情况进行核验，核验的结果文书也可以入卷作为审判材料。各级法院的管理部门可以对本法院及下属法院使用当事人信息修复功能的合规性进行审查和审计。

通过电子送达可信操作的综合应用，可以进一步推广电子送达的应用范围和应用深度，为全面推广裁判文书的电子送达做好技术上的准备。同时基于司法链电子签章的应用，为跨部门可信文书交换提供一套可行的技术选项，为进一步拓展司法服务社会综合治理能力和提升整体社会经济运行效率提供技术支撑。

（二）裁判文书上链存证及验真

1. 裁判文书电子化带来的风险与挑战

随着互联网对人们生活方式的改变，司法电子化的趋势也日益明显，为进一步深化民事诉讼制度改革，最高人民法院出台了民事诉讼程序繁简分流改革试点相关文件，要求试点探索电子送达判决书、裁定书、调解书等裁判文书。但由于其电子形态特性，存在容易被篡改的危险，保障其真实性及有效性在实践操作中存在一定挑战。

2. 区块链带来的解决方案——裁判文书上链存证及验真

针对这些社会公众关注的问题，司法实践中，正在探索面向全国所有使用人民法院送达平台的用户，在通过送达平台送达裁判文书的场景下，增加裁判文书上链服务，根据文书验证规则，通过区块链的存证验证服务对该文书真实性进行核验。实现案件基本信息及裁判文书上链、核验，解决裁判文书电子证据易被篡改、真实性无法保证等问题，提升电子裁判文书去中心化安全存储，提升司法的公信力。

（三）物证 3D 扫描上链存证

随着互联网经济的发展和《人民法院在线诉讼规则》的施行，诉讼实践中实物证据电子化的应用大幅增加，尤其是知识产权案件中实用新型、外观设计专利等新型案件。针对实物证据的易丢失、易损毁、易篡改等特性，为确保实物证据电子化效果的真实性、合法性、关联性，面向物证3D扫描结果的电子证据存证验证技术越来越受到关注。该技术探索围绕服务应用层、区块链网络层、存储层，使用高可用、易水平扩展的分布式集群技术和标准化应用网关，提升应用服务的吞吐能力，保障请求得到快速响应；优化区块链网络节点的负载均衡机制，调整符合电子证据存证验证要求的节点共识和查询机制，降低链上数据访问成本；研究基于业务场景优化的底层存储数据分层机制，识别数据热点，优化数据读取、数据缓存机制，提升热点数据、关联数据访问的效率，为当事人、律师提供在线诉讼证据的存证验证服务。

三、区块链在诉讼服务方面的应用深化方向

区块链在诉讼服务方面的应用深化方向，体现在基于司法链的可信身份认证及电子签章方面。

我国《电子签名法》在2019年进行修正，其允许不动产交易环节使用电子签名。同年4月，《国务院关于在线政务服务的若干规定》开始施行，其规定，可靠的电子签名与手写签名或者盖章具有同等的法律效力，加盖电子印章的电子材料合法有效。2020年的新冠疫情在加速办公数字化进程的同时，也助推了电子印章被政府机构和企业用户快速接受。2020年4月，上海市政府推出了电子营业执照+电子印章同步发放的服务。据悉，海南省、宁波市、温州市、郑州市等多地也陆续推出电子营业执照+电子印章同步发放的服务。

2005年4月1日，我国《电子签名法》正式施行，这为我国电子签名的使用提供了法律基础。但受限于当时信息化的应用场景，电子印章由各地的证书授权（CA）机构和服务于内网系统的电子印章企业提供，电子签名对于多数企业而言并非迫切需求，早期的电子签名采用传统的软件交付方式。随着移动互联网时代的来临，企业对效率的要求不断提高，越来越多的交易需要在线上完成，对印章便捷性的要求也越来越高。在国内，电子印章注重合规性，一枚物理印章只能对应一枚电子印章，电子印章平台主要解决电子印章的制作和发放单点数字化，对于商户如何便捷使用考虑不足。在国外，电子签名注重便捷性，无行政权威CA机构，以数字签名PKI电子签名为主发展，对于如何与传统场景合规性进行协调考虑不足。全球领先的第三方电子签名平台美国DocuSign成立于2003年，并于2018年登陆纳斯达克，公司市

值超过200亿美元。由于美国人员流动性高，房屋租赁需求大，交易双方分居两地造成合同签署困难，DocuSign为房产经纪人提供房屋交易、租赁合同的在线签约服务。DocuSign以此为起点，逐步面向全行业提供“便捷高效、安全合规”的电子签名产品，服务全球超过180个国家和地区的50多万名客户，尽管便捷性足够，但是企业在线上化安全地使用电子印章方面存在着较大的风险。

而区块链统一印章平台，将物理印章唯一性和电子签名安全性有机融合，既合规又便捷，实现印章全流程数字化。在经济发展和技术进步的推动下，随着5G、区块链等“新基建”的到来，电子印章在经历了软件时代、SaaS（Software-as-a-Service）时代后，已进入3.0——区块链时代。区块链分布式记账，带来了数据全局唯一、不可篡改以及全流程追溯的特性，天然契合印章的使用流程，能够解决线下印章管理、丢失、抢夺、伪造等各种安全问题。同时，区块链作为全流程数字化的科技，能够大大加速企业关键业务数字化的进程，带来信任的同时提升效率。

目前，实践中已经发展出了众多电子签章（签名）的场景，如电子招投标、房产交易、土地交易、公积金、社保等，为企业法人和自然人提供电子签章、签章验证和文档加解密等多种服务，进一步推进政务服务从“最多跑一次”向“一次都不跑”升级。但在公众侧，电子印章发放的规范性和应用程度仍然不足。企业电子印章虽然在不同的场景中都有发放，但印章和公安未能打通，缺乏权威性；在使用上仍然是点状应用，未能作为一个基础设施赋能全社会应用。在司法方面，法院线上异步诉讼服务中需要对当事人身份进行严格确认，同时涉及的相关文书需要低成本高效地发送给当事人。区块链印章可以实现与线下物理印章一一绑定，全程使用溯源，有效解决可信身份和可信意愿问题。

1. 印章综合管理系统取证服务

将印章全生命周期数据进行可信存证，可通过数据接口服务以及印章综合管理系统获取相应的存证记录，并进行存证数据核验。存证数据上链成功后，等待链上出块完成，便可以查询相关数据。

2. 数据核验服务

可信存证电子固证的电子证据数据，可以通过区块链平台进行电子证据数据的核验，比对电子证据和电子固证数据的一致性。通过智能合约来管理数据核验权限，满足不同用户对数据的核验需求，既能保证用户可以核验其他用户存储的数据，也能将核验和数据下载分开。只核验，不下载，防止数据泄露。

3. 印章综合管理系统出证服务

印章综合管理系统可选择相应的存证记录进行出证，支持公证处颁发的存证证明出具，以及可信时间凭证认证证书出具。

第二节　司法确认智能合约

法院诉源治理工作要坚持发展非诉讼纠纷解决机制，加强矛盾纠纷源头预防、前端化解，完善预防性法律制度，从源头减少诉讼增量。当前人民调解组织和专业化调解机构在法院诉讼前端形成的调解协议，未经人民法院司法确认，仍缺乏强制执行力。跨组织可信的调解协议转司法确认智能合约技术，搭建基于区块链的前端调解平台，将前端调解的参与人身份验证信息、调解全过程操作行为、调解产生的音视频文件、调解文字信息、调解协议进行上链存证，确保调解过程的可信赖、可追溯。以此构建调解协议转司法确认的智能合约，实现对调解协议的自动验证、自动推送人民法院完成司法确认，将法院强制执行威慑力前置，可以极大提升矛盾纠纷多元化解的效果。

一、问题的提出：诉源治理为何需要区块链智能合约

诉源治理是新时代“枫桥经验”与社会治理融合发展的题中之义，又是提高纠纷预防与化解实效、提升人民群众司法获得感的重要举措。2019 年 1 月，习近平总书记在中央政法工作会议上作出重要指示，明确提出“要坚持把非诉讼纠纷解决机制挺在前面，从源头上减少诉讼增量”。2019 年 2 月，最高人民法院发布的《最高人民法院关于深化人民法院司法体制综合配套改革的意见——人民法院第五个五年改革纲要（2019—2023）》明确提出：“完善‘诉源治理’机制，坚持把非诉讼纠纷解决机制挺在前面，推动从源头上减少

诉讼增量。”2021 年 2 月，中央全面深化改革委员会第十八次会议审议通过《关于加强诉源治理推动矛盾纠纷源头化解的意见》，强调要推动更多法治力量向引导和疏导端用力，加强矛盾纠纷源头预防、前端化解、关口把控，完善预防性法律制度，从源头上减少诉讼增量。诉源治理是一个用以预防化解纠纷的综合措施系统，其本质在于加强矛盾纠纷源头预防、前端化解，通过提前介入、精准施策，消解形成于诉讼前的纠纷，减少或者避免没有必要的纠纷进入诉讼阶段，实现“将矛盾消解于未然，将风险化解于无形”，在一定程度上有助于应对“案多人少”的困境。

就目前而言，法院不仅是诉源治理机制的提出者和倡导者，也是诉源治理的主导者，通过提前介入、非诉解决诉前纠纷，引导当事人和解息诉，从源头上减少纠纷进入诉讼的案件数量。然而，这种法院职能社会化的做法尽管使得一部分纠纷化解于诉讼之外，但也进一步加剧了司法资源的紧张，影响法官审判职能的发挥，不足以从根本上克服“案多人少”的资源局限。[1]因此，诉源治理工作不仅需要法院提前介入处理纠纷矛盾，还需要开辟更多应对纠纷解决进路，变革、升华治理方式。在治理方式上，诉源治理既应注重社会化、法治化的要求，又应贴合智能化、专业化的要求。[2] 特别是在治理方式智能化方面，区块链智能合约的运用不失为一种有效加强诉源治理的智慧治理新模式。

智能合约作为区块链 2.0 的重要代表[3]，其是以计算机代码为基础，并储存、运行于区块链数据之中，由事件驱动自动触发执行、自动履行智能财产的承诺协议。区块链智能合约基于其去中心化、不可篡改、无须中介自动执行等特点，可以应用于司法领域，特别是可以与人民调解、民事诉讼、民事执行等环节对接起来，提高多元化纠纷解决机制的质效。2022 年 5 月，最高人民法院在发布的《最高人民法院关于加强区块链司法应用的意见》中明确指出，要“大力推动区块链技术与多元解纷、诉讼服务、审判执行和司法管理工作深度融合”，“建立调解协议不履行自动触发审判立案、执行立案等业

---

❶ 张卫平：“‘案多人少’问题的非讼应对”，《江西社会科学》，2022 年第 1 期，第 59 页。

❷ 曹建军：“诉源治理的本体探究与法治策略”，《深圳大学学报》，2021 年第 5 期，第 96-98 页。

❸ 许可：“决策十字阵中的智能合约”，《东方法学》，2019 年第 3 期，第 46 页。

务规则和智能合约程序，增强调解程序司法权威，支持多元纠纷化解”。由此看来，区块链智能合约可以作为纠纷解决程序的前置手段，使诉讼纠纷不断被过滤和分流，降低社会矛盾纠纷的整体解纷成本。[1]

在此意义上，区块链智能合约的普及应用是推进诉源治理的重要突破口。但是，区块链智能合约仍处于发展阶段，其对诉源治理的推动作用也是循序渐进的。我国法院目前已经开始尝试将区块链智能合约应用于司法实践，逐步实现诉源治理的智能化。基于此，本部分对浙江省杭州市西湖区人民法院（以下简称西湖区人民法院）在诉源治理方面运用区块链智能合约的现状进行实证考察，以真实展示区块链智能合约在诉源治理中的运作机理，揭示其对诉源治理所产生的积极意义，并就其对实体法和程序法上基本原理的挑战进行回应，为其能够在诉源治理中广泛应用提供些许可资复制的经验。

二、区块链智能合约在诉源治理中的运行实践

（一）区块链智能合约在诉源治理实践中的运作机理

1. 运作架构

随着区块链智能合约拥抱智慧法院建设，司法链智能合约应运而生。司法链智能合约通过区块链技术要素驱动数智赋能司法，为增强现阶段诉源治理的内生动力提供新思路和新方向。司法链智能合约是诉源治理实践中的一种新型的解纷方式，指的是以数字形式定义的、能够自动执行条款的合约。[2]以西湖区人民法院的具体应用为例，2021 年 3 月 23 日，西湖区人民法院诉调对接中心引导某银行股份有限公司杭州分行和被告签订了区块链智能合约司法确认调解协议，协议的签订标志着西湖区人民法院将区块链智能合约应用到司法确认领域，旨在通过司法链技术增强司法确认案件的约束力和执行力。其运作流程主要包括生成智能合约、完成实名认证并签约、合同文本内容及智能合约上传至司法区块链、智能合约自动运行、合约无法执行后转入多元

---

[1] 张春和、林北征：“司法区块链的网络诉源治理逻辑、困惑与进路”，《中国应用法学》，2019 年第 5 期，第 118 页。

[2] 柴振国：“区块链下智能合约的合同法思考”，《广东社会科学》，2019 年第 4 期，第 238 页。

调解流程、纳入信用联合奖惩机制等。[1] 需要特别强调的是，智能合约的自动履行机制是其最鲜明、最显著的特征。这种自动履行机制的原理在于，通过智能合约与债务人的账户进行对接，查找债务人存在的可供执行的财产，在调解协议约定的履行期限届至时或者债务人违反调解协议约定的义务内容时，法院诉调中心的调解平台可以通过智能合约的自动执行代码命令，向债务人的账户发起划扣指令，此时金融机构作为司法链智能合约的联盟成员，基于区块链的共识可信机制，对债务人账户中的财产进行划扣；若划扣款项不足，未足额履行本调解协议约定的义务，则诉前调解平台将按设置好的规则，对被告账户持续发起扣款。

司法链智能合约是推进诉源治理工作的重要举措，与传统合约机制相比，该智能合约主要把合同条款或者诉前调解协议等编制成整套完备的计算机代码，在交易各方签署后自动运行，确保“签约即留痕、留痕即可溯”，实现人民调解功能的扩大，使大量纠纷无须进入法院司法确认、审判和执行等环节便得以化解。这种诉源治理方式突破了传统意义上的司法范畴，也不同于传统意义上的非诉纠纷解决机制，在某种程度上实现了区块链技术与司法的深度融合，属于纠纷化解的智能方案。司法链智能合约是一种很有发展前景的纠纷应对方法，也是一种数字法院先试先行的动态机制。其基本运行架构为：若一方当事人违约而产生纠纷，调解机构便可以介入进行调解。调解成功后，当事人可以向法院申请司法确认调解协议，调解协议将进入司法链存证并形成智能合约，在履行期限届满时，诉前调解智能合约也同时触发自动执行指令，划扣欠款；调解不成的，案件进入诉讼程序，并推送至法院诉讼平台（见图 2-1）。

司法链智能合约在诉源治理实践中的作用主要反映在诉调对接方面，包括组织机构的对接、工作流程的对接以及调解结果的对接。

---

[1] 汤瑜：“司法链智能合约增强诉前调解协议约束力执行力 浙江杭州西湖法院运用创新思维推进诉源治理”，《民主与法制时报》，2021 年 5 月 19 日，第 2 版。

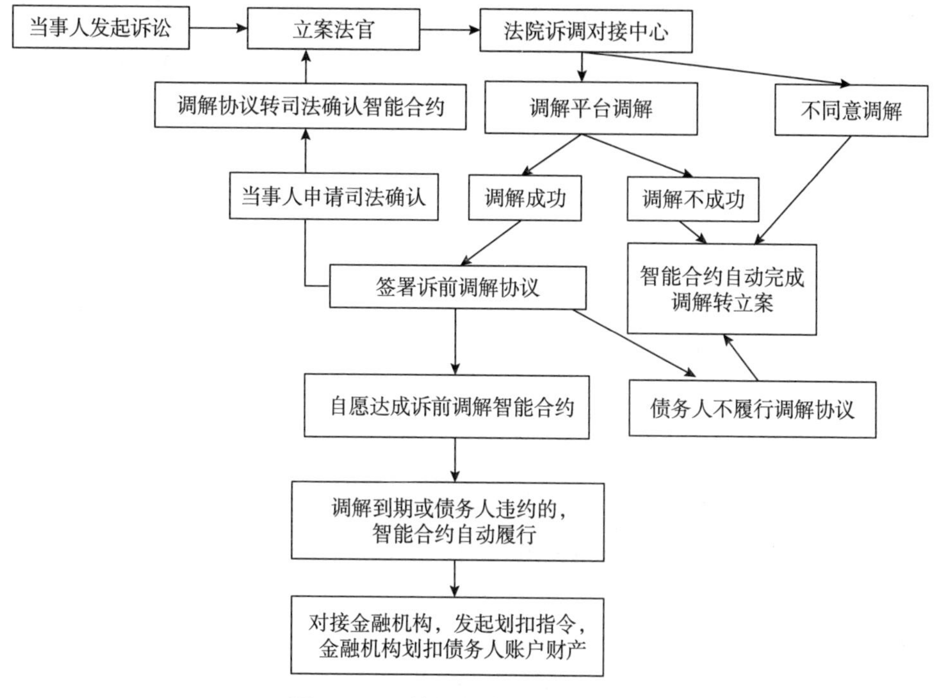

图 2–1　区块链智能合约存证流程

第一，组织机构的对接——法院附设诉调对接中心，并搭建司法链智能合约平台。为了推动纠纷解决更加优质便捷、普惠精准，法院内部设立诉调对接中心，引导当事人利用诉前调解的纠纷解决机制定分止争。同时，法院以司法链智能合约平台为核心，打通移动微法院、在线矛盾纠纷多元化解平台、政务服务平台等多种渠道，形成法院、调解组织、行业协会、行政主管部门、金融机构、存证平台等跨组织协作对接机制。

第二，工作流程的对接——诉前调解司法链智能合约。在司法链智能合约机制中，“自愿签约—自愿履行—履行不能—智能扣款”全流程环节通过调解模块自动完成，实现诉前调解链上签订和智能合约自动履行的业务流程闭环，确保纠纷与矛盾的“前置化”解决。

第三，调解结果的对接——调解协议转司法确认智能合约、诉调衔接智能合约。调解协议的效力是直接影响调解制度功能的根本。[1] 调解协议转司法确认智能合约是目前诉调对接机制探索创新的最新成果之一，实现对调解协议的自动验证、自动推动法院完成司法确认。司法链智能合约的可信机制所具有的公信力，也进一步增强诉前调解协议的约束力和强制执行力。同时，对于当事人不同意非诉方式解决、调解失败或不履行调解协议的案件，法院仍需切实保障当事人诉权，通过运用诉调衔接智能合约，将已上链的案件信息、调解全流程等元数据自动转入立案程序，自动完成调解转立案的信息材料的审查和导入，提升立案效率，切实做到有案必立、有诉必理。

2. 适用条件

如前所述，虽然智能合约系建立在区块链技术基础上衍生和开发出来的新型应用工具，但智能合约若要在实践中实现顺利推广，其性质应当归属于以代码形式存在的具有法律意义的合同。智能合约要具备法律效力并得以顺利执行，应当设置其适用的基础和前提条件。

(1) 当事人合意。

在司法实践中，当事人将纠纷诉至人民法院后，人民法院可以进行诉前调解，当事人若能达成调解协议的，则在征得其同意后采用智能合约模式对该协议内容进行重新签订并予以执行。从西湖区人民法院“司法链智能合约”的线上诉源治理模式来看，其线上诉源治理方案的启动前提为当事人自愿签约，即依据交易各方当事人的意思自治对合同进行具体拟定后，将合同条款编制成计算机代码形式的智能合约，再交由交易各方进行签署。因此，智能合约作为新兴法律合同，其签订、履行以及履行不能的强制执行等合同事项均应获得当事人的同意，唯有在平等、自愿基础上签订的智能合约，才有资格成为具备法律效力的合约。

(2) 债务人财产足以清偿债权。

为了使智能合约能够顺利发挥自动履行的功能，确保债权及时、完整地实现，智能合约的适用必须满足债务人存在其他可供执行的财产或者其他财产足以清偿全部债权这一前提条件。若债务人财产不足以清偿全部申请智能

[1] 毋爱斌：“法院附设型人民调解及其运作——以‘人民调解工作室’为中心的考察”，《当代法学》，2012 年第 2 期，第 21 页。

合约自动履行的债权或者无其他财产可供履行，智能合约就难以“施展身手”，也难以发挥其具有的可执行性的功能价值。因此，智能合约自动履行的前提之一是债务人的财产足以清偿全部债权。随着执行查控信息化、智能化升级，被执行人的财产状况信息可以通过区块链智能合约自动完成执行查控。只要发现债务人的账户等存在可供执行的财产，便可适用智能合约自动履行功能进行财产划扣。

（3）权威司法链平台背书。

目前，我国的司法链平台分为最高人民法院牵头建立的全国性人民法院司法区块链统一平台和地方司法区块链平台，其中地方司法区块链平台有北京互联网法院“天平链”、杭州互联网法院司法区块链平台等。司法链平台由法院建立，经由法院背书，其无疑具有权威性和高度可信的特点。通过对现行司法实践和案例的总结和分析，在审查智能合约的法律效力时，首先应当对该智能合约所在的平台资质和可信度进行审查，唯有获得权威司法链平台背书的智能合约平台才有资质运营智能合约相关业务。任何第三方公司所开发的智能合约签订、履行平台须接入全国或地方司法链平台，将其平台数据实时传输至权威司法链平台。反之，则将直接导致通过该第三方平台所签订的智能合约不具备执行效力和法律效力，仅具备一般的证据效力，应按照证据规则对其证明力进行审查。

（4）合约内容合法。

根据我国《民法典》的相关规定，违反法律、行政法规强制性规定的民事法律行为无效。智能合约并不是单独的法律行为种类，其性质仅是运用了新兴技术的可自动执行合同，同样应当符合法律、行政法规的强制性规定，不得违反公序良俗，否则将丧失法律效力，不具备可执行性。因此智能合约仍然需要满足合同合法性审查的要求，若该智能合约的合同内容不符合合法性要求，仍然应当排除其法律效力。

（二）区块链智能合约在诉源治理实践中的运作特征

区块链智能合约是一种强化诉调对接作用的新型协助解纷方式，与传统的诉前调解直面化、亲面化的特征不同，其不仅具有智能化、精准化、高效化、保密安全化等外部特性，而且具备更为深层的内在特征。

1. “内部司法—外部自治”的双向 ODR

随着以大数据、人工智能以及互联网科技为标志的第四次工业革命时代的到来，中国的线上纠纷解决机制（ODR）也迎来了新的发展契机。ODR 依托人工智能等信息化手段，综合运用“枫桥经验”的价值理念和治理逻辑，实现将矛盾纠纷化解于萌芽，解决在基层，故其也被称为“网上枫桥经验”。[❶] 同时，ODR 秉承诉源治理的实践逻辑，可以分为内部司法的 ODR 和外部自治的 ODR。其中，内部司法的 ODR 强调法院利用 ODR 智慧辅助司法，缓解诉讼压力，避免诉讼成为矛盾纠纷解决的首选渠道。内部司法的 ODR 集中表现为法院不断创新发展互联网司法 ODR（在线咨询、在线评估、在线诉前调解或和解、在线司法确认等）。外部自治的 ODR 是指基于互联网底层技术的信任机制，由法院附设的解纷平台或者独立的第三方解纷平台内的 ODR 为当事人提供同步或异步解纷机制，充分发挥当事人的意思自治和诉前分流作用。[❷] 区块链智能合约作为一种应用于诉调对接中的智能方案，实现法院附设人民调解的智能化、现代化转型，也同样具有 ODR 的双向属性。一方面，基于区块链的去中心化、自动执行、匿名安全等特性，当事人各方基于合意在第三方平台公有链上利用智能合约订立合同形成交易，合约的建立会在区块链上进行公示，并基于合同期限自动完成履行。区块链智能合约有助于避免交易主体之间因违约等滋生纠纷矛盾，从源头上降低纠纷产生并诉诸司法的几率。不过，纠纷矛盾在所难免。当纠纷当事人诉诸司法时，区块链智能合约又可以融入调解程序，创生“漏斗式”的多元化纠纷应对模式。需要指出的是，法院通过健全跨组织对接机制设立智能合约平台，引导当事人自愿链上签约调解协议的做法，体现了国家与社会共建、共享、共治的治理理念，本质上仍具有自治性和社会化的特征。由此可见，区块链智能合约在诉调对接机制中的应用是一种外部自治的 ODR。另一方面，随着法律知识的不断普及和诉讼服务水平的不断提高，个体起诉应诉的维权意识也在不断增强。在“案多人少”的资源局限下，传统非诉纠纷解决机制（ADR）特别是调解制

---

❶ 褚宸舸、史凯强：“‘网上枫桥经验’浙江实践及其创新”，《浙江工业大学学报》，2019 年第 2 期，第 154-155 页。

❷ 韩烜尧：“论中国的线上纠纷解决机制（ODR）——‘网上枫桥经验’的探索与发展”，《首都师范大学学报》，2021 年第 2 期，第 75-76 页。

度的功能进一步削弱。事实上，调解制度恰恰在很大程度上需要人工智能为其提供知识谱系和深层技术的辅助，以实现其规范性、正当性，提高法律适用的深度和广度。❶ 而区块链智能合约的司法应用突破了传统 ADR 的范畴，保障当事人便利迅速地接近“数字正义”，协助法院实现诉讼案源精减、资源配置优化，❷ 因而其亦符合 ODR 内部司法的特征。一言以蔽之，区块链智能合约从纠纷预防的外部自治 ODR 到纠纷化解的内部司法 ODR 的综合应用，实现非诉解纷机制优先挺在前面，成为“网上枫桥经验”式诉源治理的实践样板。

2. 诉前调解的“自动准执行”机制

为了提升诉前调解的履行能力，区块链智能合约负责将诉前调解协议的逻辑内容以代码的形式实现、编译并部署，按照调解协议的既定条件触发自动履行，最大限度地减少司法干预和简化执行流程。❸ 从法律属性上看，区块链智能合约与诉前调解工作的融合具有实体法属性，目的在于使得民事权利恢复正常圆满状态，具有实体权利自动保护或者实现的权能。同时，这种融合机制也具有程序法上的约束力和执行力。其程序效力表现为：一方面，诉前调解一经在司法链上签约立即生效，当事人不得再行争议。在调解协议约定的履行期限届至时，智能合约自动履行，实现约定的给付内容。另一方面，诉前调解协议经过司法确认智能合约的转换，便形成强制执行的执行名义，由此获得强制执行力。一方当事人拒绝履行调解协议约定的义务，相对方可以申请法院强制执行。诉前调解与区块链智能合约的融合应用模式在启动上仍然以尊重意思自治为基础，在立案阶段由法院将纠纷转入诉调对接中心建构的多元主体共同参与的调解平台进行调解，调解成功后形成链上合约，并基于当事人的代码意志、代码自动软件的触发机制以及司法、金融跨领域可信协同机制，确保调解协议的自动履约，且将诉前调解协议向司法确认智能合约转化，将法院强制执行威慑力前置，实现债权执行的高效性和正当性。因而区块链智能合约属于“自动履行”与“强制执行”结合的“自动准执

❶ 张卫平：“元宇宙与纠纷解决：应用图景及规制想象”，《政法论丛》，2022 年第 2 期，第 85 页。

❷ 韩烜尧：“论中国的线上纠纷解决机制（ODR）——‘网上枫桥经验’的探索与发展”，《首都师范大学学报》，2021 年第 2 期，第 75-76 页。

❸ 蔡维德：《智能合约：重构社会契约》，法律出版社，2020 年版，第 222 页。

行”机制。

(三) 区块链智能合约在诉源治理实践中的运作效果

通常而言，创新应用机制的实现程度集中反映在其实践运作效果方面。法院创设的司法链智能合约起初用于化解金融借贷纠纷，高效处理违约行为，但随着技术应用的成熟和诉源治理工作的深化，其对提升诉前调解能力、提高治理水平等发挥积极的作用，使治理重点由治标纵深下沉治本，也推动案件纠纷由法院强制执行向社会自动履行转变。

从西湖区人民法院司法链智能合约的实践运作来看，2021 年至 2022 年 5 月，利用诉前调解智能合约调解案件成功数总计 2700 余件，有效缓解了法院的审判压力，在一定程度上减少进入诉讼程序的案件数量，在案件的诉前分流上取得了积极的效果。同时，随着诉前调解智能合约的社会信用机制得到广泛认可，当事人直接进入调解平台、签署智能合约寻求救济的意愿不断上涨，这也体现了其在纠纷预防与化解方面的功能。诉前调解智能合约集专业化、自动化于一身，促进传统调解工作机制的转型，强化调解制度的纠纷化解功能。智能合约适用的案件类型不断拓展，由金钱借贷类案件不断覆盖到所有金钱给付类案件，这也使得调解制度的适用范围更加广泛。此外，法院诉前调解智能合约的应用也能够提高纠纷解决的效益。据统计，西湖区人民法院 2021 年利用诉前调解协议智能合约自动执行划扣欠款成功额度多达上千万元。从最终结果上看，有不少当事人通过签署调解协议智能合约获得了高效便利、成本低廉的司法服务，就约定的给付内容快速得到兑现，并在此基础上，申请签署司法确认智能合约为调解结果托底，当事人无须进入诉讼便可捍卫自己的权益。

三、区块链智能合约在诉源治理中的显著价值

(一) 减少纠纷进入诉讼的增量

传统的纠纷解决模式存在线下主导、信息传递缓慢以及效率低下等问题，在“诉讼爆炸”的当下，难以满足社会对司法的需求，也使得“案多人少”的矛盾凸显。相较于传统纠纷解决模式，区块链智能合约在减少诉讼增量、

发挥诉源治理功效上具有显著价值。

首先，智能合约丰富了矛盾纠纷多元化解的形式。以往在线下进行的仲裁、公证、行政裁决、人民调解、行政调解等非诉讼解纷主体如作为节点接入区块链，就能为智能合约所用，纠纷当事人无须至约定地点，在线即可通过一站式服务化解纠纷。其次，智能合约通过数据联通可以及时作出预警。智能合约的缔结者作为区块链用户，有权随时查阅交易相对方的身份与信用信息，实现缔约前的交易追踪、信用评估与风险把控，从而减少因信息不对称与机制不透明导致的潜在违法与侵权风险，以小见大，尽早地从源头化解纠纷。[1] 最后，智能合约提供了充分的纠纷解决方案。有学者提出，元宇宙在减少诉讼增量上的独特优势，即通过纠纷的原因发生预测、走向模拟、解决模拟、诉求实现概率及当事人利益衡量等功能，消除组织间壁垒、消解当事人间猜忌，从而促进当事人互谅互让、和解息诉。值得注意的是，元宇宙的诉源治理愿景是对作为其底层技术的区块链的数据库本质功能之体现。具言之，依托于区块链的信息公开特性，合约的缔结各方可以获取链上所有公开交易数据，从而在缔约前与纠纷产生后对合约所涉请求权类型、标的额、约定内容、可能纠纷类型等要素排列组合，充分检索、匹配处理结果，促使当事人作出理性选择，以降低纠纷发生率、提高纠纷解决效率。相应的纠纷解决方案也可以克服行政思维对司法的不当影响、情理法之间超越比例的错误倾向，从以纠纷或信息为中心回归到以当事人或用户为中心。[2]

综上，区块链智能合约通过节点接入提供线上一站式纠纷解决服务，通过数据联通作出交易预警，通过实时更新数据库模拟解纷方案，有效克服了传统纠纷解决模式的弊端，将从纠纷产生源头减少诉讼增量。

（二）激发非诉解纷机制的活力

诉源治理具有二重性，既强调以规则意识作为引导民众行使权利之指引，又强调将纠纷于诉讼外解决。为此，要坚持司法作为维护社会公平正义最后

---

[1] 张春和："司法区块链的网络诉源治理逻辑、困惑与进路"，《中国应用法学》，2019 年第 5 期，第 132 页。

[2] 曹建军："'元宇宙'司法与纠纷解决的智能化"，《政法论丛》，2022 年第 2 期，第 94 页。

一道防线之理念，把非诉解纷机制挺在前面。[1] 相较于非诉解纷机制存在地位不高、能力不足、权利实现无保证、主要依靠调解发力等尴尬局面，区块链智能合约的技术架构则天然地弥补了这些缺陷，从而激发非诉解纷机制的活力。

第一，提高了非诉解纷机制的地位。首先，区块链的链式结构决定了各节点均处于独立、平等的地位，交易各方在纠纷发生时可任意选择协商、调解、仲裁等多种方式处理纠纷，签订智能合约即可开展解纷活动，无须经过立案等前置程序，由此降低了纠纷解决的门槛。其次，基于智能合约的智能算法与信息公开特性，各解纷机构可以根据用户的实时需求反馈，“加速形成自我特色和优势，帮助其设计和提供针对性的纠纷解决服务，如此方能打破现实存在的司法中心主义结构和诉讼全能主义局面”。[2]

第二，增强了非诉解纷机制的解纷能力。智能合约签订后，其成立、生效、运行、履行等情况将全流程记录于区块链上。如发生纠纷，各解纷机构可提取、验证相关数据，精确还原纠纷产生特定节点的事实原貌，确保全链路可溯。相关证据材料经过哈希值密码学校验，除非出现完全相反的证据，否则无须怀疑其真实性。因此，呈现在机构面前的纠纷状态明晰，更便于其围绕争议事实研判。相较于传统的诉讼取证、验证程序对当事人较高的证据保存意识要求，智能合约简化了证据的记录与提取流程，提高了非诉解纷机制的解纷能力。

第三，强化了非诉解纷机制的执行保障。在交易各方通过智能合约选定相应纠纷解决服务并达成解决方案后，智能合约在预设的履约时限届满或履约条件成就后将自动执行代码，对义务方存于链上金融机构节点的资产进行变动，即使其未主动履约也不影响执行。绝大部分智能合约将通过该种执行机制完成履约，非诉解纷机制的履约率将有质的提升。

因此，在智能合约全节点独立平等、全链路公开可溯、全节点共同见证等特性加持之下，非诉解纷机制的活力将得到充分的激发。

---

[1] 侯国跃、刘玖林：“乡村振兴视阈下诉源治理的正当基础及实践路径”，《河南社会科学》，2021年第2期，第19页。

[2] 曹建军：“‘元宇宙’司法与纠纷解决的智能化”，《政法论丛》，2022年第2期，第96页。

（三）提升民事强制执行的实效

传统民事强制执行立案步骤前置程序冗长，其间如果出现被执行人下落不明、被执行财产难以查明、应执行财产难以执行、协助执行人难求等情况，生效法律文书所载的权利将难以实现。相反，区块链智能合约技术与司法系统的对接将助力民事强制执行实效的提升。

第一，提高执行立案效率。在执行名义确定后，如所附期限届满或所附条件已成就而被执行人仍未履行，区块链智能合约依据申请执行人之线上申请即可对执行需要的相关信息在区块链上进行自动抓取，极大简化了执行立案流程，加快了权益的实现，提高了司法执行效率。

第二，增加执行过程透明度。区块链智能合约可以实现执行相关信息、具体进展的实时公开与更新，执行透明度将得到极大提高。[1] 例如，作为执行名义的生效法律文书以及具体的执行行为将体现于区块链上随时供查阅监督，便于执行当事人、利害关系人及时提起执行异议维护自身合法权益。当事人的知情权将得到充分保障，执行不规范、不合法现象也将得到遏制，从而最大限度地排除人为因素对民事强制执行的干扰。[2]

第三，激发协助执行功效。协助执行机制相关的立法规范存在缺失与不完善的问题，导致实践中应当履行协助执行义务的有关机关常以负有其他法定义务为由推脱协助。囿于协助执行主体的庞大数量与分布的广泛性，在实现信息互联互通前如需其他执行机构协助实施查询、扣划、冻结等措施将付出难以负担的成本，也将导致执行实质的低效。[3] 而在各执行平台接入区块链后，将实现数据的互连互通、互相兼容。区块链以哈希值校验的数据唯一性与不可篡改特性将帮助执行机构破解法律文书、工作证明等信息核验难、核验成本高的难题。执行相关信息将难以被篡改，各执行机构间将实现无障碍沟通与互信，极大提高执行实效。

---

[1] 李晓丽："论区块链技术在民事司法应用中的价值、风险和进路"，《中国应用法学》，2021年第3期，第7页。

[2] 蔡维德：《智能合约：重构社会契约》，法律出版社，2020年版，第70页。

[3] 金殿军："民事执行机制研究"，复旦大学博士论文，2010年4月，第106页。

（四）促进案件纠纷一次性解决

元宇宙对智能司法技术的开发与应用将促进当事人介入纠纷解决程序的深度、广度和理解度、认同度，提高纠纷一次性解决的概率与实效。[1] 作为元宇宙底层技术之一的区块链智能合约，其亦能发挥同样的作用。

如前所述，智能合约中的纠纷当事人可以任选纠纷解决服务，且无须为证据问题焦头烂额。智能合约的节点设置也将延长纠纷在进入诉讼前的解纷流程，使纠纷经过层层解剖后呈现出事实明确、权利义务关系清晰的状态，便于当事人于解纷节点作出是非判断。当事人将获得多方主体对争议事实的处理意见与方案，从而更好判断自己的胜诉率，基于此再行考量是否提起诉讼，从而过滤掉大部分无须动用司法资源解决的纠纷。

即使进入诉讼阶段，在司法区块链中，法院端可通过智能合约提前介入纠纷进行调解发挥准执行机制的作用，也可以提高诉讼阶段案件的执行效率。同时，司法区块链上的前置多元化非诉解纷机制的处理结果也为法院所用，法官重点围绕证据所体现的事实问题进行判断，审判效率得以提升，从而大幅降低法院办案难度。

由此可见，区块链智能合约的多阶段运用均能促进案件纠纷的一次性解决，以调动司法资源解决更加疑难复杂的案件。

四、区块链智能合约在诉源治理中的潜在挑战

（一）合同制度的传统化与智能合约的代码化存在龃龉

作为自动运行的全流程智能合约，其所具有代码化属性是其与传统合同的重要区别。而根据传统合同制度，合同是基于当事人合意而订立的契约。根据我国《民法典》合同编的相关规定，合同可分为口头合同、书面合同及其他形式的合同。[2] 这一关键区别也为智能合约在诉源治理中的应用带来了许

[1] 曹建军：“‘元宇宙’司法与纠纷解决的智能化”，《政法论丛》，2022 年第 2 期，第 96 页。

[2] 我国《民法典》第 469 条规定：“当事人订立合同，可以采用书面形式、口头形式或者其他形式。书面形式是合同书、信件、电报、电传、传真等可以有形地表现所载内容的形式。以电子数据交换、电子邮件等方式能够有形地表现所载内容，并可以随时调取查用的数据电文，视为书面形式。”

多制度挑战和理论难题。

1. 合同代码转化、解释风险

一方面，传统合同主要以书面形式订立和履行，唯有将该书面文本翻译、转化成为计算机代码，才能够被计算机理解和识别。质言之，智能合约虽然以代码形式作为其主体存在，却仍以传统合同作为基础，智能合约是对传统合同进行转化和解释的结果。从语义解释学来看，传统合同文本所用的语句和用词具有随意性和不确定性，当事人常会在协议中使用高度抽象、概括的词语，且可能会掺杂生活语言。而智能合约则严格要求精确和严谨，计算机二进制语言决定了其意思必须具有唯一性，不存在模糊地带和不确定空间。文字语言与计算机二进制代码之间的转化就像一堵无形的墙，使得当事人很难理解和判断该智能合约是否反映了其意思表示。这给智能合约的制作带来了较大的困难和挑战，具有理论和现实难度。要实现基础合同与智能合约之间的准确翻译和转化，将需要该智能合约编写人员同时精通法律及计算机编程两门学科，这为智能合约的普及和运用带来了现实阻碍。[1] 且基于代码的唯一确定性，编程员可能需要预测并解释。不同的人对于同一条款可能有不同的理解和解读，在将法律文件转化为代码时，难以保证转化的正确性和转化的质量，这将为后续智能合约之效力及履行带来隐患。另一方面，智能合约的效力由基础合同和可自动执行之程序代码两部分构成，通过基础合同的文本及代码两种形式共同记载并固定双方当事人间的一致意思表示。在诉前调解成功后，当事人双方达成了和解协议，而后根据该协议内容制定智能合约，并将合同原文及智能合约上传至司法区块链。智能合约作为可自动执行的计算机代码，不仅当事人无法理解代码的确切含义，法院也同样无法通过合约代码理解其背后所记载的合同内容。鉴于在将法律文件转化为代码的过程中可能出现错误和误解，则有可能出现基础合同与合约代码不一致的情况，此时若不及时采取措施，则智能合约仍将在满足期限条件后自动化执行，导致新的纠纷产生。

2. 合同灵活变更与代码整体性之冲突

在传统合同制度中，合同可以经双方当事人协商后对部分条款或合同整

---

[1] 蔡维德：《智能合约：重构社会契约》，法律出版社，2020年版，第71页。

体进行任意变更和解除，合同部分条款可能因为违反公序良俗或违反法律、法规强制性规定而无效，整个合同的订立、履行过程都较为灵活，这与智能合约存在显著区别。智能合约因其不得随意变更解除而具有稳定性和可自动执行性，这也是其提高纠纷解决效率的关键。智能合约订立后，将作为一个整体代码提交至司法链平台，在其设定的期限来临后自动履行，难以变更，具有较高的稳定性。智能合约一旦订立，则合同条款内容将被强制承认且自动履行，需要当事人对于智能合约的签订更为谨慎和考虑周详。但即使当事人已经经过周密考虑，仍然可能出现新情况使得双方当事人均希望变更智能合约的情形。例如，可能会出现诸如物价暴涨、货币贬值、立法修法等致使合同基础动摇甚至丧失的情形。❶

此外，在传统合同制度上，合同中存在部分条款违反强行法规定而无效的情况十分常见，合同部分无效并不影响合同其他部分的效力。在智能合约的签订过程中，基础合同很可能存在部分无效之情况，虽然这可以通过司法审查尽可能予以避免，但也不可避免地将占用宝贵的司法资源并对司法审查提出较高的要求。如此一来，智能合约的效率性和自动性也将有所折扣。对于传统合同，我们可以较为轻松地将无效条款与整体合同相剥离，合同部分无效显然不影响合同后续的履行。智能合约作为可自动执行的计算机代码，并没有哪一句代码对应某个合同条款，其代码是以一个不可分割的整体而存在，难以辨别和分割合同无效部分。因此，传统合同灵活变更的特点与智能合约的稳定性要求存在制度张力。

(二) 强制执行的法定化与智能合约的自动化存在冲突

智能合约被称作是去信任的（Trustless），意指智能合约对合同条款的自动执行，无须建立在对任何个体、法律规则或社会机构的信任之上，因为它本身即是建立信任的一种技术手段。❷ 智能合约被编译成计算机代码提交司法链平台后即固定不变并具有稳定性，这一特征使得智能合约具有自动执行的

---

❶ 夏庆锋："区块链智能合同的适用主张"，《东方法学》，2019 年第 3 期，第 34 页。

❷ 倪蕴帷："区块链技术下智能合约的民法分析、应用与启示"，《重庆大学学报》，2019 年第 3 期，第 176 页。

功能，无须进入强制执行程序即可完成智能合约之执行。智能合约在统筹契约订立、履行功能于一身的同时，也消解和融合了强制执行之程序，这与当前我国强制执行之程序规定具有相当的张力和冲突，其正当性、合理性需要在理论上予以论证和梳理。

1. 法院执行权与智能合约自动化之冲突

智能合约作为可自动执行之计算机代码，无疑消解了执行程序的功效，人民法院缺失了对于执行程序的控制权，其在强制执行程序中享有的审查和判断权更是无从谈起。在执行程序中，人民法院享有对强制执行程序的启动、实施和终结之审查与决定权。民事强制执行是一种以保证人民法院实现司法职能为基本任务的行政行为，即是一种司法行政行为。[1] 执行行为作为司法行政行为，执行相关法律规定既赋予了人民法院权利，也赋予了人民法院相应的义务。在执行程序中，法院应当对生效法律文书所载明的给付内容是否具有可执行性与合法性、文书所附执行条件是否成就以及执行名义效力所及主体等事项进行合理判断。另外，还应具体审查某项财产是否为债务人所有，是否涉及对执行标的的优先受偿权等问题。可见，现有执行制度下，为了确保正确、精准的执行生效法律文书，人民法院在执行程序中对部分实体事项具有相当大的调查处理权。由于智能合约的可自动执行性，无须经过强制执行程序，人民法院显然无法通过执行程序行使其调查处理权。

或许可以认为，智能合约自动履行的代码触发机制并无不妥，反而还可以进一步提高执行效率。然而，问题并非这么简单。在智能合约中，执行程序或许可以减除，但执行时对部分实体事项的审查却不能缺位，否则将不可避免地出现智能合约被不当履行的情况。例如，智能合约自动执行条款所对应的财产是否归属于债务人，是否存在其他主体对该财产具有优先受偿权等，这些事项必须在智能合约签订时便予以明确。智能合约到期符合条件自动履行这一设置，无疑将倒逼人民法院针对部分实体事项进行提前审查。而人民法院该如何履行审查义务，依照何种程度和标准进行审查，则需要立法和司法实务予以回应。

---

[1] 常怡、崔婕："完善民事强制执行立法若干问题研究"，《中国法学》，2000年第1期，第98页。

2. 当事人之程序启动权与智能合约自动化之冲突

根据法律规定，强制执行程序的启动一般应依当事人申请而启动，而智能合约则具有高度自动化的特点，满足合约履行的触发条件时，则无须经当事人同意，即自动进入执行程序并予以强制执行。智能合约这一特点无疑剥夺了当事人对是否申请执行的选择权。在当事人自愿签订智能合约的基础上，当事人主动选择放弃执行程序并约定通过智能合约自动执行，从理论上逻辑是自洽的，在实体上也有助于提高执行效率并助推纠纷的解决。然而我们仍不应草率地认为当事人之程序启动权与智能合约之自动执行再无冲突，在某些情况下，智能合约被订立以后可能发生了不可预见的情况，使得双方当事人均希望中止智能合约的执行。在智能合约的制度设计上，应当对此类例外情况予以考虑。

3. 执行程序正当性与智能合约自动化之冲突

在传统民事案件中，执行机关在强制执行过程中，应当严格按照民事诉讼法相关规定正当履行执行行为。若因不当执行侵害当事人及利害关系人权益的，当事人及利害关系人可以通过提出执行异议、提起执行异议之诉等救济措施维护自己的合法权益，程序保障和救济制度较为完善。但在智能合约履行过程中，一方当事人已经履行了合同义务，但系统判定其不履行或不完全履行合同义务，因而触发到期自动执行程序，此时应当赋予权益受损害的一方当事人以救济途径。此外，一方当事人未履行合同义务，智能合约在期限届满后自动执行，但该执行操作仅执行了部分债权，仍有部分债权未能得到执行，针对双方当事人就智能合约是否执行完毕产生的争议，也应通过合理的纠纷解决机制予以解决。因此，智能合约系自动化执行，导致当事人及利害关系人之合法权益被智能合约侵害时，难以通过现有制度维护其合法权益，关于智能合约的程序权利及实体权利救济和保障制度亟待完善。

五、诉源治理中区块链智能合约风险的法律应对

一种智能化技术的运用只要是有利于实现民事法律制度与民事诉讼的基本目的，并且满足了相应的基本价值追求与基本原则和制度的要求，那么各项具体的法律制度作为调整民事行为的规范就应当给予智能化技术最大的支

持，法律不能也不应该成为技术进步的阻力和障碍。[1]

（一）合同法律框架的制度完善

智能合约在本质上并未脱离“合同”的范畴，[2] 将其纳入《民法典》合同编的规范框架进行规制并带动相应法律应对的制度完善实属当务之急。

1. 明确智能合约的形成、履行规则

首先，应当将智能合约纳入《民法典》合同编的制度框架，明确其成立与履行规则。这样做可以从源头防止因技术性原因影响对其法律性质的认定，防患于未然。宏观上讲，应完善合同效力制度、解除变更制度的相关制度安排，促进合同制度与智能合约顺利衔接、协同发展。[3] 从理论上说，智能合约是能够凭借精准的代码语言而顺畅地表达双方当事人的意思表示的合同。但是，在现实中，如何判断具体把握语言关的这个转化实则是仍待优化的。合同代码所涉及的不可避免的转化、解释风险必须引起重视，运用当前民事法律基本原则（譬如诚实信用原则）、合约缔结目的等能够将解释的纷争消解的，要积极探索并形成成熟的处理模式；关于意思表示的理解无法合理解决而争议较大的，有必要考虑形成新的纠纷处理规则。

其次，也需要在技术层面上合理界定智能合约的成立和履行。为了防范合同法律风险，技术应用者应在创设之初与法律专家一同创制准确的合约代码规则，降低法律意思表达风险，确保合约有效性，从而完善智能合约的形成规则。[4] 值得一提的是，智能合约所体现的此种“翻译”错误、转化错误并不属于基础合同的范畴，可自动执行之程序代码的部分的问题不会动摇智能合约的基础合同部分。不过，若双方当事人对智能合约之内容产生了争议，依据原初的调解协议文本来寻求当事人之意思表示更为合理科学，即主要根据基础合同确定智能合约之内容以及效力。

---

[1] 张卫平：“民事诉讼智能化：挑战与法律应对”，《法商研究》，2021 年第 4 期，第 17 页。

[2] 智能合约不过是借助代码这一形式来达成当事人间的“合意”，并且在部署过程中亦满足了“要约—承诺”的合同缔结结构，当属法律合同无疑。参见郎芳：“区块链技术下智能合约之于合同的新诠释”，《重庆大学学报》，2021 年第 5 期，第 172-175 页。

[3] 周润、卢迎：“智能合约对我国合同制度的影响与对策”，《南方金融》，2018 年第 5 期，第 97 页。

[4] 柴振国：“区块链下智能合约的合同法思考”，《广东社会科学》，2019 年第 4 期，第 244 页。

最后，在将智能合约视为具有法律效力的合同的视角下，订立、履行合同行为与订立、履行智能合约的行为有着诸多共同特征，二者均系民事法律行为，根据行为人的意思表示发生相应法律效果。即行为人因意思表示一致而达成契约，该一致的意思表示必须通过某种形式被记录并固定下来。在传统合同中，以书面合同为例，意思表示达成一致后便以书面文本的形式记录并固定下来。若当事人对于合同内容产生了争议，则可以根据合同的相关条款、性质、目的及诚实信用原则予以解释，即通过探寻书面合同文本的方式对争议条款进行解释。❶

2. 智能合约的违约及救济应对

《民法典》第577条规定："当事人一方不履行合同义务或者履行合同义务不符合约定的，应当承担继续履行、采取补救措施或者赔偿损失等违约责任。"在市场经济的交易活动中，合同的作用无可替代，顺利履行完合同固好，然而囿于多重因素的影响，实际上，所谓的"例外"的违约其实也并不少见。分析违约现象的出现原因，本质上更多是由于经济利益的驱使。当违约引发的结果所带来利益已经超过履行合同时所带来的利益时，那么经过利害评估后，很多违约行为也就产生了。智能合约很大的一个优势就是减少违约情形的出现，代码能够实现很高程度的执行，一旦出现违约，可以依靠计算机程序来让违约方承担责任，追究违约责任的成本相对较低。在给定的事实输入下，智能合约必然输出正确的结果，并且其输出的结果能够在显示视界中被具象化。这意味着在通常状态下，智能合约将自动执行预定计划，而在例外的违约状态下，相关责任是即时的、充分的和强制性的，使得违约不经济甚至不可能，从而大幅减弱了对第三方介入的依赖。❷

因此，应当通过合理的制度构建，建立智能合约类型化、规范化转化机制以提高转化质量，并赋予当事人针对智能合约代码的救济渠道和途径，及时对合约代码进行补正。在救济层面，可以运用两分法进行分别处理。如若当事人已经将损害赔偿、违约金等条款明确体现于合约代码中，那么当发生违约情形时，合约应将自动执行相应的补救措施；若未编入合约之中，当一

❶ 朱庆育：《民法总论》（第二版），北京大学出版社，2016年版，第188页。

❷ 许可："决策十字阵中的智能合约"，《东方法学》，2019年第3期，第48页。

方当事人违约时，另一方则依旧可以运用现行的合同法相关规范谋求司法救济，其自身合法权益仍可以得到合理的保护。❶

（二）民事强制执行的制度配合

传统的执行体制集合了以司法执行为代表的公权力执行与第三方平台为代表的私权力执行，而司法区块链智能合约实现了“去中心化执行”，法院无需介入，只要纠纷进展出现了满足于源代码中预设条件的情形就会触发自动执行，并且该过程同样是不受干预、不可篡改的。智能合约以计算机代码的形式被编入区块链中，一旦提前设计的事件发生，便自动触发智能合约的执行，自动履行智能财产，而不再以法律强制力为背书。但如前文所述，智能合约在面对强制执行程序时，也需要协调好冲突与矛盾，必须直面诸如人民法院执行权与自动化之冲突、当事人的程序启动权与自动化之冲突等问题。

1. 明确民事强制执行运用智能合约的原则框架

尽管现如今智能合约的自动履行机制不同于民事强制执行，主要区别在于有无强制执行力，但随着智能化技术的高速发展，已经出现了调解协议转司法确认智能合约、赋强公证司法智能合约等向强制执行转化的具体应用。这也促使我们需要从法律基本原则上思考、回应智能合约的挑战，即智能合约在强制执行中转化运用时需要遵循相应的基本原则。按照民事强制执行价值理念和目的的要求，区块链智能合约的具体应用应当以科技执行原则为引导，提高强制执行的效率，促进强制执行及时、到位。同时，区块链智能合约在执行程序中的技术应用也应当在合法性和正当性之间寻找恰当的平衡点，遵循民事强制执行的基本原则，如诚实信用原则、比例原则、公正合法原则、法院依法独立执行原则。其既不能削弱程序保障，又不能动摇和干预法院依法独立行使执行权，也不能挑战和剥夺当事人的程序选择权和程序异议权。同时，区块链智能合约在强制执行中的转化运用也要坚守善意文明理念，在保障债权实现的效果的前提下，统筹兼顾被执行人、利害关系人等的利益，❷防止智能化技术被肆意滥用。

---

❶ 蔡维德：《智能合约：重构社会契约》，法律出版社，2020 年版，第 75 页。

❷ 陈杭平：“‘善意执行’辩”，《华东政法大学学报》，2021 年第 2 期，第 37–40 页。

2. 健全民事强制执行运用智能合约的程序规则

立法是司法的前提，法律应当成为促进、适应和保障社会智能化发展的制度力量。[1] 具体到民事强制执行领域，必须通过立法解决区块链智能合约运用的合法性问题，可以考虑在“民事强制执行法”的制定中嵌入智能合约等智能司法应用的程序规则，以推动强制执行智能化的发展。不过，由于智能化技术的代码化向法律化转换的技术难度仍然较大，制定周期也会相应加长，在短期内可能难以解决区块链智能合约带来的问题。因此，可以考虑借鉴针对互联网法院在线诉讼和审理制定司法解释的做法，制定关于规范区块链智能合约司法应用的司法解释，建立区块链智能合约自动执行的审查机制以及与强制执行的衔接机制。此外，从强制执行智能化的整体发展角度来看，相关司法解释的制度只能是权宜之计。随着区块链智能合约等新式互联网司法模式的升级和广泛适用，司法解释能否一成不变地适应智能化技术在强制执行中的应用也尚待验证，或许因为制度调整的滞后性而使其在智能化应用程序规制方面的作用受限。因此，我国对强制执行的智能化改革，可以仿照诉讼行为的电子化改革，采取“试点先行—立法认可”的立法模式。[2] 具言之，全国人大常委会授权最高人民法院开展区块链智能合约司法应用特别是强制执行领域的试点改革，试点地区法院可以通过实践探索制定区块链智能司法应用实施方案的试行细则，为最高人民法院制定相关司法政策文件乃至推动强制执行智能化的立法，提供丰富多元的司法经验。

3. 完善民事强制执行运用智能合约的配套机制

针对强制执行与智能合约在技术代码与司法制度之间存在矛盾冲突，也需要完善相关的配套机制，与其被动适应技术发展，不如主动求变，使得区块链智能合约应用能够促进强制执行更加高效、快捷。由此，以下配套机制尤为重要。

首先，智能合约订立后，将作为一个整体代码提交至司法链平台，在其设定的期限来临后自动履行，且难以变更，其具有高度稳定性。但有原则就有例外，社会经济生产、生活中仍然可能出现新情况使得双方当事人均希望

[1] 张卫平：“民事诉讼智能化：挑战与法律应对”，《法商研究》，2021 年第 4 期，第 25 页。

[2] 安晨曦：“法院立案程序的电子化构造”，《海南大学学报》，2020 年第 1 期，第 138-140 页。

变更智能合约，诸如应对金融海啸、战争、法定货币崩塌式贬值或其他双方当事人皆有意愿变更合约的情形。当显著的情势变更发生，按原合同履行，有明显获利一方而对另一方明显缺乏公平时，获利方的民事执行申请应得到司法机关更审慎的审查。

其次，智能合约因其不得随意变更解除而具有稳定性和可自动执行性，然而在效率优势之外，不得不考虑的是，当面临“自动履行”存在错误的情形应当如何救济的问题。智能化代码亦不是万能的，百密终有一疏，当智能合约的“自动履行”出现错误，遭受不利益的一方当事人享有另行提起不当得利之诉的权利。即在智能合约履行过程中，一方当事人已经履行了合同义务，但系统判定其不履行或不完全履行合同义务，因此触发到期自动执行程序，此时应当赋予权益受损害的一方当事人以司法诉讼的救济途径。在无法定原因的情况下，合同缔约方因非归咎于己方的事由遭受不利益，理应有向法律另行提起诉讼的权利，此乃应有之义。

再次，区分个案的不同，有些案件中所涉的财产能够依智能合约的自动执行性予以执行，而有些案件中财产的执行实际上还得依靠司法系统的强制执行力予以实现。后者中的智能合约与司法确认程序中的调解协议的关系还需进一步厘清。通过司法确认制度确认人民调解协议的效力，赋予确认书执行力的正当性，其实质条件是人民调解协议的内容合法，形式要件是人民调解协议效力的确认和确认书的形成经过了正当程序和司法审查。[1] 这一程序既使调解协议获得强制执行力，也保障了其合法性。在这一层次上，让智能合约与司法确认程序充分接轨，当为民事强制执行的制度配合的重要举措。司法确认程序上的对接，才是真正让智能合约的效率性充分发挥、多向发挥的保障。

最后，在民事执行程序中，应恪守人权保障原则。人权之基础是生存权，即对于基于人的生存权而产生的权利及权利性请求，应当优先得到考量和满足，对被执行人及所抚养家属所必需的物品、必需的生活费用等不能强制执行。若当事人签订智能合约后，出现了生活明显困难的情况，出于保障人权的规定不应当对智能合约进行执行。此时应当允许当事人对该智能合约提出

---

[1] 潘剑锋：“论司法确认”，《中国法学》，2011 年第 3 期，第 45 页。

异议，通过合理的制度设计尽可能减少智能合约可能存在的法律风险和制度缺陷。智能合约虽缺少执行程序规定，但仍应遵守这一原则，执行智能合约时应当充分考虑并保障被执行人及其家属的基本人权，保障其基本生活需求，如对于债务人所有的人身损害赔偿金、治疗费、应支付的抚育费、抚养费等财产不应也不得予以执行。正确地设置智能合约的自动执行条款并科学合理地进行审查，防止出现不当的执行行为，在立法上进行制度构建和完善仍待加强。

六、区块链智能合约在诉源治理中的应用前景

西湖区人民法院推出的“区块链技术+智能合约”司法治理新模式为“诉讼爆炸”“案多人少”难题提供了解决新思路。这种“数智赋能诉源治理”的模式效果斐然，在减少司法资源浪费的同时，也加快了纠纷处理的效率。构建和谐社会离不开对新科技运用、新模式探索的实践。因此不应将这种诉源治理的模式局限在处理金钱给付纠纷的司法诉讼领域。基于司法链诉源治理模式，结合金融、保险、交通、税务、小额借贷等其他领域案件，创新出纠纷新型处理模式，争取将矛盾纠纷化解在源头，实现行业内的自我修复、自我实现。

（一）银行金融领域区块链智能合约的适用

据中国司法大数据研究院、“21 世纪经济报道”、北京市京师律师事务所金融犯罪研究中心联合发布的《中国金融机构从业人员犯罪问题研究白皮书（2018—2020）》数据表明，2018 年至 2020 年，全国各级人民法院审结金融机构从业人员犯罪案件中，贷款诈骗案件与银行违法发放贷款案件数量高居前三，而从业务领域来看，贷款占比高达 48.41%，排名第一，其中银行是涉案最多的金融机构。[1] 针对银行贷款案件高发现状，可以借助“区块链+”技术，构建“金融区块链平台”，对接“司法链”，实现“线上签约—自动履行—履行不能—司法介入”的完整闭环流程。对于银行借贷问题处理，银行、保险、银监会、持牌金融企业等众多金融机构进入区块链平台创建透明化的

[1] 《中国金融机构从业人员犯罪问题研究白皮书（2018—2020）》，第 3 页。

分布式账本，搭建体系完整的线上金融服务链。根据金融机构和客户双方合意，达成借贷合同，转换为智能合约文本并上传到区块链。区块链平台记录合约内容并自动审查是否存在违约条款，包括借贷数额、还款期限、担保类型和物品、客户信用情况、银行是否同意借贷等必要信息。如若贷款者未按照约定还款，银行可以根据预留账户自动扣除应还账款、利息和延迟费用；余额不足以偿还的，利用“金融区块链”覆盖性搜索当事人名下财产，审查其是否有抽逃资金、转移财产的风险；仍无法完全履行的，对接“司法链”转入司法程序。法院借助“金融区块链”平台记录的交易内容，验证当事人双方身份，审查纠纷。

法院附设型调解机制加盟区块链，在法院授权下调取银行借贷案件中双方当事人链上信息，运用调解手段化解双方纠纷，制定调解协议；银行和贷款人可以依据调解机构出具的调解协议向法院请求司法确认，赋予其“准强制执行”的效力，并将调解协议记录到司法链上。对于调解不能的案件，转入诉讼程序，法院借用“金融链”元数据和调解过程中的记录实现自动立案，判决结果生成电子报告载于区块链上。

（二）政务民生领域区块链智能合约的适用

区块链智能合约技术和诉源治理模式在政务民生领域也大有可为。近年来，交通罚款逾期缴纳甚至恶意不缴纳案件屡见不鲜，企业、个人偷漏巨额税务丑闻也频频发生，不仅给国家财政收入带来巨大亏损，还对社会风气教化产生恶劣影响。针对诸类乱象，探索新型治理模式显得尤为重要。2020 年新修订的《道路交通安全违法行为处理程序规定》对交通违法罚款产生的滞纳金设定了上限——加处罚款总额不得超出罚款数额。该款规定体现了交管部门执法人性化的特点，但也会助长一部分逃缴罚款之人的拖欠心理。因此，可以利用智能合约平台催收罚款缴费，减少这种怠于履行的不正之风。执勤交警对违反道路交通规则的当事人开具罚单，经当事人确认后生成交通罚单智能合约上传至“政务链”系统中；在当事人不在场的情况下，可以拍照记录违章情况，用以实时存证，开具预处罚单到链上，由区块链平台以短信或其他通信方式告知当事人，待当事人确认后，生成具备行政效力的处罚单；当事人在指定的期限内拒不履行清缴业务的（此时的最后期限为加处罚款到达上限，与罚款持平)，自动划拨当事人银行卡账户账款，用以缴纳罚款。

在税务问题上，税务机关应用“区块链+”技术联合公安机关、社保机构、征信机构等构建区块链互联网网络。对纳税团体“链上资产”进行定期审查，对于发现偷税漏税的纳税人下达追缴通知，并在区块链平台上公示；纳税人迟迟不缴纳税款和滞纳金，可以自动扣除纳税人名下数字资产，并将本次追缴记录存档在区块链平台上，对纳税人个人征信报告产生影响。

（三）基于智能合约的小额借贷利益保障

传统小额信贷（CeFi）和去中心化金融（DeFi）的发展一直很缓慢。小额贷款在现实中运用较少，这是由于传统金融机构提供小额贷款的成本较高，除去经营费用、缔约流程费用和贷款风险承担，贷款机构实际可得利润较低。但是小额贷款或所谓的小额信贷的一个常见用例是支持低收入者启动、扩大或维持正常的业务，是基于人们日常生活的需要，而大额贷款往往需要基本等值或者超值货物或是不动产进行抵押或者担保，这对急需小额用款或无适额抵押物的借贷人来说无疑是个巨大挑战，对小额贷款的市场需求与日俱增但迟迟难以得到满足。因此，为保障借贷双方的合法权益和维护社会经济秩序平稳运行，将司法链智能合约运用到小额借贷领域有其现实价值。

以当前区块链小额借贷模式为例，Verso为提供去中心化微小金融服务而生，其是一个用于监管金融服务行业的市场和分布网络。Verso网络可以利用智能合约观测到借贷双方的整个贷款流程，但是不主动介入借贷双方交易。以此为启发，小额借贷以智能合约的形式记录在区块链上，市场金融监管部门对双方交易主体资格、合约内容、交易手段、交易渠道等进行审查，确保金融服务的合规性和安全性。此外，区块链平台系统利用互联网信用评价机制，对借贷方个人信用参数进行风险评估，预估实际偿还可能比例，计算放贷数额，并将借贷记录在社会征信系统中，对失信借贷人设置贷款门槛和金额限制。为保障金融借贷市场稳定，区块链平台核验贷款机构的资格资历，对其进行评级打分，预防恶意贷款获取高额利润、扰乱金融秩序。

第三节　诉前存证助力诉源治理

《互联网法院规定》第 11 条规定：“当事人提交的电子数据，通过电子签名、可信时间戳、哈希值校验、区块链等证据收集、固定和防篡改的技术手段或者通过电子取证存证平台认证，能够证明其真实性的，互联网法院应当确认。”《人民法院在线诉讼规则》第 16 条规定：“当事人作为证据提交的电子数据系通过区块链技术存储，并经技术核验一致的，人民法院可以认定该电子数据上链后未经篡改，但有相反证据足以推翻的除外。”

在诉讼服务方面的应用方向上，电子证据的应用正在由主要在诉讼中向预防法律风险的重心转移，这与法院系统推行的诉源治理思路相契合。在区块链存证的价值和应用当中，除了对诉讼活动的电子证据提供支撑外，区块链电子存证在法律风险防控保障方面的应用空间更为广泛。2019 年 1 月，习近平总书记在中央政法工作会议上提出，把非诉讼纠纷解决机制挺在前面。最高人民法院原院长周强在全国高级法院院长会议上提出，要加强诉源治理。基于区块链技术特点，可探索在司法链开展诉前存证应用场景的可行性。根据当前数据显示，某平台的网络信用购物应用上线了区块链存证后，恶意购物不还款等纠纷率从 5%下降到 0.01%。即可能进入法院诉讼和执行的纠纷数量下降了 500 倍。同时，在链存证的网络版权纠纷案件的调撤率上升了 13%。[1] 如果诉前存证应用可落地，区块链可以为人民群众提供存证、固证、取证、验证等服务，构建起社会经济活动中以电子证据为核心的多方线上互信体系，有利于提升营商环境。同时，由于链上证据的不可篡改特性，能够有效化解矛盾纠纷争议，推动矛盾纠纷源头治理。

---

[1] 新华网：“杭州：司法区块链技术让知产纠纷调撤率超九成”，https://baijiahao.baidu.com/s?id=1632-321251017398774&wfr=spider&for=pc，最后访问日期：2024 年 3 月 29 日。

第四节 知识产权诉讼应用

由于知识产权案件中的证据一般具有外观抽象、证据易丢失、事后难以取得等特点，公证机构在收集、固定和保全证据方面做了大量的工作，使知识产权权利人提供的证据更加真实、准确、全面和充分，为法院公正高效审理知识产权案件打下了良好基础。近年来，随着区块链技术的发展，公证工作面临着新的发展格局，有挑战，但更多的是机遇。

知识产权案件中公证证据使用的基本情况主要有四个方面。一是公证书使用范围广。公证证据在知识产权案件中应用广泛，几乎涵盖了所有案件类型，在著作权、商标权和专利权案件中，保全证据公证书使用最为广泛。二是公证证据类型多样。知识产权民事纠纷案件中涉及的公证证据类型主要有：涉及诉讼参加人资格的公证证据（仅有签名无公证书时，尚不足以认定签名就是权利人本人所签）和涉及权利的公证证据（如著作权等）。涉及侵权事实的公证证据实践中数量最多。三是公证书使用比例高。相较于传统民事案件，知识产权诉讼中公证取证的比例较高，案件中电子证据更是高度依赖公证机构的公信力背书，否则容易受到对方当事人关于真实性的质疑，证明力也很难被法院采信。四是涉公证证据案件易调解。通过公证方式进行取证，多数案件中的侵权证据得以及时固定，因此，在难以提供相反证据推翻通过公证获得的侵权证据的情况下，被告愿意与权利人就赔偿损失达成和解。

目前，传统公证证据在知识产权诉讼中存在以下困境：一是诉讼成本相对于侵权获利高。知识产权诉讼中公证证据的使用比例高、数量大。按法律规定，如果胜诉了，公证费由被告承担；如果败诉了，公证费要由原告自担。在一些网络图片侵权案件中，单张侵权图片的赔偿数额还不及公证费用高，使法官在确定赔偿标准时陷入两难的境地。二是出证时间长。当事人通过公证的方式固定电子证据，需要经过“申请—审查—取证—出证”的公证流程，花费时间长，对于集中批量取证的公证事项，出具公证书的时间要更久。三是纸质文件页数多。由于公证机构的参与，知识产权诉讼中当事人大多以公证书的形式提交电子证据，有的网页保全公证书所附的截屏打印件多达上百页，增加了当事人的诉累。

最高人民法院于 2020 年 11 月 16 日发布的《关于加强著作权和与著作权有关的权利保护的意见》第 2 条规定："完善知识产权诉讼证据规则，允许当事人通过区块链等方式保存、固定和提交证据，有效解决知识产权权利人举证难问题。"

知识产权侵权现象在互联网时代极其普遍，相关纠纷频发。区块链的分布式、不可篡改、可溯源、可验证等技术特点，可以通过存证实现知识产权的固化和永久性保存，一旦发生纠纷，用户、司法或仲裁机构可以从区块链数据全链条的任一节点直接取证，而不再需要第三方机构出具证明，能够轻松解决诸如著作权保护的注册、确权和验证等法律问题，有利于明晰知识产权法律关系中的权利义务关系。通过司法区块链实现从确权到维权的全流程记录、全链路可信、全节点见证。纠纷发生后，权利人只需输入存证编码即可实现一键调证，确保权属证据上链后未被篡改，与传统公证方式相比，极大降低了当事人举证成本。

知识产权诉讼与区块链技术结合最为紧密，最高人民法院应把握时代发展趋势，充分运用技术优势破解维权难题，加强学习和调查研究，对公证和区块链技术进行深度地融合，扭转目前知识产权权利人经常遭受"抄袭""盗版""融梗"等问题的局面，为所有者维权提供便利。

第五节　区块链在审判执行方面的研究与实践

从区块链技术辅助审判的角度来看，法官办案时可以通过查看当事人提交证据的上链情况，对存证证书、时间、来源等进行查验追溯，辅助其证据认定，提升办案效率。同时，法官开展网上审理案件、网上阅卷等工作时，可将用户的行为、关键数据摘要、文书数据摘要、卷宗数据摘要等信息通过区块链技术节点上链，进行时间和哈希值的存证，可一定程度确保案件办理的公平公正。从区块链技术辅助执行的角度来看，可以有效优化执行流程，提高执行效率和透明度，增强司法公信力。首先，区块链技术能够优化法院执行流程。区块链技术的应用可以实现执行信息的即时共享和传递，简化执行流程。此外，区块链技术还可以实现执行过程中的自动验证和确认，减少人工操作，提高执行效率。其次，区块链技术能够提高执行管理的透明度和可追溯性。区块链上的数据一经记录，不可更改，保证了执行过程中的信息真实性和完整性，增加了执行过程的透明度，有助于提升公众对司法执行工作的信任度。再次，区块链技术有助于防止执行过程中的不正当行为。由于区块链的不可篡改性，任何试图篡改执行记录的行为都会被记录和追踪，这为执行过程提供了强有力的监督机制。区块链技术通过与物联网、大数据等技术的结合，还可以实现对被执行人财产的实时监控和快速定位，从而提高执行的成功率。最后，区块链技术还可以促进法院与其他部门之间的协同工作。通过建立基于区块链的跨部门信息共享平台，实现信息的快速流通和高效利用，促进各部门之间的协同执行，提高整体执行效率。

一、区块链对审判执行的作用

最高人民法院在《关于研究处理对解决执行难工作情况报告审议意见的报告》中谈到："把健全制度与应用科技手段结合起来，坚持不懈走信息化之路，以信息化促进规范化。"人民法院在发挥审判执行业务职能中，大量业务应用场景与区块链技术的高可信、防篡改属性高度吻合，对区块链技术创新应用拥有良好基础和广阔前景。

随着互联网的发展，线上购物、线上消费、线上支付以及线上借贷已经成为常态。线上交易导致的线上纠纷需要在线纠纷解决系统来保障线上交易在法律的规制上有效运行，从而实现将互联网交易从法外之地变为法内之地。这也是互联网生态中社会治理体系的必然要求。但是涉互联网案件往往数量多、单笔案件的金额很小。面对大量小额案件，如何确保裁判所确定的权益能够被快速而有效地实现，已成为一个迫切需要解决的现实问题。当前法院执行力量不足，单纯依靠法院明显不够。此时债务人也许并不是没有偿债能力，而是债务人认识到由人民法院强制执行力来实现大量的小额债权时，全社会的强制执行成本要大于执行收益。因而债务人基于博弈的心态不愿去主动履行，而且不主动履行的收益明显大于主动履行。在社会上形成自愿履行生效判决的逆淘汰机制，从而导致自愿履行生效判决的人越来越少，大量案件需要法院强制执行又导致判决整体获得执行的比例进一步降低，更加助长债务人不愿主动履行生效判决。在这种态势下，执行难成为很长一段时期的社会痛点问题。

要想解决涉互联网小额案件的执行问题，我们认为一方面可以通过区块链介入执行的某些环节为执行提效；另一方面需要改变执行理念，通过司法链智能合约构建债务人的自愿履行机制。使得债务人对于生效裁判决自愿主动履行成为经济学中理性行为人的选择。2020 年，宁波市镇海区人民法院创新推出自动履行正向激励举措，赋予守法诚信的当事人诸多政策红利，正是用法治的力量塑造诚信文化，让“失信受罚”和“守信获益”真正成为社会共识。

二、区块链在审判执行方面的应用概况

“司法链平台”具备通用的存证和验证能力，能够对电子档案、执行查控操作以及上链法院案件全过程网上办理信息等典型应用进行存证验证服务。基于区块链具有去中心化、数据难篡改、去信任化，兼具透明性与私密性、中立性、可追溯等特性，使得通过区块链传输的审判执行工作需求的数据具有高度的安全性和可靠性，并且能够基于网络共识构建一个纯粹的、跨界的“利益无关”信任网络的验证机制，从而打造一个高度安全、深度信任的内外数据流通环境。从司法链平台启用于审判执行以来，合计上链数据超过 9.14 亿条。包含其中的法院业务数据中存证业务总数 1.24 亿条，业务信息 0.13 亿条，电子材料 1.03 亿条，操作行为 0.085 亿条。[1]

三、区块链在审判执行方面的应用目标

区块链在审判执行方面的应用目标包括：（1）研究面向多源异构的电子证据存证验证技术，围绕服务应用层、区块链网络层、存储层，使用高可用、易水平扩展的分布式集群技术和标准化应用网关，提升应用服务的吞吐能力，保障请求得到快速响应；（2）优化区块链网络节点的负载均衡机制，调整符合电子证据存证验证要求的节点共识和查询机制，降低链上数据访问成本；（3）研究基于业务场景优化的底层存储数据分层机制，识别数据热点，优化

[1] 最高人民法院司法链，https://sfl.court.gov.cn/pages，最后访问日期：2024 年 3 月 29 日。

数据读取、数据缓存机制，提升热点数据、关联数据访问的效率，为当事人、律师提供在线诉讼证据的存证验证服务。

区块链技术在司法领域的有效运用，将有助于打破传统司法工作的信用和安全限制，进一步实现现代科技与法院工作的深度融合，优化流程，打造真正意义上的智慧法院。推动全国各级法院对高可靠数据、高公信信息、高敏感操作等相关数据的存证验证应用。通过区块链技术，打造“以审判为中心”的互信生态圈，切实优化数据等司法资源的配置，打造链上互通机制，通过数据互认的高透明度，有效消除各方的信任疑虑，加强司法协同应用，提升协同办案效率，对于推进人民法院审判体系和审判能力现代化有重要意义。

四、区块链在审判执行方面的落地场景实践

（一）区块链赋能审执衔接

1. 审执衔接司法实践困境

目前，人民法院执行依据文书难验证，立案、审判、执行等部门间案件信息资源共享不充分、效率低下，影响了最高人民法院“基本解决执行难”目标的实现。最高人民法院贴合法院业务深度挖掘审判执行应用场景，已围绕高可靠性数据（如电子证据、电子档案）、高公信力信息（如裁判文书、调查令）、高风险性操作（如执行查控、网上阅卷）原则梳理出12类应用场景，指导推进各级法院核心司法信息要素应存尽存，着重针对巩固“基本解决执行难”成果，解决执行流程信息全要素上链存证问题。

2. 已结案件信息存证验证

已结案件信息进行每日常态化上链存证，自动对每日已结案件信息进行核验。当核验结果不一致时，自动预警并推送至业务系统，由业务系统组织对异常结案信息行为进行追溯，核查异常原因，为修改已结案件信息的高敏感操作提供技术支撑，保障已结案件信息的准确性和可靠性。法院业务系统对已结案件通过“司法链”平台进行上链存证，自动对一段时间内（时间根据实际业务情况设定）已结案件信息提起核验申请。核验一致，显示结案信息正常，流程结束；核验不一致，自动预警并标记已结案件信息项异常变更，进行人工排查。

3. 电子卷宗随案生成及上链存证

审判过程中形成的卷宗是执行案件立案和执行异议处理过程中的必要材料。对电子化的人民法院诉讼案件卷宗，其形成过程存在当事人提交材料、法官办案形成文书、庭审音视频等多个生成来源，为了解决电子卷宗在立案、分案、审判、执行、结案、归档等各环节流转过程中的真实防伪问题，司法实践中正在探索研究覆盖电子卷宗形成全过程的存证验证技术，实现卷宗文件哈希和电子卷宗的形成、传输、保存、利用等操作元数据的区块链可信存证和验证，实现电子卷宗形成全过程的可视化和操作轨迹的可视化，实现电子卷宗实体文件的区块链的去中心化安全存储、真实防伪。

4. 执行自动立案

司法链平台面向全国法院审判法官、执行法官、执行立案管理者提供审判案件基本信息、执行案件基本信息、裁判文书等信息上链存证，并形成可信审执衔接数据资产。同时，建立审判转执行立案审查规则库，通过可信操作审执衔接智能合约技术，构建可信操作审执衔接服务，根据案件信息、案件执行跟踪信息等，判断是否需要转执行，如果是，则自动生成审执衔接智能合约实例，触发实例运行，实现执行立案信息自动推送，审执衔接存证验证，提高效率，减少立案法官审查和录入工作量。

5. 法官查控记录存证验证

利用区块链技术记录查控操作，可对法官发起的查控记录进行唯一性存证。执行法官、时间等信息生成哈希值，在区块链中永久保存该哈希值，供校验查控操作信息。同时，将区块链技术应用于司法网拍的进度管控，从执行查控获得不动产信息后，在区块链固证记录时间，跟踪执行法官，完成配套任务的时间，负责人、操作界面均可形成不可篡改的记录。系统日志存证验证是满足大部分业务系统对高敏感操作行为的监控核查需求的通用型应用场景，业务系统将高敏感操作的重要信息记录到系统日志中，并通过司法链对系统日志予以存证，并自动发起本地日志与存证信息的核验。当核验结果不一致时，自动预警并推送至业务系统，由业务系统组织对异常操作行为进行追溯，核查系统操作异常原因，保障虚假立案、违规操作、网上阅卷等高敏感操作行为的安全性。法院核心业务系统，每日自动将系统日志进行备份和上链存证，次日业务系统会对前一日系统日志自动提起核验申请，核验一致，显示本地日志正常；核验不一致，自动预警并标记异常日志，同时发起对备份日志的核验。备份日志与上链日志不一致，流程结束。

（二）执行查控和执行财产处置可信操作

1. 执行查控过程存证

法院执行工作中存在大量针对被执行人财产信息的高敏感查询工作，查控行为可能对被执行人的生产、生活造成不必要的影响，为法院的规范化监管带来了很大挑战。针对在执行案件网络查控高敏感操作的安全监控难与过程追踪难的痛点，面向院局领导，在执行办案流程的执行查控场景中对承办法官进行网络查控的全过程提供执行案件基本数据及执行财产查控数据实时上链、可信验证的服务，并形成执行查控可信数据资产。采用可信操作智能合约技术，构建财产查控异常预警服务、查控数据存证服务、查控数据验证服务及财产查控可信操作服务。结合由执行知识经验凝练梳理形成的异常查控识别规则库和节点查控规则库，形成针对执行案件网络查控高敏感操作的规范监管及问题追溯的能力。

执行查控时，可对法官发起的查控记录进行唯一性存证，利用区块链技术记录查控操作，执行法官、时间等信息生成哈希值，在区块链中永久保存该哈希值，供校验查控操作信息。同时，可对被执行人信息、执行查控行为等数据上链存证，对非被执行人查控等违规操作行为进行监管。实现执行查控操作可监管、可验证、可追溯。保证查控行为合规合法，有助于司法公正，提高法院公信力。

2. 执行查控数据监管

执行查控过程中，针对被执行人新增、查控、删除等高敏感核心操作行为，通过“司法链”平台进行上链存证，同时记录新增、查控、删除等行为信息，满足平台统计分析的需求。系统定期对本地一段时间内的执行查控行为发起核验，并将核验的结果推送到业务系统，从而实现对非被执行人查控等违规操作行为进行监管。

3. 异地执行合作

人民法院办理执行案件过程中，有很多异地执行案件需要执行法官多次往返异地，不但耗时耗力，而且有时还因为异地而遇到种种困难。自《最高人民法院关于加强中级人民法院协同执行基层人民法院执行实施案件的通知》下发以来，充分发挥统一管理、统一指挥、统一协调管理机制，以执行指挥中心为枢纽，发挥执行指挥中心功能优势，为推动解决异地执行的重大、疑难、复杂案件的执行提供了强有力的保障。

4. 辅助执行方面

应用区块链技术可将执行案件办理过程中涉及的财产查询、控制、处置等信息进行全流程记录，实现对财产处置流程的全程可追溯，确保执行案件对被执行人财产的查询、控制、处置流程规范可靠。将执行案件中涉案款项的到账、发放信息及相关的电子材料进行上链固证，可防篡改、可追溯，确保每一个案件的每一笔款项来源、去向清晰可查，确保所有涉案款项流向全程可记录。将执行案件中失信限高被执行人信息进行上链登记，可对失信限高被执行人的发布、撤销、屏蔽等行为进行全流程可追溯，确保将执行案件失信惩戒的威慑力发挥到最大作用。将执行案件中线索悬赏任务、线索提交等材料及信息进行固证，可防篡改、可追溯，确保线索提交责任分明，保证线索悬赏对象明确。

5. 网络司法拍卖方面

网络司法拍卖是一种旨在发现财产价值并最大化被执行人财产价值的司法程序。区块链技术在这一过程中发挥着重要作用，它不仅能够应用于司法拍卖的进度管理和监控，还能够确保执行过程的透明性和不可篡改性。具体来说，区块链技术可以在执行查控阶段记录不动产信息，并将这些信息以固证的形式记录在区块链上，确保记录的时间、执行法官的行动以及完成配套任务的时间等信息都是不可篡改的。这样的记录方式为司法拍卖提供了一个可靠的数据基础。此外，对于版权、车位等执行标的，区块链技术可以避免因权属确认而产生的纠纷和确权难题。通过区块链技术，可以构建一个新一代的信任机制，提高资产流转的效率和多方协同工作的效率，同时降低信任成本。通过将资产上链进行存证和验证，可以减少资产权属纠纷的发生，确保资产交易的每个环节都处于一个可信的状态。这不仅提高了版权、车位等资产的处置效率，还加强了对这些资产处置的合规监管和信任度，提升了资产交易信息的可信度，并有效防止了真正权利人的权利受到侵害。综上所述，区块链技术的应用为网络司法拍卖带来了显著的优势，它通过提供金融级别的安全保护和隐私保护能力，确保了司法拍卖过程的公正性和效率，同时也为相关资产的处置提供了强有力的技术支持。

资产通过网络拍卖处置的存证验证流程如下：

（1）将待处置的版权和车位内容全部输入人民法院司法链平台进行存证，使作品内容的范围和车位的权属得以确定，并生成唯一的授权码。基于“一物一码一客户”的身份标识原则，人民法院司法链平台的存证对资产实现溯源。

（2）资产变价方案在司法链存证的状态和授权码在网络拍卖平台上进行公示，使竞拍人知晓相应资产权属的确定性和可信性以及市场估值。

（3）竞买人通过竞价平台竞得版权后，获得授权码。竞价全过程公开、透明，竞价与签约全过程与竞价信息、拍卖结果等全流程及全数据上链存证，资产相关人可实时查验。

（4）竞买人购得著作权后，可以通过人民法院司法链平台在线上将资产的物权登记在自己名下，并形成新的授权码。

（5）买受人如欲继续交易，可将新的授权码（新授权码与老授权码关联，作为物权溯源基础）进行重新定价交易。如欲使用，则凭授权码向司法链平台调取作品内容和相关车位信息。

以上操作可提升被执行人资产处置流程合规性与透明度，提升法院对网拍资产从公示、竞价拍卖到交割，再到最后一公里案款分配的全流程监管能力，提升网络司法拍卖的公开可信性。

（三）失信限高名单存证验证

对失信限高名单信息进行存证验证，提供失信限高名单一致性校验服务。对失信限高名单数据生成存证信息，通过对共享方数据一致性进行核验，及时查漏补缺，避免出现失信信息不一致情况。确保执行失信信息在法院内外网、法院与外部协执单位之间产生、传播和使用流程中安全可信，提升司法权威和司法公信力，维护社会信用体系。

根据执行业务流程和大数据平台的数据汇聚情况，提供两种一致性核验方式：其一，通过失信惩戒系统直接共享给外部单位，核验后使用发布；其二，失信惩戒系统先共享给大数据平台，由大数据平台核验，然后再共享给外部单位。

内网失信惩戒系统生成失信黑名单、限制高消费名单及屏蔽撤销情况进行上链存证，并将上述数据共享到大数据平台，大数据平台核验共享数据一致性后，由共享交换子平台统一对外提供数据共享服务。外部单位收到共享数据后，向司法链发起核验，核验通过后才可发起失信惩戒应用。法院内部拟使用智能合约自动发起数据存证验证，并确保核验不通过不能对外提供服务，有条件的外部单位也可加入智能合约应用。

第六节　社会存证应用

一、电子合同场景

电子合同存证平台是一个在去信任的环境下由多方共同维护的防篡改的分布式数据库。借助密码学的数学原理，可以确保数据在区块链上的防篡改与追溯。平台应提供“在线签约（电子合同）+全业务流程存证”的一站式解决方案，在通过区块链实现合同的数字指纹信息分布式存储的同时，还可快速生成可信电子合同签署证据链，无缝对接和处理其中合同涉及的纠纷解决、仲裁机构裁决以及电子证据递送等问题；而联盟参与方，如国内的司法鉴定机构，可以依托此存证联盟链，对鉴定中心保全的电子证据进行鉴定并出具鉴定报告。此外，针对商业环境以及客户需求，实现竞争公司之间的数据隔离需求，兼顾了参与各方的平等以及链上数据的隐私性，提高了数据在流转过程中的透明性和效率。

二、版权场景

（一）侵权类取证

侵权类存证场景可以分为两类：第一类是侵权结果状态的取证，此时可对侵权的网页进行存证，对侵权行为的时间可查询、可追溯。第二类是对侵权行为过程取证，属于动态的证据固化过程，需要有相关环境镜像系统进行配合，将证明过程通过可视化的方式展示出来，对时间段可查询、可追溯、可验证。

当发现侵权行为时，快速调用版权服务中的侵权取证接口，对侵权网站进行页面抓取取证，并将取证结果保存在联盟链中；系统对侵权 URL 地址进行域名解析，通过预言机服务将 URL 对应的侵权内容进行存储，并生成可供第三方检测的存证过程合理性证据，将侵权行为固化为证据进行保存；固化后的证据保存在区块链中，数据永久存储且不可篡改，符合法律对电子证据的要求。

（二）确权类存证

确权类存证场景分为以下两大方面：一是知识产权权属证明应用于版权证明、权利在先证明等领域，是对作品数据进行保护的行为，类似于著作权备案登记；二是平台公告证明，就发出过公告的行为以及对公告内容本身进行存证，对相关证据提取哈希值、数字摘要并对时间进行固化。在进行确权类存证过程中，关键在于证明当事人在某一时刻完成了某内容或进行了某行为，且该时间及内容均不可篡改。

选择文件、获取数据指纹：选择需要存证的文件，通过哈希算法计算出该文件和关联信息的数据指纹。数据写入区块链：在用户确认后，系统将得到的数据指纹写入区块链中，一经写入便无法篡改。获取存证结果：根据用户需求生成存在证书供用户保留，也可根据用户需求，提供纸质书面报告。数字指纹验证：根据客户需求，在用户需要对存证的指纹进行验证时，提供数字指纹比对查询。

（三）遗嘱存证

通过专业遗嘱见证系统，借助人脸识别、身份验证、密室登记、指纹扫描、现场影像、专业见证、文件存档、保密保管以及司法备案存证等功能，使立遗嘱人订立遗嘱的真实性得到了有力保障。涉及诉讼时，还将依法为当事人出具证明文件，遗嘱存证内容可在法院官方证据核验平台验证其真实性、合法性、有效性。对立遗嘱人通过人脸识别检测及指纹扫描等方式对其身份信息进行验证。有相关职业资质的人员经过授权后对立遗嘱人进行精神评估。在密室进行全程同步录音录像，全程上链。见证人签署保密协议，由两名以上工作人员对自书遗嘱内容全程见证。遗嘱存证保全证书生成并可在法院官方证据核验平台进行查验追溯。

第三章　区块链与电子取证

第一节　电子证据概述

从我国现有的法律规范来看，立法和司法解释均采用了狭义的电子证据概念，并试图将电子证据与其他传统证据种类予以区分。但是，从互联网时代的审判需求来看，对电子证据采取广义说更具有现实合理性。根据《互联网法院规定》第9条的规定，当事人应当将在线电子数据上传、导入诉讼平台，或者将线下证据通过扫描、翻拍、转录等方式进行电子化处理后上传至诉讼平台进行举证，也可以运用已经导入诉讼平台的电子数据证明自己的主张。由此可知，其采取的是广义的电子证据概念。另外，从计算机及信息科学的角度看，电子数据一般是指基于计算机应用、通信和现代管理技术等电子化技术手段形成的文字、图形符号、数字、字母等信息。[1] 由此，可以认为，电子证据是指以电子形式生成，以数字化形式通过磁盘、光盘、计算机等载体进行存储、处理、运输的能够证明案件事实的电磁记录物。

大数据时代，人们的生活与电子证据紧密相关，电子证据的表现形式也日趋丰富，可以将其作如下分类：一是网页、博客、微博等网络平台发布的信息；二是短信、电子邮件、即时通信、通信群组等网络应用服务通信信息；三是用户注册信息、身份认证信息、电子交易和通信记录、登录日志等；四是文档、图片、音频、视频、数字证书、计算机程序等电子文件；五是其他数字化形式存储、处理、传输能够证明案件事实的信息。

[1] 谢小剑：《电子证据法学》，高等教育出版社，2022年版，第7页。

第二节　电子取证技术原理

在探寻电子取证技术原理前需要厘清电子取证的内涵。电子取证的内涵有狭义说与广义说两种。狭义说将电子取证与“Computer Forensics”等同起来，广义说则认为电子取证包括但不限于特殊的技术手段。例如，有人认为电子取证是指对能够为法庭接受的、足够可靠和有说服性的、存在于计算机和相关外设中的电子证据的确认、保护、提取和归档的过程。也有人认为所谓电子取证是指对存储在计算机系统或网络设备中潜在电子证据的识别、收集、保护、检查、分析以及法庭出示的过程。电子取证不仅涉及计算机或网络的技术问题，还涉及法律和道德规范。准确把握电子取证的概念，需要注意以下几点：其一，取证手段是借助计算机等电子设备；其二，取证对象主要是处于虚拟空间的电子证据；其三，取证主体呈现多元化的特点，即实施电子取证的人不能局限于某些特殊的群体。无论是侦查人员、司法人员、行政执法人员、诉讼各方当事人及其律师，还是网络服务提供商、民间技术专家等，都有可能在电子取证领域一试身手。

谢登科教授从电子数据鉴真的本质探讨电子取证技术原理。[1] 根据物质交换定律，在案件发生过程中，通常会在现实物理空间散布或者遗留下很多痕迹、物品、文件等实物证据材料。这些材料从生成到转化为诉讼程序中的定案依据，通常需要经过证据生成、证据收集、证据保管、证据提交、证据审查（认定）五个主要阶段。在这五个阶段中，实物证据材料都存在被破坏、伪造、掉包等风险，从而导致证据信息缺失或失真。为了防止此种风险所引发的事实认定错误及不公正裁判，就需要通过相应程序和制度来保障实物证据的真实性与可靠性。在传统的诉讼制度和证据制度中，实物证据鉴真规则就是防范此种风险的重要制度之一。所谓实物鉴真，是指证明某一证据就是举证人所主张的证据，其是对实物证据真实性和同一性予以证明的过程。鉴真是实物证据具备可采性或者证据能力的法定条件之一，未经鉴真的实物证

[1] 谢登科：“电子数据区块链存证的法律本质与适用边界”，《兰州学刊》，2021 年第 12 期，第 5-15 页。

据通常会因为无法保障其形式真实性或同一性，而被法院以不具有可采性或者证据能力而予以排除。电子数据作为网络信息时代的“证据之王”，它是人们在使用手机、电脑等电子设备进行沟通交流、工作学习、娱乐生活等活动中，在虚拟网络信息空间留下的数据痕迹。电子数据从生产到转化为诉讼程序中的定案依据，通常也需要经过前述五个阶段。作为存在于虚拟网络空间的 0 和或 1 二进制数字，电子数据本身不具有物理形态或者实物形态，其所具有的虚拟性衍生出了脆弱性、易破坏性、易篡改性等特征。电子数据可能会在生成、保管、传输过程中因为硬软件因素或者人为因素而受到改变、损坏。电子数据虽然不具有实物形态，但是其在收集保管过程中存在的被篡改、伪造风险，决定了其仍然应当遵循实物证据鉴真规则，这就产生了电子数据的鉴真问题。在我国司法实践中，法院对电子数据真实性、同一性的审查主要依靠公证程序，且多数为形式审查，其运行程序复杂繁琐、诉讼成本较高。互联网法院具有在线审理涉网案件和大量在线电子数据或者电子化实物证据的特征，在客观上需要打破通过公证程序认定电子数据真实性的单一方式，需要通过技术手段来弥补仅依靠公证程序认定电子证据的不足，需要鼓励和引导当事人采用数字签名、可信时间戳、哈希值校验、区块链等技术手段。电子数据鉴真与传统实物证据鉴真的价值功能并不存在本质性差别，它们都是要通过鉴真程序或方法实现对证据形式真实性和同一性的保障。

另外，电子数据可被技术规则解读的特点也为电子证据提供了效力证明。通常而言，一份完整的电子证据应当包含三个方面的信息：一是电子数据的文本，如网页截图、音频、视频文件；二是文本所对应的附属信息，如文本的格式（word、pdf、jpg、mp3 等）、文本的大小（kb、M 等）；三是电子数据所生成的主体、时间以及形成过程等记录的关联痕迹内容。

第三节　电子取证操作流程

刘品新教授认为我国的电子取证程序可以概括为四个环节[1]：一是电子取

[1] 刘品新：“电子取证的法律规制”，《法学家》，2010 年第 3 期，第 76 页。

证的准备阶段。这是基础性阶段，主要任务包括对电子取证的技术和设备的研发、取证人员的培训和选择、取证前的信息搜集、取证设备和器材的选择、取证计划的制定等。二是电子证据的收集保全阶段。这是初步的实施阶段，主要任务既包括对物理空间中电子证据的收集与保全，也包括对虚拟空间中电子证据的收集与保全；既包括对计算机主机与其他电子设备的临场取证，也包括网络下载等远程取证。三是电子证据的检验分析阶段。这是深入的实施阶段，它充分体现了电子取证不同于传统取证的特点。一般来说，传统取证多是“现场式”的，即主要实施活动都集中在证据所在地；而电子取证多是“实验室式”的，即主要实施活动都集中在证据分析实验室，调查人员在证据所在地开展的实施活动基本上是在为实验室分析做准备。为什么电子取证需要采取“实验室式”呢？其实道理很简单，因为计算机硬盘等虚拟空间是电子证据的大仓库，分析海量的电子证据必然要花费很长时间。四是电子证据的提交阶段。这一阶段是对取证结果进行汇总提交，主要任务是根据检验分析结果制作电子证据鉴定书、勘验检查笔录及其他书面报告。如果发现电子取证过程中存在问题，还应当提出相应的改进建议或补救措施。上述四个环节相互之间是层层推进的关系，在特殊情况下也可以有条件地回溯。例如，调查人员在电子证据的检验分析阶段发现取证有遗漏或者偏差的，不排除重新启动电子证据的收集保全阶段。这样的做法不仅在技术上是必要和可行的，还体现了我国诉讼法所确定的取证原则。

第四节　电子证据应用困境及成因分析

一、电子取证司法适用存在的痛点

随着互联网信息技术的高速发展，电子数据作为证据材料在法庭上出现的频率越来越高，我国《民事诉讼法》（2021 年修正）第 66 条第（五）项、《刑事诉讼法》（2018 年修正）第 50 条第（八）项、《行政诉讼法》（2017 年修正）第 33 条第（四）项均明确将“电子数据”作为法定的证据类型。与此同时，从司法实务来看，电子数据的司法适用存在相当大的困境，相关难题围绕电子数据的真实性认定展开。有学者曾以中国裁判文书网 2012 年之后的“民事案件”为样本，以“电子数据”和“电子证据”作为关键词进行检索，分别获得 4777 个和 15541 个案例，这些案件清晰地反映了电子数据的司法适用困境。[1] 具体而言，电子数据在司法实务的采信情况主要表现为如下两方面：一方面，电子数据的采信率极低。有学者曾在文章中指出，在司法实务中对电子证据明确作出采信判断的占比仅为 7.2%。[2] 杭州互联网法院副院长官家辉 2019 年在浙江卫视《今日评说》栏目中表示，有一个针对法院 2 万份判决书的大数据分析结果显示，法院对于电子数据的正面采信率仅 7%左右。显然，电子数据在司法实践中的采信率是无法做准确统计的，但是不同样本的分析结果至少表明，电子数据的采信率确实极低。分析部分判例，可以发现法院不予采信电子数据的原因，一方面，主要是基于无法对电子数据的真实性作出全面准确鉴别，要么是其表现形式无法证明电子数据的客观真实性或完整性，要么是电子数据的上传时间无法证明，其真实性与关联性均无法确认等。另一方面，即使是能够得到采纳的电子数据，也有法院将其转化为物证、书证或言词类证据加以采用，这种裁判就使得作为法定证据种类的电子数据形同虚设。简言之，仅由于基层法院技术鉴定能力有限而将电子数据转化为传统的证据种类，这种虚置化的应用实质上是否定了电子数据这一独立的证据种类，是对证据法体系的反噬。由此可知，在司法实践中，电子数据的鉴别难度较高，对其司法适用提出了非常高的要求，由此产生电子数据证明力低下的现实问题，并导致电子数据的采信率极低。

虽然在法律法规、司法解释和相关规定中，存在关于电子证据的范畴、原件形式、取证手段等的一些规定，但电子证据在司法实践中包括存证环节、取证环节、示证环节、举证责任和证据认定中依然存在痛点。

---

[1] 张玉洁：“区块链技术的司法适用、体系难题与证据法革新”，《东方法学》，2019 年第 3 期，第 102 页。

[2] 刘品新：“印证与概率：电子证据的客观化采信”，《环球法律评论》，2017 年第 4 期，第 110 页。

（一）电子证据存在的具体问题

1. 存证中的问题

电子数据具有数据量大、实时性强、依赖电子介质、易篡改、易丢失等特性，在存证中面临一些问题。一是单方存证的高风险，传统的存证方式有公证存证、第三方存证、本地存证等，这些方式本质上都是由一方控制存证内容，是中心化的存证方式。中心化存证下，一旦中心遭受攻击，容易造成存证数据丢失或被篡改。二是存储成本高，电子数据依赖电子介质存储，为了存储安全，经常需要使用多备份等方式，加之电子介质有其使用寿命，因此存储成本较高。

2. 取证中的问题

一是证据原件与设备不可分。目前，在对某些本地产生的电子数据进行取证时，原件只能留存在产生电子数据的设备当中，证据原件和设备是不可分的。证据原件一旦要离开设备，就变成了复制品而不能成为定案依据。因此，在民事诉讼中，经常发现当事人需要向法院展示手机等设备，迫使当事人本人必须到庭参加进行操作；在刑事调查和行政调查中，因查封电子数据原始载体是取证的首要手段，被调查人的电脑硬盘、服务器可能被全部拿走而进行调查，导致被调查人正常业务被迫停止的情况。这一情况给司法相对人造成了不必要的麻烦，事实上也很难杜绝当事人此前已经对原始文件进行的删改。二是原件可以被单方修改。在目前的互联网软件上形成的数据原件，都是基于当事人在互联网软件服务商处注册的用户名密码下行为所致。在这种数据逻辑结构下，也基于对隐私权的保护，当事人对自己数据的删改，包括对其删改记录的删改是其当然的权限。那么，所谓的原件到底是不是事件发生时真实、原始和完整的数据，互联网软件服务商也无法给出确切的答案。即使互联网软件服务商给出了他所留存的数据，也无法证明这个数据是否经过了互联网软件服务商的删改，不能完全保证相关数据的真实性。严格来讲，相关数据只能作为线索或间接证据使用。因此，在对电子数据取证的时候，所取证据是否属于原件，也是存疑的。

3. 示证中的问题

电子数据展示和固定是电子数据使用的重要环节，由于电子数据的存在形式是存储在电子硬件中的电子信息，要获取其内容需要使用相应的软件读取和展示。这给示证带来了困难，主要表现在：并非所有电子数据的内容都可以通过纸质方式展示和固定，例如电子数据的电子签名信息和时间信息。通常情况下，对电子数据原件的截图、录像、纸质打印、复制存储都交由当事人自己完成，而其中的差异是难以在原件和复制件核对查验时充分验明的，这给了当事人篡改数据的空间。示证的困难使得对电子数据公证的需求增加，这既严重加大了当事人的举证负担，也严重浪费了社会司法资源。

4. 举证中的问题

在诉讼中，双方都会提交自己留存的电子数据作为证据。在当事人分别控制自己的数据的情况下，非常容易发生双方提交的证据有出入，甚至是矛盾的情况。在没有其他佐证的情况下，证据的真实性认定非常困难，双方提交的电子数据都无法成为断案依据。在这种无法判断案件事实的情况下，法官很可能需要依赖分配举证责任来进行断案。而一般的举证责任分配原则是“谁主张、谁举证”，无法举证则承担败诉的后果。那么在这种情况下，“积极”篡改自己数据的一方可以在这种举证责任制度的安排下获利。

5. 证据认定中的问题

“一切证据必须经过查证属实，才能作为定案的根据”是在世界范围内具有普适性的最重要的司法原则之一。证据的认定，通常是认定证据“三性”的过程，即证据真实性、合法性和关联性。电子数据作为证据也需要经过“三性”判定。电子数据因为数据量大、数据实时性强、保存成本高、原件认定困难等原因，对证据“三性”的认定较困难，电子数据经常因为难以认定而无法对案件起到支撑作用，这对法官和当事人都造成了较大压力。

作为一个新兴技术，区块链最具有法学价值之处就在于，它为法学界和法律实务界引入了一种有别于传统电子证据论证模式的“证据自证”模式。区块链不需要通过各类证据的组合以及链式论证来验证自身的真实性，它本身就能够完成自身的真实性检验。但是，区块链技术对传统电子证据缺陷的弥补，无法当然性地确立区块链技术的证据属性。它也必须恰当地回应证据的共识性理论，否则它将陷入合法性质疑的窘境。具体包括：区块链的证据资格认定，即区块链所提供的证明是否符合真实性、关联性和合法性理论的要求；区块链证据究竟属于原件还是复印件；区块链技术究竟依赖于技术自证还是国家公证等问题。

区块链的运用面临着数据分析处理和数据来源无法统筹的现实挑战。司法区块链的创新在于，以司法资源为基础、联合多维度数据源重新构建的社会信用体系的重要性、必要性。然而，由于各信用体系之间的数据孤立化、碎片化，数据缺少统一标准与共享机制，导致数据查询和分析处理效率低、成本高；信用记录与评估模型不透明，造成不同系统的评估有所偏差，且信用数据时效性不足，如不能探索出数据交换的激励机制，在短期内并不能产生实质性应用突破。同时，从数据有效使用比例看，以广州互联网法院"网通法链"为例，现有的平台数据并没有达到理想状态，存证可调数据总量达到 14048059 条，但有效调证仅有 454 条。面对多重可能，现有司法区块链并不能有效排除或者增强某一可能性，限制了数据的有效运用，加剧了"数据沉睡"。[1]

区块链在电子数据中的运用面临着安全隐患。司法区块链基于联盟链技术构建，尽管主要节点由司法机关、行政部门控制，但从商用区块链遭受的安全问题来看，司法区块链的安全性保障应予以加强，特别是对认证机制、形式化验证、技术架构、数据保护和基础设施的全局发展提出了新的考验。《区块链产业安全分析报告》显示，2011 年到 2018 年 4 月，全球范围内因区块链因安全事件造成的损失多达 28.64 亿美元。值得注意的是，损失额度从 2017 年开始呈现出指数上升的趋势，仅 2018 年以来，损失金额就高达 19 亿美元。[2] 由于商用司法存证行业对于数据清洁性、标准性缺乏统一的技术规范与安全性检测，且编写者能力参差不齐，导致在实际应用中存在诸多漏洞。因此，如何防范司法区块链的重大安全事件，是保证司法权威、审判安全的重要议题。

（二）电子证据司法适用困境的原因分析

电子数据司法适用困境的出现，其根本原因在于电子数据真实性的认定

---

[1] 张春和、林北征："司法区块链的网络诉源治理逻辑、困惑与进路"，《中国应用法学》，2019 年第 5 期，第 127-128 页。

[2] 人民网："区块链产业安全分析报告发布：安全已成区块链技术重大挑战"，http://capital.people.com.cn/n1/2018/0510/c417685-29976433.html，最后访问日期：2024 年 3 月 30 日。

障碍，大致可概括为如下两个方面：

一方面，电子数据内容的真实性、完整性和电子数据产生到传送的整个过程对于电子证据真实性认定具有至关重要的作用。尤其是数据的保存和传送过程，该过程高度依赖于互联网、计算机等通信设施，且篡改或伪造一般不会留下痕迹，法官作为非专业人士一般无法察觉电子数据是否被篡改或伪造，在采用与不采用之间也只能依靠自由心证作出选择。因为电子数据实质上是以 0 和 1 或 on 和 off 来表达信息的二进制电磁代码，在诉讼程序之外是一种以数据为存在基础的、无体性的证据材料，其具有的电子化特征决定了电子数据是极其脆弱的，这就决定了电子数据不会像传统证据那样易于保存和固定。具体而言，电子数据不但极易被篡改或伪造，而且其收集和传送过程极易受到电磁信号干扰；当存储设备系统发生崩溃、故障以及遭遇黑客攻击或者计算机病毒，电子数据可能会发生异变甚至灭失。此外，司法实务针对电子数据产生时间的判定也经常出现困扰。

另一方面，司法实务采信电子证据除了面对其容易被篡改这一特点的同时，还面临证据原件理论的重大挑战。诚如前述，电子数据容易被篡改，而电子数据一般又不存在原件与复制件的区分问题，这就使得法院采信电子数据时更需要确认举证方所出具的是原件。具体而言，“证据以收集原件为原则、复印件为例外”是证据法理论以及我国三大诉讼法所一贯秉持的立场，最高人民法院在相关司法解释中也都对电子证据的原件问题作出了特别规定。但是，电子数据又不像传统证据一样具有原件和复制件的划分，负有举证责任的一方一般很难说明哪些数据更原始，不论是通过打印、拍照等方式将电子证据出示给法庭，还是直接提交电子证据。一旦另一方对电子数据的真实性、完整性提出疑问，而负担举证责任的一方却无法证明自己所提交的证据是最为原始的电子数据时，考虑到电子数据易于篡改的特征，法官就会倾向于根据“原件标准”否定电子数据的证明力。事实上，背后深层次的原因在于“原件标准”无法回应电子数据与传统证据种类的差异。

概言之，随着科技的高速发展，通常依附于科技产品而存在的电子数据，取证、保存难度进一步加大，以至于当事人在费尽周折掌握了相关电子数据的情况下，依然因为电子数据的证明力较低而承担败诉的后果。应该说，电子数据的司法实务困境主要在于其对国家公信力的高度依赖，其根源于司法机关的技术鉴定能力不足，法官是法律的专家，但无法及时洞悉高速发展的科学技术，对于相关科技产品在司法领域中的运用准备不足，这在一定程度上也削弱了电子数据的运用效率。或者说，电子数据的无体性决定了其鉴真难度远高于普通证据种类，法官对于此种无体性证据的真实性持比较谨慎的态度。

第五节　区块链技术在电子取证场景下的价值与应用实践

一、区块链技术赋强电子证据效力认定

区块链是一种以不可复制性、不可篡改性、去中心化、非对称加密以及时间戳为主要特征的数据信息运载技术。通过数据加密的方式，区块链技术得以将特定的数据信息存储于众多网络计算机之上，实现数据信息的共享，进而消除单一存储模式下的数据丢失难题。可以说，区块链技术的不可篡改性和安全性共同建立起一个互联网系统的“信用共识机制”，甚至成为下一代全球信用认证和价值互联网的基础协议之一。作为新型电子证据，区块链技术不仅保留了传统电子证据的全部特征，同时也实现了新科技对传统电子证据实践难题的重大突破：一方面，区块链的分布式分类账特征，弥补了传统电子证据易被更改的缺陷；另一方面，区块链作为一种高信任机制的科技产品，本身就实现了高证明力的自我背书，有效地改变了传统电子证据采信率低的现状；再一方面，区块链的“时间戳”技术与不可篡改特性，能够降低电子证据的真实性证明成本，有效替代公证机构的公证职能。《互联网法院规定》第 11 条第 2 款明确规定：“当事人提交的电子数据，通过电子签名、可信时间戳、哈希值校验、区块链等证据收集、固定和防篡改的技术手段或者通过电子取证存证平台认证，能够证明其真实性的，互联网法院应当确认。”虽然该规定在表述上并未对区块链技术作准确的定义，且将区块链与电子签名、可信时间戳、哈希值校验等技术并列而未说明这些技术之间的关系，尚有不完善之处。但是，该规定首次承认了经区块链存证的电子数据可以用于互联网案件举证，标志着我国区块链存证技术手段得到司法解释认可。区块

链技术时间戳标示出电子数据的发生时间，用户的私钥对数据的签名是用户真实意愿的表达，区块链不易篡改、可追溯的特点便于对电子数据的提取和认定。首先，区块链在电子数据储存中的应用。区块链系统具有难篡改、难抵赖、可追溯、系统稳定等技术特征。在证据生成时就可以将关键要素信息固定下来，通过区块链分布式、去中心化、无法修改的特性，可以保证在未来任何时间验证电子证据的原始性、完整性。因此，“区块链+电子数据”存证，可以规范数据存证格式，保证数据存储安全，保证数据流转可追溯。其次，区块链在电子数据提取中的应用。基于区块链的电子数据存证系统里的数据都经由参与节点共识，并且独立储存，互为备份，在区块链中的符合要求的数据均可通过技术手段认定为原件，区块链具有难以篡改的特性，可用以辅助电子数据的真实性认定。再次，区块链在电子数据出示中的应用。区块链可以采用智能合约自动取证和区块链浏览器示证的方法，采用自动化、标准化的流程进行电子证据示证。最后，将区块链存证、司法鉴定和公正电子证据出函流程打通，可以有效降低示证过程的时间和人力成本，提高诉讼效率。

最高人民法院编著的《中国法院的互联网司法白皮书》显示，针对在线诉讼中电子证据取证难、存证难、认证难的问题，中国法院积极探索“区块链+司法”模式，以大数据、云存储和区块链技术为基础，利用区块链技术防伪造、防篡改的优势，大幅提高电子证据的可信度和真实性。截至 2019 年 10 月 31 日，全国已完成北京、上海、天津、吉林、山东、陕西、河南、浙江、广东、湖北等省（市）的 22 家法院及国家授权中心、多元纠纷调解平台、公证处、司法鉴定中心的 27 个节点建设，共完成超过 1.94 亿条数据上链存证固证，支持链上取证核验。杭州互联网法院在杭州华泰公司与深圳道同公司侵害作品信息网络传播权一案中，对通过第三方平台对侵权事实形成的区块链存证记录予以审核确认，肯定了区块链电子存证的效力。广州互联网法院会同当地司法行政机关、电信运营商、互联网企业等 50 余家单位，共建“网通法链”智慧信用生态系统。该系统自 2019 年 3 月 30 日上线以来，在线存证数据超过 545 万条。具体而言，区块链技术对证据认定的辅助功能主要从以下三个方面予以实现：其一，安全框架确保电子数据载体真实性。区块链系统采用哈希嵌套的块链式存储结构。这种结构的优势和防篡改能力会有足够的保障力度，能够达到法律规定中关于能够有效地表现所载内容并供随时调取查用，从而符合电子数据作为证据的法定标准。其二，关键技术提高电子数据真实性。区块链包括了电子数据存储、可信时间戳、智能合约与虚拟机、隐私与数据加密等技术，以此可以确定电子数据信息生成的精确时间，并防止电子文件被篡改，为电子数据提供可信的时间证明和内容真实性、完整性证明。其三，区块链技术提高证据认定效率。区块链司法存证系统除了具备前述核心技术外，还融合了一些相关技术，如实名身份认证、关联证据追溯、操作行为审计、文件公示与送达等辅助功能。这些辅助功能可以有效地提升证据认定工作的处理效率并降低工作复杂度，一定程度上减免传统证据认定的非关键步骤。

结合前文分析，在电子数据认证过程中，真实性是影响电子数据采信率低的最主要原因。《互联网法院规定》第 11 条第 1 款是目前区块链存证真实性审查的基础规范。在真实性审查过程中，司法区块链平台存证的电子数据，流程较为简单，标准较为确定，杭州互联网法院对于采用司法区块链验证的电子数据的证据能力是基本认可的，继而只需依照传统证据的判断标准对其的关联性及证明力进行认定即可。而对于在第三方存证平台（商业区块链）固定的电子数据，审查判断则较为复杂，涉及更细致的标准，包括电子数据来源的真实性、电子数据存储的可靠性和电子数据内容的完整性。

二、区块链电子取证应用示例

（一）技术原理解析

示例：北京互联网法院“天平链”。

（1）主导搭建方：北京互联网法院。

（2）区块链功能：服务审判业务。

（3）节点数量：一级节点 14 个，二级节点 9 个。

（4）上链数据：在线采集数据数 196678194 条，在线证据验证数 31321 条（见图 3-1）。[1]

---

[1] 数据截止时间：2023 年 2 月 21 日 9 时 24 分。

天平链实时公示

TIANPING BLOCKCHAIN REAL TIME PUBLICITY

打造社会影响力高、产业参与度高、安全可信度高的司法区块链

区块链一级节点数量	区块链二级节点数量	在线采集数据数	在线证据验证数
14	9	196678194	31321

司法链区块数据列表

区块高度	交易数	区块HASH	时间
39731913	10	2195fd23d1a2e90c8aaba84ad5f2d85c4202c73145c28be3ce5eb0bafd847cc1	2023-02-21 09:26:39
39731912	10	f915a844da951defdfdfd6ba37d78882de849c4ac976adacb84a6c9e847dfe1d	2023-02-21 09:26:37
39731911	10	62c9ec7a9f20afd94e4313d25e0c8ef8172d0dfcdb360f090969c585097c56a5	2023-02-21 09:26:36
39731910	10	01a334bb4009f03f333ab2f040a5e4cb27666c7f7b309fc9c68c9ad5e69037e7	2023-02-21 09:26:34
39731909	10	40e43a5d0e8578040fd422f1854f8773d264b13e6041ecaed8dcf673ddcd08aa	2023-02-21 09:26:32
39731908	10	2508f44ad5f2e0e1a7309855103b8b1356778c087be429da1b7b2ca0347fd8e4	2023-02-21 09:26:31

图 3-1 “天平链”存证节点及实时数据展示

（5）取证存证流程：

用户/律师注册并登录权证链账号，使用权证链的取证工具进行证据固定，如网页取证、录屏取证、录像取证等，系统将同步生成三份证据文件，包括源文件、电子证书及 BC 文件，另外会同步计算证据文件所对应的哈希值，最后将哈希值实时上链至北京互联网法院“天平链”，“天平链”上的 23 个节点会同步备份权证链节点上传的哈希值。

当用户发生诉讼时，在北京互联网法院的电子诉讼平台提交权证链固定的源文件、电子证书及 BC 文件，平台会计算文件所对应的哈希值，进而将该哈希值与在“天平链”节点中存储的哈希值进行比对，如哈希值一致，则证明该电子证据没有发生篡改，即认可该电子证据的真实性。

在提交权证链固定的证据之后，登录电子诉讼平台系统的“案件中心”界面，可以查询电子证据验证情况，界面会显示上链的时间、地址以及验证的结果（是否与区块链存证文件一致）。

（二）区块链电子取证基本要求

主体明确、时间明确、提取手段可靠（包括工具可靠和清洁性检测）、数据固定可靠、传输存储可靠、数据可验证等是区块链电子取证基本要求。在

区块链电子取证过程中，应重点关注电子证据清洁性检测问题[1]：设备操作环境清洁+网络链接真实性=可信取证环境。

相较于传统的公证取证，区块链取证中的第三方存证工具如权证链等，无须当事人或律师进行手动检测，平台系统会进行自动检测，并在生成的电子证书中记载清洁性检测步骤及结果。如在手机端进行存证，则需要登录权证链账号，打开录屏功能，依次点击下列界面进行展示：手机设备检测（手机—设置—全部参数：品牌型号、序列号、版本、IMEI 号、MEID 号、SIM 卡号）；联网状态检测（手机—设置—联网状态：WLAN 状态/移动联网）；系统安全环境检测（手机—设置—应用程序：有无安装 Root 软件/越狱软件）；账号密码登录取证 App，查看版本、用户协议、营业执照等信息。如在手机端进行浏览器取证，则需要清理浏览器缓存，再进行常规的存证流程。

（三）区块链取证操作演示——以权证链系统为例

1. 功能一：版权存证/文件存证

应用场景：版权确权登记；合同原始性存证；数据及文件防抵赖存证；商业秘密确权存证（哈希值存证）。

操作流程：账号密码登录权证链 PC 客户端，在左侧功能栏中选择“版权存证”，选择上传本地源文件。待源文件上传完成后，再返回主界面点击进入“证据列表”，页面勾选“版权存证”，在文件名称中选择刚刚上传的源文件，点击“更多”，选择“证据下载”。在证据文件页面中有源文件、BC 文件及电子证书三份文件，选择下载电子证书，保存于本地电脑中。电子证书具备权属证明的法律效力。

2. 功能二：网页取证

应用场景：文字、图片侵权取证；名誉权、谣言侵权取证；肖像权侵权取证；商标权侵权取证。

---

[1] 司法实践中，“存证过程是否进行清洁性检测”往往可能成为电子证据真实性认定的争议焦点问题，如厦门君臣文化传媒有限公司、优酷信息技术（北京）有限公司侵害作品信息网络传播权纠纷一案［案号：(2021) 闽 02 民终 2773 号］；祥云之窗文化传媒有限公司与北京华视聚合文化传媒有限公司侵害作品信息网络传播权纠纷一案［案号：(2021) 京民申 3418 号］；浙江广播电视集团与北京莫朗视觉文化传媒有限公司著作权权属、侵权纠纷一案［案号：(2018) 京 73 民终 1224 号］等。

操作流程：账户密码登录权证链 PC 客户端，在左侧功能栏中选择“网页存证”，在对话框中输入要取证的网址，如有多个取证网址，则依次复制粘贴，如需要批量导入网址，则选择页面上方的“导入 CSV 模式”，上传 CSV 表格即可。接下来点击抓取，系统会自动抓取网页内容，同时生成网页截图（jpg 格式）以及电子证书。待上传抓取后，同样在“证据列表”界面选择刚刚上传的录屏存证，点击“更多”下载源文件（jpg 格式的网页截图）以及电子证书，保存于本地电脑中。

3. 功能三：PC 端录屏取证

应用场景：视频、音频、游戏侵权取证；电商侵权取证；商业秘密侵权取证；邮件取证。

操作流程：账户密码登录权证链 PC 客户端，在左侧功能栏中选择“录屏存证”，选择“开始录屏”，❶ 在对话框中输入需要存证的网站域名，系统将自动开启清洁性检测功能，待检测完成后，在系统自动弹出的 IE 浏览器中进入需要取证的网站页面，对内容进行录屏。结束录屏后可返回客户端对取证内容进行预览，随后上传。再回到证据管理列表当中查询并下载。

4. 功能四：App 端录屏取证

应用场景：微信取证；公众号、小程序、App 侵权取证。

操作流程：账户密码登录权证链 App 端，在首页选择“录屏存证”功能，阅读注意事项后开始录屏取证。App 端进行取证时，需要先按照系统提示进行手动的清洁性检测，检测完成后进入侵权取证步骤，首先退出当前账号并重新登录，其次展示取证主体的微信号、当前微信 App 的版本信息及绑定实名信息如手机号等，最后进入侵权内容的取证环节。先通过搜索找到取证主体，重点取证对方的身份信息及核心的交互内容信息（聊天记录、交易记录，如有链接点击链接外部信息）。取证完成后重新回到权证链 App 中，点击停止录屏并上传录屏。传输列表中将显示本次录屏证据的时长及文件大小，点击右侧竖排三点图标可预览文件。

---

❶ 因录屏取证的特殊性，务必在开始录屏前阅读界面下方的注意事项，包括单次录屏时间限制、浏览器限制等。

5. 功能五：App 端录像取证

应用场景：演唱会、影院、KTV 取证；IPTV、酒店电视、地方台取证；山寨加盟店取证；金融贵宾室录像取证；会议、谈判取证；快递包裹接收取证；房租租赁、建筑施工现场取证。

操作流程：账户密码登录权证链 App 端，在首页选择“录像存证”功能，阅读注意事项后开始录像取证。点击开始录像，实时对线下证据进行证据的固定，取证结束后在页面中上传录像，上传前可先对拍摄的证据内容进行预览。待证据上传完成后同样可以在首页的“证据管理”界面中查询、下载及更改证据名称。

6. 功能六：App 端录音取证

应用场景：会议取证、商务谈判取证。

操作流程：账户密码登录权证链 App 端，在首页选择“录音存证”功能，其后的操作流程与“录像取证”一致。需要注意录音设备的距离问题，以免影响证据呈现时的声音清晰度。

（四）在线数据防抵赖存证

当电商平台或在线金融平台为了事前预防纠纷产生，需要溯源性存证时，就可以采用在线数据防抵赖存证工具。

1. 典型案例

在上海浦东发展银行股份有限公司太原分行与刘某某金融借款合同纠纷案[1]中，法院认为：“关于原告主张的其与被告之间存在金融借款的事实和原告向被告发放案涉贷款的事实，原告提供了《浦发银行—通联宝 POS 贷个人授信合同》打印件、《浦发银行—通联宝 POS 贷个人借款合同》打印件、业务回单、《客户还款履约承诺书》……原告称原被告在线签署授信合同和贷款合同，上述两份合同应为电子证据，原告既未提供原被告如何在线签订合同的证据，也未能提供电子合同生成、存储、传输所依赖的计算机系统完整的证据，故本院无法核实真实性，对上述授信合同和借款合同的真实性无法核

[1] （2020）晋 0106 民初 1373 号。

实，对两份合同打印件不予认定。”[1]

2. 相关的行业监管要求

（1）《商业银行互联网贷款管理暂行办法》。

第 25 条　商业银行应当按照相关法律法规的要求，储存、传递、归档以数据电文形式签订的借款合同、信贷流程关键环节和节点的数据。已签订的借款合同及相关数据应可供借款人随时调取查用。

第 47 条　商业银行应当采用有效技术手段，保障借款人数据安全，确保商业银行与借款人、合作机构之间传输数据、签订合同、记录交易等各个环节数据的保密性、完整性、真实性和抗抵赖性，并做好定期数据备份工作。

（2）《互联网保险业务监管办法》。

第 33 条　保险机构应采用有效技术手段对投保人身份信息的真实性进行验证，应完整记录和保存互联网保险主要业务过程，包括：产品销售页面的内容信息、投保人操作轨迹、保全理赔及投诉服务记录等，做到销售和服务等主要行为信息不可篡改并全流程可回溯。互联网保险业务可回溯管理的具体规则，由银保监会另行制定。

针对电商及在线金融服务企业的数据防篡改及大量纠纷事前防范的需求，第三方取证平台开发了电子数据防篡改、防抵赖工具。以权证链系统为例，电商或金融企业在 App、小程序及在线网页等端口上实时产生的各种业务数据（包括用户信息、产品信息、订单签订、支付记录、还款记录等）将通过 API 接口或证据管理系统，与权证链系统进行对接，此时系统将上述业务数

---

[1] 该裁判文书中主要引证了《最高人民法院关于民事诉讼证据的若干规定》第 14 条第 1 款第（四）项：“电子数据包括下列信息、电子文件……（四）文档、图片、音频、视频、数字证书、计算机程序等电子文件。”第 15 条第 2 款：“当事人以电子数据作为证据的，应当提供原件。电子数据的制作者制作的与原件一致的副本，或者直接来源于电子数据的打印件或其他可以显示、识别的输出介质，视为电子数据的原件。”第 93 条第 1 款：“人民法院对于电子数据的真实性，应当结合下列因素综合判断：（一）电子数据的生成、存储、传输所依赖的计算机系统的硬件、软件环境是否完整、可靠；（二）电子数据的生成、存储、传输所依赖的计算机系统的硬件、软件环境是否处于正常运行状态，或者不处于正常运行状态时对电子数据的生成、存储、传输是否有影响；（三）电子数据的生成、存储、传输所依赖的计算机系统的硬件、软件环境是否具备有效的防止出错的监测、核查手段；（四）电子数据是否被完整地保存、传输、提取，保存、传输、提取的方法是否可靠；（五）电子数据是否在正常的往来活动中形成和存储；（六）保存、传输、提取电子数据的主体是否适当；（七）影响电子数据完整性和可靠性的其他因素。”

据转化为哈希值同步上传，再由权证链系统上传至“天平链”节点中进行同步备份。[1] 以此为电商及在线金融服务企业提供了一个良好的自证数据真实性的方案。

采用第三方存证平台与公证、司法鉴定方式的优劣比较见表 3-1。

表 3-1　存证方式优劣对比

类型	存证方式	
	第三方存证平台	公证、司法鉴定
存证方案	上链至第三方平台存证，并在司法链上备份	司法工作人员事后取证、公证，不参与事前数据生成过程的查验
成本效率	成本低、验证时间短	人工取证成本高、验证时间长
数据安全性、个人信息保护程度	采用哈希值存证，数据原文不会导出	可能需要导出原文进行验证，有数据及个人信息泄露的风险

[1] 此时上传至权证链及“天平链”系统中的是业务数据所对应的哈希值而非数据文本本身，并不会由此产生数据或客户个人信息泄密的风险。

第四章　区块链转化存证

第一节　区块链存证技术原理

罗恬漩教授从区块链存证在实践中的运作原理探寻其存证原理。[1] 就纯技术角度而言，区块链技术的核心优势是去中心化，能够通过运用数据加密、时间戳、分布式共识和经济激励等手段，在节点无须互相信任的分布式系统中实现基于去中心化信用的点对点交易、协调与协作，从而为解决中心化机构普遍存在的高成本、低效率和数据存储不安全等问题提供解决方案。换句话说，区块链技术最大的优势在于赋予电子数据以“指纹”，且可以保证写入区块链的数据不被更改，这主要通过哈希值和去中心化实现。而这两个特性则是其存证技术中的最大价值所在。

一、哈希值赋予电子数据以易识别的“指纹”

区块链存证是综合运用前述章节提到的共识机制、数字签名、链式存储、电子身份认证、时间戳等技术，在电子证据生成或被发现时，将其数字摘要固定下来，存储于区块链存证平台，从而保证电子证据不被篡改的技术，是一种重要的电子证据保全手段。

在目前司法存证的要求下，并非要将证据本身存储进区块链，国内的平台数据存证服务可适用于多种存证场景，例如签署存证、文件存证、照片存证、音频存证、视频存证，它们基本上采取的做法是，通过哈希算法对待存

---

[1] 罗恬漩：“民事证据证明视野下的区块链存证”，《法律科学》，2020 年第 6 期，第 66-67 页。

证的电子证据进行运算，得出其哈希值，再将其哈希值写入区块链。所谓哈希值或散列值，是指通过哈希函数（Hash Function）运算，将数据压缩成短的字母和数字组成的字符串。在区块链的链式存储结构和共识机制的作用下，这些哈希值自入链以后无法被篡改。待诉讼时，存证当事人在运用哈希算法对其在法庭上提交的证据进行运算，将此时得出的哈希数值与当初存证时的哈希数值进行对比，若对比一致，则认为法庭上提交的证据自区块链存证之时起至今未被篡改。这种检验哈希数值的方式也是实践中区块链存证技术最常见的运用方式。这里以“法链联盟”提供的电子邮件存证服务为例，“法链区块链存证将邮件文件经过加密传输，进行分布式的云存储进行隔离和保护，同时对邮件文件进行提取哈希值，将哈希值存储到区块链上，防止邮件内容被篡改”。[1]将上述过程解构，区块链存证的第一步是将原始的电子数据转换成哈希值：电子数据是通过二进制表达的，因而可以设计一种算法，将无论多复杂、多冗长的二进制数字都通过该算法计算得出一个长度固定的结果，所计算出的长度固定的结果即为哈希值。区块链存证，是将能够反映案件事实的电子数据进行非对称加密形成哈希值后储存于区块链上。由于每个字母、每个中文，甚至每个标点的改变都会对哈希值产生不同影响，因而只要两个哈希值不相同，则意味着其原始输入的数据也不相同。因此，从本质上来说，区块链只是存储哈希值的数据库的统称。当然，以上只是将原始的电子数据和哈希值做简单的描述，真正存储于区块链上的区块还包含了前一区块的哈希值、时间戳和交易数据。总之，最后存储到区块上的哈希值可以保障数据公开同时不被更改，即使被更改也可以通过简单的数字和字母组合的比对而发现差异。如以下设例所示：李甲和包乙之间签订民间借贷电子合同，合同内容为“李甲于 2019 年 6 月 11 日向包乙借款一万元，包乙于三个月内还清”。该合同如果通过 MD5 的哈希算法进行加密后，计算出的哈希值为“cf6d8b16963dbf591d878c9786575c6f”。事后，李甲为了多要债款，在原始的电子合同中将“一万元”修改为“二万元”，合同内容就变成“李甲于 2019 年 6 月 11 日向包乙借款二万元，包乙于三个月内还清”。这种修改在文字表达中很难发现其痕迹，但若通过 MD5 的哈希算法计算，得出的哈希值结果则

[1] 上海法链网络科技公司：《法链产品白皮书》，2017 年 5 月，第 10 页。

为“4731bea51f41ef2e5b2a1194e7bca9cd”。前后两个哈希值完全不一样，且完全无规律可循。无须通过肉眼去分辨电子数据的内容是否有改动，只需要核对最后哈希值是否一致，即可明白该数据是否曾经被改动。因此，如果当事人向法院提交的电子数据通过相同算法计算出的哈希值与大数据存证平台所存储的该段哈希值一致，可以证明存证时的证据和向法院提交的证据是一致的；反之，如果哈希值与大数据存证平台所存储的该段哈希值不一致，则证明数据是经过修改的。这样可以用技术方式弥补长期以来电子数据易修改性的不足。

当然，除以上几种典型的存证方式以外，在涉及数字货币交易、智能合约或者利用区块链实施非法集资、盗窃、诈骗等犯罪场景，由于这些行为本身就发生于区块链平台上，待诉讼发生时，一些存留在区块链上与案件有关的信息可以证明部分案件事实，有一定的独立证明价值。故这些自始存储在区块链平台上的信息也可以认为是区块链存证的电子证据。

二、去中心化技术保障存证的真实性

经区块链存证的电子证据具有不可篡改的特性，这种特性主要由两个方面的技术进行保障，其一是区块链全节点的自动共识机制，“一旦信息经证实并且上传至区块链，它将被永远保存并且难以被篡改”；[1] 其二是哈希函数值不可篡改，通过哈希函数的运算，电子数据将会获得独一无二的、不可篡改的“身份证明”来确保它的真实性。应当明确的是，在这种场景之下，电子证据在进入区块链前以及进入区块链时，都是没有区块链技术参与的。对于电子证据的入链即电子数据的“网络在线提取”。目前实践中主要采取的是运用在线取证工具对网页进行录屏、截图和源代码抓取，再将获得的这些数据打包进行哈希函数运算，生成数字摘要值入链。“区块链第一案”[2] 中存证的程序就是由后端代码通过调用谷歌开源程序 puppeteer 插件对目标网页进行截图，并产生操作日志，记录调用时间和处理内容。后端代码再通过调用 curl

---

[1] Michalko Matej. “Blockchain ‘Witness’: A New Evidence Model in Consumer Disputes”, International Journal on Consumer Law and Practice, 7, 2019, p. 28.

[2] （2018）浙 0192 民初 81 号。

插件获取目标网页源码和相关调用信息，并产生操作日志，记录调用时间和处理内容。之后保全网将上述截图、网页源码进行打包并计算其 SHA256 哈希值，并同步上传至 FACTOM 区块链和比特币区块链中。若存证行为自始至终发生于区块链的场景下，这些区块链上的记录便不存在入链前的状态，所以这些记录一直都受到区块链技术的保障，具有原始性。

第二节 区块链存证操作流程

截至 2019 年 1 月，我国已有杭州、北京、广州三家互联网法院采纳了区块链存证。笔者以最成熟、对外公示最明确的杭州互联网法院为例进行说明。杭州互联网法院设置了专门的网络诉讼平台，内设“证据平台”栏目，证据平台又分为“司法区块链”和“第三方存证”两种。其中，司法区块链采用由公证处、司法鉴定中心、证书管理机构（CA）、法院等非营利性机构作为重要节点的联盟链形式。第三方存证则是指，在与诉讼案件无利害关系的第三方平台上存储证据，包括但不限于专业进行电子数据存储和管理的第三方公司平台上的电子数据证据。目前，杭州互联网法院网站上公布的第三方存证平台包括：安存、可信时间戳、保全网、e 签宝、范太联盟、中国云签、链证通、CFCA、e 照通、原本等共 10 家。根据区块链存证平台组织形式的不同，司法区块链和第三方存证宜适用不同的真实性审查模式。《互联网法院规定》第 11 条第 1 款规定：“当事人对电子数据真实性提出异议的，互联网法院应当结合质证情况，审查判断电子数据生成、收集、存储、传输过程的真实性，并着重审查以下内容：（一）电子数据生成、收集、存储、传输所依赖的计算机系统等硬件、软件环境是否安全、可靠；（二）电子数据的生成主体和时间是否明确，表现内容是否清晰、客观、准确；（三）电子数据的存储、保管介质是否明确，保管方式和手段是否妥当；（四）电子数据提取和固定的主体、工具和方式是否可靠，提取过程是否可以重现；（五）电子数据的内容是否存在增加、删除、修改及不完整等情形；（六）电子数据是否可以通过特定形式得到验证。”这一条款构成了区块链存证真实性审查的基础规范。

区块链电子证据的底层技术是基于区块链技术工作原理搭建的。刘学在教授以杭州互联网法院司法区块链为例，将区块链电子证据的运作主要分为存证、示证、认证三个阶段。❶

第一阶段是区块链电子证据的存证阶段，主要的存证方式区分为两类。一类是向区块链存证系统上传电子数据，例如将网上购物平台所生成的订单信息通过“CURL”程序进行网页截图，区块链存证系统通过特定的哈希算法和 Merkle 树数据结构对该截图转化并封装至新的区块当中，系统根据智能合约自动将新的区块加入主链。另一类是通过区块链存证系统直接生成电子证据。杭州互联网法院的司法区块链分为三种形式：版权链、合同链、金融链。根据用户需求的差异导向不同的区块链存证的子系统。在进入系统之前，通过人脸识别技术确认操作者的身份，保证操作者网络身份和现实身份的同一性。版权链与金融链的存证系统可以将网络上实时显示的数据信息进行抓取、保存，保证来源的完整性和清洁度。合同链是通过将合同文本上传至服务器，合同双方将手写签名添加到电子合同中，而后合同链司法存证系统将该文件通过区块链加密技术进行转换封装进新的区块加入主链。

第二阶段是区块链电子证据的示证阶段。当事人将自己所掌握的证据在区块链存证系统内形成新的区块之后，会得到此区块的哈希值、数字认证、可信时间戳以及公钥和私钥。在诉讼的证据提交阶段，将这些信息提供给法院即完成证据的出示，由法官登录区块链存证系统验明电子证据的内容完整性。

第三阶段是区块链电子证据的认证阶段。法官在取得电子证据的区块信息之后，登录区块链存证系统查验链上的区块信息的一致性，并通过公钥打开区块，还原电子数据的具体内容。传统电子证据在这一阶段，需要向法庭出示证据并接受对方当事人对于该电子证据的真实性、客观性、合法性的质询。依据《互联网法院规定》第 11 条的规定，区块链存证系统中电子证据的质证与传统电子证据有所区别，通过区块链及相关技术手段收集、固定和防篡改的技术手段或者通过电子取证存证平台认证的电子数据，只要能够证明

❶ 刘学在、阮崇翔：“区块链电子证据的研究与思考”，《西北民族大学学报》，2020 年第 1 期，第 53 页。

该证据的真实性，互联网法庭应当予以确认。

其中，区块链存证主要为以下流程：

首先，对于司法区块链平台存证的电子数据，流程较为简单，标准较为确定。在区块链存证上线的新闻发布会上，杭州互联网法院作了比较清晰的说明：如果当事人选择司法区块链进行存证，并且在杭州互联网法院诉讼平台上提交起诉申请，进行实名认证成功后即可关联查看已经存证的侵权记录，直接提交证据。随后，系统会自动提交侵权过程的明文记录，杭州互联网法院系统核验本地机器上区块链中的哈希数据，进行明文、哈希比对，比对通过则生成证据链，比对不通过则这条证据失效。这也就意味着，杭州互联网法院对于采用司法区块链验证的电子数据的证据能力是基本认可的，继而只需依照传统证据的判断标准对其关联性及证明力进行认定即可。

其次，对于在第三方存证平台（商业区块链）固定的电子数据，审查判断则较为复杂，涉及更细致的标准。(1) 电子数据来源的真实性。审查电子数据来源的真实性主要涉及以下几个问题：(a) 第三方存证平台的主体资格。该部分主要审查第三方存证平台的从业资格和利害关系，例如是否有相关营业执照，是否属于其营业范围，是否与某方当事人具有利害关系等。(b) 产生电子数据的技术是否可靠。该部分主要审查第三方存证平台采取的取证手段是否公开透明，取证、固证时是否受到人为因素的干扰等。(c) 传递电子数据的路径是否可查。该部分主要审查电子数据存储的安全环境，是否对电子数据产生、传输以及存储的全过程能够有所记录，各个阶段是否能够对电子数据进行查询，防止丢失和篡改。(2) 电子数据存储的可靠性。该部分主要审查电子数据是否真正上传至公共区块链。目前，商业区块链存证平台一般拥有自己的联盟链，在进行电子数据上传时，一般采取将相关电子数据进行打包压缩并计算其哈希值，继而将哈希值上传至联盟链和公有链进行双重备份。如果仅将哈希值上传至联盟链，那么电子数据存储的可靠性应该有所保留。(3) 电子数据内容的完整性。该部分主要是通过电子数据明文的哈希值和联盟链、公有链存储的哈希值进行对比。对比不通过的，该份证据失效；对比通过的，再进行证据关联性和证明力的判断。

第三节　区块链存证系统的技术架构

一、区块链存证系统的技术要求

（一）合法合规性

合法合规是从电子数据的采集、存证发起方身份的合法合规性、取证方身份资质的合法合规性、存证运营主体的合法合规、节点是否可追溯、时间来源是否合法合规可核验、可否在法院电子证据平台进行多元证据追溯等方面进行定义，使得存储的电子数据能够作为司法证据进行采信，所以要从电子数据的内容及获取方式、存证发起人的身份信息、取证方身份资质、运营主体、节点、时间来源、验证方式进行规范。

1. 主体合法合规

系统应对区块链节点运营主体有严格的评审，明确区块链节点运营主体的真实身份、联系方式等信息，保证区块链运营主体具有与服务规模相适应的技术人员及专业能力，并且有完善的管理机制。系统应对存证发起人身份进行实名认证。系统应做好发起人身份风险预警，对高风险用户的存证数据进行有效的预警和重点关注。

2. 过程合法合规

系统对电子数据的生成、收集、传输过程应当符合相关法律法规的要求，系统应有相应手段确定用户身份信息真实、意愿真实。

3. 方式合法合规

系统应使用公信力机构认证的取证工具，也可以通过从事电子数据检验鉴定机构的专职人员来进行规范化和制度化的取证，并保证证据获得的合法性。系统应保证所存电子数据可以被验证与追溯，可以通过法院电子证据平台、司法鉴定机构或其他有司法效力的方式对证据进行追溯核验。

（二）数据强一致性

数据强一致性是指区块链系统中各个节点存储的上链数据的一致性，进而达到数据可信共享的目的。数据上链之前必须先通过多方共识，避免数据不加校验的上链、避免数据在多节点的不一致，保证数据经过足够多节点的多方背书、多方签名再写入各个节点。每个节点在参与数据上链工作前，需检查自身落链区块的高度是不是最新，如果不是最新则需要先从其他节点进行区块数据同步后，方可参与数据上链共识。区块链系统可以根据不同的业务需求，选择适用的共识算法来实现共识机制，但是都应遵从数据强一致性。共识机制功能组件应具备以下技术规范及功能：（1）系统应支持多个节点参与共识和确认；（2）系统应支持独立节点对区块链网络提交的相关信息进行有效性验证，防止任意独立的记账节点未经其他记账各节点确认而在区块链系统中进行信息记录或修改；（3）系统应具备一定的容错性，包括节点物理或网络故障的非恶意错误、节点遭受非法控制的恶意错误，以及节点产生不确定行为的不可控错误；（4）系统应采用统一可信的时间来源。

（三）便利性

简单、便捷、安全的访问和使用方式是用户使用的另一大需求，主要体现在接入、使用的便利性上。具体包括：（1）节点部署及组网的便利性：应该有便于各类机构部署节点，并且加入区块链网络的系统设计，可以在不影响现有区块链网络运行、不需要投入太大技术力量的情况下增加新的区块链上组织和节点；（2）开放接口的便利性：系统应设计易于调用、符合市场主流、兼容性强的接口，提供完善的接口文档，能够支持用户便捷地进行电子数据的写入、电子数据的查询、区块链信息的查询等；（3）区块链浏览器的便利性：为用户提供可靠的数据验证、数据操作溯源的功能，便于客户及时了解到真实的数据流转情况，也便于司法机构便捷地获取完整的证据链条。

（四）安全性

安全性是司法存证是否可以被法院采信的基础，在应用的各个层面都有涉及，主要是系统安全和数据安全。系统安全包含：运行环境的安全、软件的安全、网络传输的安全。数据安全包含：数据存储安全、数据的不易篡改、数据的访问留痕、数据的隐私。具体如下：（1）运行环境的安全：系统运行依赖的硬件应当7＊24小时全天稳定运行，并且有完善的监控体系。系统存储应当有冗余备份，并且具有横向扩展的能力。（2）软件的安全：区块链网络以及应用系统都应该具有较强的安全能力，构建先进、主动的企业级安全威胁和漏洞检测体系，能够发现安全漏洞和安全事件，在系统遭到损害后，能够较快恢复绝大部分功能。（3）网络传输的安全：网络传输过程应对数据采用业内通用的方式进行加密，并且能验证数据来源、数据完整性。（4）数据安全：机密数据应该加密存储，并且对秘钥采用必要的保护机制；保证数据隐私保护，只有被授权方才可访问数据；通过可信联盟及相关技术以保证数据不易篡改、所有数据的访问留痕。建立智能、全面的监控审计体系，全方位监控数据的存储和流向，保障数据安全。

二、区块链存证系统的参考架构

区块链电子数据存证系统应用由参与方管理层、区块链层、应用层三个层级组成，其中区块链层由关键技术和应用服务两个子层级构成。

1. 参与方管理层

参与方以节点的方式加入区块链网络。司法机构节点、政务节点、企业节点、其他组织机构节点等共同参与组成电子数据存证联盟链，联盟链具有伸缩性，不同业务方可以根据需求加入和退出。各参与节点之间信息互通，共同确保存证载体和存证数据的真实性。

2. 区块链层

（1）关键技术。该部分是应用服务部分各模块的基础支撑。主要包括：①区块链技术，包括网络结构、数据结构、共识机制、签名验签等，是系统运行的基础。②区块链相关技术，具体包括数据存储模块、电子身份模块、时间戳服务、智能合约、数据加解密模块。数据存储模块对在区块链上固化的电子数据原文进行安全存储。数据存储系统负责与底层存储介质进行交互，实现数据的高可用、灾备等能力；同时提供存储安全防护措施，避免数据被强行盗取；而数据存取审计，便于追溯电子数据变化和流转情况。电子身份模块对用户、设备进行区块链认证、登记标识其有效性，同时对用户的标识即私钥进行管理，该系统也包含访问安全功能，是系统安全的重要保证。时间戳服务为系统提供统一时间服务。智能合约为系统以智能合约方式实现复杂业务逻辑提供安全执行环境，智能合约执行环境应高效、安全。数据加解密模块为系统提供数据加解密服务，该模块应支持国密算法和加解密算法。

（2）应用服务。应用服务是在关键技术提供的支撑之上，针对各种服务模块进行实现和封装。该部分涉及电子数据存证全生命周期的相关服务。其中每个服务由一组相关的规范、流程和配套的交互接口构成。服务中的规范和流程是依据司法行业相关规则和标准制定而成，以确保电子数据存证系统中固存的电子数据在司法行业应用中的质量和有效性。服务中的交互接口为司法行业专业系统高效、便利地使用本系统中的电子证据提供相应的支持。

3. 应用层

通过调用区块链层应用服务，经过二次开发对接特定业务场景。

第四节　区块链存证在司法实践中的应用价值

对于传统取证方式表现出成本高、效率低、真实性难以保证等不足，区块链技术适合作为一个电子数据存证的补充。区块链时间戳标示出电子数据发生时间，用户的私钥对数据的签名是用户真实意愿的表达，区块链不易篡改、可追溯的特点方便对电子数据的提取和认定。证据在司法实践中的存证、取证、示证、质证等过程对应着电子数据的存储、提取、出示、质询等动作流程。

一、区块链在电子数据存储中的应用

在电子证据生成时就可以将关键要素信息固定下来，通过区块链分布式、中心化无法修改的特性，可以保证在未来任意时间验证电子证据的原始性、完整性。区块链系统具有难篡改、难抵赖、可追溯、系统稳定等技术特征：使用对等网络技术，每个节点都无差别储存一份数据，具有良好的崩溃容错能力；使用哈希嵌套的链式存储结构，保证每个区块的内容的更改都需要更改其所有后序区块，使系统数据安全，难以篡改；使用数字签名技术，对于每条数据都记录其出处，不可抵赖；使用合理的数据模型，使每条数据的流转都可以追溯到源起；使用时间戳技术，对于每条数据的生成时间都有明确认定；使用内置智能合约，对于每类电子数据自动识别和处理，减少人为干

预。区块链电子数据存证，可以规范数据存证格式，保证数据存储安全，保证数据流转可追溯。

二、区块链在电子数据提取中的应用

电子证据的取证过程有别于传统取证方式，是一个技术发现的过程。一般来说，在取证时不仅需要有电子物证司法鉴定资质的机构和鉴定员来取证，还需要专业的律师共同进行，以保证技术的可行性和取证的合法性。电子证据脆弱性、易变性等特征决定了其真实性难以保证。因此，电子数据取证需要解决两个问题：一是如何获取电子数据原件；二是如何保证获取电子数据的真实性。基于区块链的电子数据存证系统里的数据都经由参与节点共识，并且独立存储，互为备份，存在于符合要求的区块链电子数据存证系统中的数据均可通过技术手段认定为原件。账本具有难丢失难篡改的特性，记录了数据来源、数据时间戳、数据的流转过程等，可用以辅助电子数据的真实性认定。

三、区块链在电子数据出示中的应用

目前电子证据的示证方式通常采用传统的书证形式，即将电子证据快照并进行纸质化。通过打印、公证等方式转换证据形式会增加当事人的时间、资金成本，阻碍诉讼效率的提升。转换成书证之后，电子证据的灵活性丧失，让丰富的证据形式变得单薄，缩小了当事人之间质证的空间。基于区块链的电子数据存证示证可采用两种方式降低示证过程的时间和人力成本，提高诉讼效率：一是可以采用智能合约自动取证示证和区块链浏览器示证的方法，采用自动化、标准化的流程进行电子证据示证；二是可以通过将区块链存证、司法鉴定和公证电子证据出函流程打通，由多方参与示证。

四、区块链在电子证据质询中的应用

质证是指当事人、诉讼代理人及第三人在法庭的主持下，对当事人及第三人提出的证据就其真实性、合法性、关联性以及证明力的有无、大小予以说明和质辩的活动或过程。鉴于电子证据有别于传统证据的特点，审判人员在司法实践中对电子证据的真实性多持怀疑的态度，有时不得不将电子证据转化为书面材料，甚至需要获得公证机关公证和司法鉴定机构鉴定。电子信息的生成、传播、修改和储存都是以电子数据的方式进行的，书证化的电子证据其本质已经是复本。示证的间接性导致质证环节效率低。基于区块链的电子数据存证系统因为优化了取证和示证环节，也让质证环节对于取证和示证的争议问题消除，聚焦于证据本身对案件的影响，提高了司法效率。

第五章　区块链存证典型案例分析

区块链技术作为与大数据、互联网、人工智能比肩的新兴技术，已经逐步为司法实践所接收，目前全国由多家机构建立起的多个司法区块链平台，推动着证据理论在司法领域的革新，具有防篡改、可追溯、成本低等优点。根据司法区块链平台的功能，区块链电子证据可以分为直接取证类证据和转化存证类证据。直接取证类证据是指利用区块链平台提供的取证工具，进行网络环境清洁性检查，加载完成取证镜像后登录远程桌面控制目标设备打开目标网页或App并获取网页源码、图片文字信息等，并进行证据转存固定，依照国家密码局规定的加密算法对原始数据加密处理后，转化成哈希值上传到区块链中予以存储。转化存证类证据是指对于已经形成的证据，通过司法区块链平台转化成哈希值并进行证据固定，即在证据转化成哈希值上传到区块链存储之前的证据生成阶段并没有区块链技术的参与。[1]

截至2023年4月5日，以“区块链存证”“区块链证据”为关键词在威科先行案例数据库对裁判文书进行检索，检索范围为“全文”、文书类型为“判决书”，共检索出2169份相关案件，其中剔除无效文书后，获得有效文书共计587件。民事案件的案由如下：合同、准合同纠纷305件，占比51.96%；知识产权与竞争纠纷258件，占比43.95%；侵权责任纠纷14件，占比2.39%；人格权纠纷3件，占比0.51%。

根据判决结果，运用区块链证据证明案件事实的一方当事人胜诉占比

[1] 崔世群：“区块链证据真实性问题研究”，《经贸法律评论》，2021年第3期，第144页。

较大，一审全部支持/部分支持诉讼请求的判决占判决总数的92.32%；一审驳回全部诉讼请求的判决占比1.88%；二审维持原判的占比4.09%；二审改判的占比1.54%，显然法院对区块链证据的采信情况良好。可以看出，随着区块链技术的发展，区块链电子证据逐渐得到立法和司法的认可，且逐渐被更多的法律主体信任并采用。

第一节　区块链技术在人格权纠纷案件中的应用

一、人格权纠纷的区块链存证审查裁判案例概述

通过“人格权”+“区块链”关键词，在威科先行案例数据库进行检索后，其结果显示，涉及区块链存证的人格权纠纷主要为肖像权纠纷，同时还包含姓名权、名誉权纠纷等，而主要存证平台为IP360（一款由真相科技自主开发的全方位数据权益保护开放式平台），存证内容主要为侵犯人格权利的网页截图和链接，如网页文章、公众号文章、微博博文、网络购物平台销售商品的图片等，存证内容还可能包括保全证据的录像和照片，以及在公众号、微博、淘宝等平台发布侵权内容的责任主体的确认。而法院针对此类纠纷，在较多情况下对保全在IP360的区块链证据予以直接认证，对于其他平台的区块链证据则主要从区块链技术合规性、平台资质等方面进行审查，也有法院采取与内部区块链平台进行校验的方法以证实涉案区块链证据未被篡改（见表5-1）。

表5-1　人格权纠纷的区块链存证审查裁判案例

序号	案号	法院	上链内容	存证平台	法院评述
1	（2021）京04民终193号	北京市第四中级人民法院	侵犯名誉权网站	IP360	法院直接认可该证据，认为涉案侵权文章用肯定性的表述明确叙述涉及程某媛婚姻、工作等事实内容，构成对程某媛的诽谤

续表

序号	案号	法院	上链内容	存证平台	法院评述
2	(2021) 京 04 民终 907 号	北京市第四中级人民法院	微信公众号、天猫店铺、淘宝直播中使用李某的肖像和姓名的网页	司法联盟区块链	法院直接对区块链证据予以认可
3	(2021) 京 0491 民初 5904 号	北京互联网法院	涉嫌侵犯肖像权的侵权链接及侵权图片	IP360	法院直接对区块链证据予以认可
4	(2021) 京 0491 民初 2837 号	北京互联网法院	使用葛某肖像权的公众号文章链接	IP360	法院直接对区块链证据予以认可
5	(2021) 粤 0192 民初 4782 号	广州互联网法院	网站涉嫌侵害姓名权、名誉权的内容	IP360	法院直接对区块链证据予以认可
6	(2021) 京 04 民终 832 号	北京市第四中级人民法院	涉案公众号发布的侵权文章，使用了原告肖像作为配图，并配有广告宣传语等文字、电话、微信二维码等商业宣传信息	IP360	法院直接对区块链证据予以认可
7	(2021) 粤 20 民终 8335 号	广东省中山市中级人民法院	通过手机拍照、录像等方式收集彩意公司、伟仕公司使用易某某照片的情况；通过拍照、录像等方式收集将广告撤下的情况	IP360	法院直接对区块链证据予以认可
8	(2021) 京 04 民终 58 号	北京市第四中级人民法院	涉案公众号发布侵权文章，使用了原告肖像作为配图，文章中载有产品介绍信息、广告宣传语、联系方式、微信公众号二维码等商业宣传内容	IP360	法院直接对区块链证据予以认可
9	(2021) 津 0104 民初 20556 号	天津市南开区人民法院	目标网址，某网页源文件，内容显示涉案微信公众号发布涉侵权文章	版权家可信存证系统	原告当庭进行演示，法院对该证据予以认可

续表

序号	案号	法院	上链内容	存证平台	法院评述
10	（2021）京 0102 民初 22147 号	北京市西城区人民法院	原告在部分餐饮企业拍摄的照片，被告在餐厅前台展示柜摆放不同规格的方庄北京二锅头白酒，酒瓶标签印有原告肖像	（未说明）	法院直接对区块链证据予以认可
11	（2020）京 0491 民初 3991 号	北京互联网法院	涉嫌侵犯名誉权、肖像权的公众号文章	IP360	原告通过真相数据保全中心以快照形式取证，通过本院天平链验证，结果为与区块链存证文件一致，法院因此对区块链证据予以认定
12	（2021）粤 01 民终 27659 号	广东省广州市中级人民法院	侵权情况一览表、IP360 区块链技术保全证据录像光盘、保全证书及证据保全录像截图	IP360	法院认为，刘某提供的多组证据已形成证据链，足以证实莎乐美公司生产的河南中琪公司旗下“中其”品牌产品外包装上未经肖像权人刘某许可
13	（2021）粤 03 民终 8661 号	广东省深圳市中级人民法院	附有张某绮照片的涉案文章	IP360	法院认为，上述证据由司法联盟链 LegalXchain 区块链系统签发；相反，圣德芮拉公司未能提交充分的证据证明电子数据在固定存储涉案侵权事实时存在技术缺陷或其他影响证明效力的情况。因此，一审法院经勘验并结合张某绮当庭陈述的技术说明，认定该证据所体现的取证过程完整，内容真实
14	（2021）粤 0192 民初 10197 号	广州互联网法院	使用葛某肖像权的公众号文章链接	IP360	法院认为，根据数据保全证书载明的事实可知：证明文件（电子数据）自申请时间起已经存在且内容保持完整，未被篡改

续表

序号	案号	法院	上链内容	存证平台	法院评述
15	（2019）浙 0192 民初 3498 号	杭州互联网法院	涉嫌侵犯肖像权的电脑录屏截图时间戳认证证书、手机拍摄视频截图时间戳认证证书、光盘	联合信任时间戳服务中心	法院经登录联合信任时间戳服务中心验证，证据内容为对被告淘宝店铺相关页面浏览并存证的过程，且内容完整未经更改，被告未提供证据证明该服务中心属于非法主体，故法院对于证据的真实性、合法性、关联性依法予以认定
16	（2022）京 04 民终 238 号	北京市第四中级人民法院	涉案公众号发布的文章使用了张某利不同的肖像照 13 张，文中有上海爱洋航空公司的微信公众号二维码等信息	IP360	上海爱洋航空公司虽辩称其无法核实侵权保全证据的真实性，但根据电子数据保全证书记载可以查看相应的技术说明和取证原理并进行验证，且其并未举证证明或说明取证的不合法和不真实性，根据《互联网法院规定》第 11 条第 2 款的规定，对上海爱洋航空公司的意见，一审法院不予采纳
17	（2021）川 7101 民初 1723 号	成都铁路运输第一法院	2019 年 1 月 7 日，孙某红在其微信公众号“茉特健康减肥官网”推送《茉特健康减脂代言人邓某 2019 携手茉特全新起航!》一文	IP360	诉讼期间，经原告邓某核实，涉案推文已删除，法院对该证据并未进行审查

二、区块链证据在人格权纠纷案件中适用的典型案例评析

（一）名誉权纠纷

吴某与广东某机电有限公司名誉权纠纷案[1]

1. 基本案情

本案是吴某与广东某机电有限公司（以下简称某机电）之间的名誉权和肖像权纠纷。争议核心在于，吴某认为某机电在双方合作关系终止后，未经其同意，继续使用其肖像和姓名进行商业宣传和产品销售，遂要求某机电立即停止使用其肖像，回收和销毁所有相关的宣传材料及产品，并要求某机电进行相应赔偿。吴某在诉讼中提供了公证书和区块链证据保全文件等，以证明某机电在合作结束后仍然继续使用其肖像和姓名。

一审法院经审理认为，双方签订的有偿使用肖像合同终止后，某机电应及时将涉及吴某肖像的图片、视频撤除。吴某要求某机电回收、销毁全部带有吴某姓名和肖像的产品和宣传品的诉讼请求，因不具有可操作性，法院未予支持。但要求某机电应及时将库存印有吴某肖像的产品更换包装，并立即通知代理及分销企业不得再销售具有吴某肖像包装盒的产品。某机电所有公众号内中具有吴某肖像的“邀请函”链接，应立即断开。同时，吴某要求某机电赔礼道歉、消除影响的诉讼请求，符合法律规定，法院予以支持。赔礼道歉内容由法院进行审核，并在某机电的公众号以及官方网站发布，致歉时间不少于 30 天。吴某要求某机电赔偿经济损失的诉讼请求，符合法律规定，但吴某未能提供某机电销售侵权产品获利的具体证据，结合某机电经营状况（企业及法定代表人已被限制高消费）及可能获利的情况，法院酌定判处 150000 元。据此，一审法院判决某机电向吴某书面赔礼道歉，致歉内容由法院审定，道歉内容在其微信公众号及官方网站刊登，刊登时间不少于 30 日；如不履行该项判决内容，法院将把判决书主要内容在报纸上刊登，刊登费由某机电负担；判决生效后 15 日内，某机电赔偿吴某经济损失 150000 元、公

---

[1] （2021）京 02 民终 9501 号。

证费2000元；驳回吴某的其他诉讼请求。

吴某因不服一审判决提起上诉，二审期间，吴某围绕其上诉意见依法提交了新证据：其于2021年7月6日区块链证据保全截屏文件及手机录像视频，用以证明某机电恶意侵权，故意不删除相关产品信息，主观过错恶劣。北京市第二中级人民法院经审理认为，某机电的行为明显侵害了吴某的肖像权，吴某有权据此要求某机电承担相应的民事侵权责任。吴某要求某机电停止生产、宣传、销售，并回收、销毁全部带有其姓名和肖像的产品和宣传品的诉讼请求，事实及法律依据充分，一审法院对此判决有误，二审法院对此予以纠正。关于赔偿经济损失数额的问题，一审法院基于某机电的过错程度、侵权情节、侵权时间及可能获利等情况，酌情确定赔偿经济损失数额并无不妥。据此，北京市第二中级人民法院判决维持了一审法院关于赔礼道歉、赔偿损失方面的判决，增加了要求某机电停止生产、宣传、销售，并回收、销毁全部带有吴某姓名和肖像的产品和宣传品的判决内容，驳回了吴某的其他诉讼请求。

2. 典型意义

在本案中，吴某为证明被诉侵权事实，使用了区块链技术对侵权证据进行取证和存证。尽管利用区块链技术获得的电子证据的功能与传统的公安机关取证并无差异，传统的证据收集手段在取证便利性和确保证据真实性上无法与区块链存证技术相比。对于当事人来说，利用区块链技术获取和固定证据能有效解决传统取证模式取证成本高、效益低等缺陷。[1]

在以往的同类案件中，被侵权人在使用区块链证据证明自身肖像权、名誉权被侵害时，侵权人往往以质疑区块链证据的真实性为由，以期否定此类证据的证明效力。但在本案中，被上诉人某机电承认了上诉人吴某提供的区块链证据截屏文件和手机录像视频的真实性，但否认该证据与案件事实的关联性、合法性以及证明目的。而从该法院在认定某机电是否侵害吴某肖像权和名誉权的说理中可以看出，区块链存证技术并不会对电子证据的关联性和合法性产生太大影响，法院更多地是从区块链证据所呈现的具体内容是否具

[1] 奚哲涵："区块链存证的电子数据之证据'三性'判断"，《社会科学家》，2022年第7期，第128页。

有合法性、是否与本案事实相关联出发，来分析某机电是否侵害吴某肖像权、名誉权。这一点是值得同类案件的审理法院注意的。

3. 案例评析

区块链作为一种新兴技术，其法学价值在于为法学界和司法实务界引入了一种区别于传统电子证据证明模式的“证据自证”模式，[1]一切需要记录和验证的领域，诸如司法过程中的证据保存、提交和验证，都可以借助区块链技术来完成。[2]原因在于，区块链不需要通过各种证据的组合和链式论证来证明自身的真实性，其本身就能完成自身真实性检验。然而，证据的“三性”不仅要求区块链证据具有真实性，还要求其具有关联性和合法性。本案的争议源头在于吴某为证实某机电侵害了其肖像权和名誉权，采取了区块链证据录屏和截屏功能对证据进行存证和取证，而某机电肯定了该证据的真实性，但否认其关联性和合法性。因此，本案的核心争议焦点是上诉人吴某所提交的区块链证据是否足以证明某机电存在侵权行为、是否可以作为合法证据。

（1）区块链证据的关联性判断。

证据的关联性是指“证据资料反映的已知事实应当与特定事实之间存在着某种程度的因果关系”。[3]根据《美国联邦证据规则》的解释，证据具有关联性是指该证据具备逻辑上的可能性，用以证明案件中的某事实是否存在。区块链证据作为电子证据的一种，其关联性包含着载体的关联性和内容的关联性两方面内涵。[4]

第一，由于电子数据需要存储在一定的介质即“电子数据的载体”上，存储电子数据的载体需要同案件事实具有关联性。需要强调的是，区块链技术对电子证据载体的关联性并不产生实质影响，因为区块链的分布式存储技术特性使区块链每一个节点都是区块链电子证据的载体，而区块链中的节点与案件事实基本不存在关联。因此，只需考虑区块链证据作为电子证据的一

---

[1] 张玉洁：“区块链技术的司法适用、体系难题与证据法革新”，《东方法学》，2019年第3期，第101页。

[2] 郑戈：“区块链与法治未来”，《东方法学》，2018年第3期，第83页。

[3] 王亚新、陈杭平、刘君博：《中国民事诉讼法重点讲义》，高等教育出版社，2017年版，第70页。

[4] 刘学在、阮崇翔：“区块链电子证据的研究与思考”，《西北民族大学学报》，2020年第1期，第55页。

种，其载体是否与案件事实具有关联性即可。一般来说，电子数据的载体需与案件的当事人或者其他诉讼参与人之间产生关联，例如载体与上述人员之间产生所有、占有或管理等法律关系。采用区块链技术存证的电子数据是否具有关联性，第一步需要确定的是在区块链上生成的账号所有人和实际操作人是否为同一主体，可以通过技术手段也可以通过案件当事人的陈述来判断。就本案而言，某机电在一审过程中承认其发布有关文章、使用有关视频，并承认吴某所提交的区块链录屏证据和截屏文件所记录的照片、视频是其发表的，说明在区块链上生成的账号所有人和实际操作人是同一主体，即具有身份上的关联性。

第二，还需要判断区块链存证的电子数据内容的关联性，即该证据对待证事实存证与否的影响，这一部分主要根据法律规定以及经验逻辑来判断。区块链存证平台只能保证存入其中的电子证据的完整性和真实性，区块链证据也仅能利用区块链技术说明区块内的电子证据未被篡改。电子证据内容的关联性强调的是电子证据的内容与待证事实之间存在关联，这是一项法律问题，与技术无关，这意味着与审查判断其他传统证据种类的内容关联性无实质性的区别。在本案中，在判断某机电是否侵害吴某肖像权上，首先根据吴某所提交的区块链证据所呈现的具体内容，法院认为某机电未经吴某同意，仍销售带有吴某肖像、姓名的产品，使用带有吴某肖像、姓名的图片和视频进行宣传，用于其公司的商业目的，其上述行为明显侵害了吴某的肖像权，吴某有权据此要求某机电承担相应的民事侵权责任。在判断某机电是否侵害吴某名誉权上，法院首先根据法律规定和经验提出侵害名誉权的认定标准，即“以书面、口头等形式宣扬他人的隐私，或者捏造事实公然丑化他人人格，以及用侮辱、诽谤等方式损害他人名誉，造成一定社会影响的，应当认定为侵害公民或法人名誉权的行为”。其次根据吴某提供的区块链证据所呈现的具体内容说明某机电的行为并未达到侮辱、诽谤吴某名誉的程度。通过法院的说理可以看出，法院在判断吴某所提供的区块链证据截屏文件和录屏是否能够证明某机电侵害其肖像权和名誉权上，并未考虑该证据是使用了区块链技术，而是根据该证据所呈现的具体内容，结合法律具体规定以及经验逻辑进行侵权与否的判断。

（2）区块链证据的合法性判断。

区块链证据的合法性与案件事实无关，与法律规定更为密切，它是证据认定主体机械式对比法条的过程，不掺杂证据认定主体任何的私人价值评价。区块链证据是否合法直接关系着其能否作为案件证据用以证明待证事实。[1] 一方面，区块链证据是利用区块链技术生成的证据，那么区块链证据具有合法性要求法律承认区块链技术的合法性，或者不禁止区块链技术的社会化应用。另一方面，区块链证据也属于电子证据的一种，其本质仍属证据的范畴，因此区块链证据还必须符合法律关于证据的规定。

在本案中，法院并未就吴某所提供的区块链证据是否具有合法性展开说理，但法院使用吴某所提供的区块链证据用以说明某机电的行为侵害了吴某的肖像权、未侵害吴某的名誉权，说明法院是承认该证据的合法性的。这就意味着从区块链技术这一角度来看，法院承认利用区块链技术生成的证据的合法性。

4. 法条链接

（1）《中华人民共和国民法总则》（已废止）。

第111条 自然人享有生命权、身体权、健康权、姓名权、肖像权、名誉权、荣誉权、隐私权、婚姻自主权等权利。

法人、非法人组织享有名称权、名誉权、荣誉权等权利。

（2）《中华人民共和国民法典》。

第179条 承担民事责任的方式主要有：

（一）停止侵害；（二）排除妨碍；（三）消除危险；（四）返还财产；（五）恢复原状；（六）修理、重作、更换；（七）继续履行；（八）赔偿损失；（九）支付违约金；（十）消除影响、恢复名誉；（十一）赔礼道歉。

法律规定惩罚性赔偿的，依照其规定。

本条规定的承担民事责任的方式，可以单独适用，也可以合并适用。

（3）《最高人民法院关于适用〈中华人民共和国民法典〉时间效力的若干规定》。

第1条 民法典施行后的法律事实引起的民事纠纷案件，适用民法典的规定。民法典施行前的法律事实引起的民事纠纷案件，适用当时的法律、司

---

[1] 杨继文："区块链证据规则体系"，《苏州大学学报》，2021年第3期，第92页。

法解释的规定，但是法律、司法解释另有规定的除外。民法典施行前的法律事实持续至民法典施行后，该法律事实引起的民事纠纷案件，适用民法典的规定，但是法律、司法解释另有规定的除外。

（4）《中华人民共和国民事诉讼法》。

第 177 条　第二审人民法院对上诉案件，经过审理，按照下列情形，分别处理：

（一）原判决、裁定认定事实清楚，适用法律正确的，以判决、裁定方式驳回上诉，维持原判决、裁定；（二）原判决、裁定认定事实错误或者适用法律错误的，以判决、裁定方式依法改判、撤销或者变更；（三）原判决认定基本事实不清的，裁定撤销原判决，发回原审人民法院重审，或者查清事实后改判；（四）原判决遗漏当事人或者违法缺席判决等严重违反法定程序的，裁定撤销原判决，发回原审人民法院重审。

原审人民法院对发回重审的案件作出判决后，当事人提起上诉的，第二审人民法院不得再次发回重审。

（5）《最高人民法院关于适用〈中华人民共和国民事诉讼法〉的解释》。

第 90 条　当事人对自己提出的诉讼请求所依据的事实或者反驳对方诉讼请求所依据的事实，应当提供证据加以证明，但法律另有规定的除外。

在作出判决前，当事人未能提供证据或者证据不足以证明其事实主张的，由负有举证证明责任的当事人承担不利的后果。

第 104 条　人民法院应当组织当事人围绕证据的真实性、合法性以及与待证事实的关联性进行质证，并针对证据有无证明力和证明力大小进行说明和辩论。

能够反映案件真实情况、与待证事实相关联、来源和形式符合法律规定的证据，应当作为认定案件事实的根据。

第 108 条　对负有举证证明责任的当事人提供的证据，人民法院经审查并结合相关事实，确信待证事实的存在具有高度可能性的，应当认定该事实存在。

对一方当事人为反驳负有举证证明责任的当事人所主张事实而提供的证据，人民法院经审查并结合相关事实，认为待证事实真伪不明的，应当认定该事实不存在。

法律对于待证事实所应达到的证明标准另有规定的，从其规定。

(二)肖像权纠纷

菅某某与上海仙某服饰有限公司网络侵权责任纠纷案[1]

1. 基本案情

本案是菅某某与上海仙某服饰有限公司(以下简称仙某服饰公司)之间的网络侵权责任纠纷案。菅某某是一名影视演员,其在发现仙某服饰公司经营的淘宝店铺“醉风乔旗舰店”中,未经其许可使用了她的肖像照片进行商业宣传,涉嫌侵犯肖像权。为此,菅某某起诉仙某服饰公司,要求其停止侵权行为,公开道歉,并赔偿经济损失。庭审过程中,因仙某服饰公司已删除了涉案侵权链接,菅某某撤回了停止侵权的诉讼请求,法院在审理过程中确认,菅某某的证件名与艺名不同,但她确实是影视演员,享有一定知名度。被告店铺确实使用了带有菅某某肖像的图片,且与原告不存在形象代言合同关系。菅某某提交的证据,如 IP360 取证数据保全证书,通过区块链存证验证,证实了被告店铺的侵权行为。

法院经审理认为,仙某服饰公司未经菅某某许可,在其运营的天猫店铺商品宣传中使用带有菅某某肖像的图片,侵犯菅某某享有的肖像权,依法应承担相应的侵权责任。同时,对于菅某某提交的证据经过了法院区块链存证的校验,法院予以采纳。据此,法院判决仙某服饰公司在其经营的店铺连续二十四小时登载致歉声明,向菅某某赔礼道歉,致歉内容需经法院审核;如逾期不执行上述内容,则由法院选择一家全国范围内公开发行的报纸,刊登判决主要内容,刊登费用由仙某服饰公司负担;同时,要求仙某服饰公司赔偿菅某某相应的经济损失;驳回了菅某某的其他诉讼请求。

2. 典型意义

相较于以往的侵犯肖像权的案件,原告在证据保全时使用了 IP360 进行取证、存证。证据内容为被告店铺带有原告肖像的图片数张,用以证明被告实施了侵权行为,而通过司法链平台进行取证与存证则保证了图片的真实性与合法性。这一功能与传统的公证机关取证并无差异,但运用司法链平台生

---

[1] (2020)京 0491 民初 35913 号。

成区块链电子证据却大大提高了证据生成和固定的效率，降低了取证的成本，给当事人提供了巨大的便利。

北京互联网法院在裁判中认可了区块链电子证据的效力，对于被告对证据保全提出的异议，使用了区块链存证验证，验证结果为“与区块链存证文件一致”。首先区块链取证需保证在可信环境中进行，其次需在司法区块链平台中查询核验，通过哈希值校验以证明电子证据完整且未被篡改。由于原告的证据通过了该法院的区块链存证校验，因此被该院所采纳，对被告的抗辩意见不予采信。该法院对采用区块链验证的电子数据的证据能力是认可的，可以给同类案件的审理提供有力参考。

3. 案例评析

伴随着数字化时代的推进，电子数据在诉讼中占据着越发重要的地位，但却囿于易伪造性、易修改性和修改后不易留痕等自身特性，导致其在司法实践应用中较之传统证据更容易出现真实性上的瑕疵，并难以通过传统的辨认方式予以确认。由于真实性无法得到保证，法官对电子数据的采信不得不采取审慎的态度。❶ 在此背景下，探寻一种更为可靠的电子证据形式，显得尤为紧迫。而区块链借助去中心化、匿名性、不可篡改的技术优势，已然在民事司法领域从证据生成和数据存储双重维度介入证据化应用，❷ 三大互联网法院相继上线运行存取证司法联盟链，通过哈希值等校验算法来检验数据“码流”的完整性，使得经区块链验证的电子数据更具有真实性，对于简化电子数据的证据判断流程、减轻法官的审理负担、提高审判的效率具有极其重要的作用。法院系统正在将区块链用于存证的工作，打造为“网上案件网上审理”的一张名片，❸ 但如何认定区块链电子证据的真实性及其证明效力，则成为了实践中新出现的重难点问题。区块链存证的直接目的在于解决电子数据的真实性问题，❹ 尽管已有多家法院在个案判决中直接认可了区块链电子证据的效力，但各地法院在相关证据认定标准上仍然存在差异。本案的争议源自

❶ 例如，(2014) 浦民二（商）初字第 1290 号。

❷ 刘玲胜军：“区块链时代的刑事证据规则与技术自证限度”，《法律适用》，2024 年第 2 期，第 165 页。

❸ 刘品新：“论区块链证据”，《法学研究》，2021 年第 6 期，第 130 页。

❹ 胡铭：“区块链司法存证的应用及其规制”，《现代法学》，2022 年第 4 期，第 163 页。

原告訾某某认为被告仙某服饰公司在商品展示中未经许可使用了带有原告肖像的图片，原告为证明被告的侵权事实，将数张该图片在IP360进行取证、存证，被告则在庭审时对原告所保全的证据是否具有效力以及是否可以证明侵权行为提出异议，而后北京互联网法院在对原告的证据进行区块链存证验证，验证结果一致后有效确认了证据真实性并予以采信。

区块链存证真实性审查过程中，存证平台性质是重要影响因素。根据提供存证服务的平台性质，区块链存证可分为司法联盟链和非司法联盟链两种区块链存证平台组织形式，IP360是已经接入北京互联网法院“天平链”电子证据平台的第三方存证平台，属于司法联盟链的一员。对于司法联盟链和非司法联盟链两种不同的区块链存证平台，由于平台资质不同、涉及主体不同、技术手段差异等因素，应该分别采取不同的真实性审查模式。

(1) 司法联盟链的真实性审查模式。

司法联盟链指由法院主导建立的存证、取证区块链平台，如“天平链”；也包括虽不属于司法链成员节点，但已经实现与司法链跨链对接的区块链平台，如真相科技LegalXchain、真相链等。司法联盟链存证因有司法机关公信力作保，对平台基础技术规范的审查已前置完成，故在诉讼阶段无须另行审查，且实践中往往对其证据效力直接认定。因此对司法联盟链存证进行真实性审查还可从两个方面入手：其一，同一性，即审查以保全证书、网页截图、视频资料等形式呈现在法庭上的联盟链证据与链上所存取证据是否具有同一性。区块链存证的“自我鉴真”并不能保证呈现到法官面前的证据与该区块链证据具有同一性，可以通过司法联盟链平台进行哈希值在线校验，具体步骤为：(1) 侵权发生时，原告对侵权事实证据计算Hash1并上链。(2) 提起诉讼时，原告将上述证据提交给法庭，由法庭依据司法联盟链计算证据的Hash2。(3) 法庭将Hash1与Hash2进行比对核验。(4) 法庭根据比对结果确认证据是否经过篡改，以确保一方当事人提交的区块链证据与存储在区块链节点上的数据内容具有同一性。其二，关联性，即审查司法联盟链证据的关联性，以关联性佐证真实性，包括主体关联性、事的关联性与时间关联性。[1] 在本案中，原告先是在司法联盟链中进行证据保全，北京互联网法院对原告提交的证

[1] 崔世群：“区块链证据真实性问题研究”，《经贸法律评论》，2021年第3期，第153页。

据使用了区块链存证验证，即在司法区块链平台中查询核验，通过哈希值校验以证明电子证据完整且未被篡改，验证结果一致，进而肯定了其具有证据效力。

（2）非司法联盟链的真实性审查模式。

非司法联盟链指的是已经在工业信息化部进行区块链服务信息备案，提供区块链存证服务，但未与司法联盟链进行对接的商业存证平台，如原本链、IB-MbaaS。对于非司法联盟链固定的电子数据，由于没有司法机关公信力作保其区块链系统可靠、技术完整，审查判断则相较为复杂，可围绕存证载体真实性、数据真实性、内容真实性三个方面❶开展区块链存证真实性审查。①存证载体真实性审查。一方面需要对存证平台资质进行审查，比如平台运营主体是否具有符合标准的资质证明。但目前并没有可以援引的明确法律依据，司法人员在实践中值得参考的只有《电子认证服务管理办法》以及《区块链信息服务管理规定》，从而对资质文件、测试报告等用以证明区块链存证平台符合技术规范要求的一系列辅助说明文件进行书面审查，以确认存证平台符合资质标准。另一方面还需要对存证平台的中立性与取证操作过程中的清洁性进行审查。比如关注存证平台是否与涉案当事人存在利害关系、是否系关联公司，审查存证过程中是否因操作者不当介入、网络环境不真实、定向虚假链接访问等因素对取证数据真实性产生影响等。②存证数据真实性审查。如果区块链外数据在源头和写入环节能够保证真实准确，那么写入区块链内的电子证据就意味着数据未被篡改，❷ 其真实性审查主要依托哈希值一致性校验机制完成，即通过存证平台核验地址上传文件，平台自动对上传文件的哈希值和原始存证数据的哈希值进行比对，如果哈希值相同，则存证数据完整无误并未被篡改过，反之则显示核验未通过，该份存证不能采信。③存证内容真实性审查。内容真实性属于实质真实性范畴，区块链技术本身并无法保证入链前的内容真实。在提供方初步举证区块链技术有效运用后，反驳方可以提出质证，承担证明存证不可信的举证责任。因而对其存证内容进行真实性审查，仍需要法官结合具体案情、庭审情况、举证质证情况等多方面因素进行综合认定。❸

---

❶ 褚福民："电子证据真实性的三个层面——以刑事诉讼为例的分析"，《法学研究》，2018 年 4 期，第 123-129 页。

❷ 伊然："区块链存证电子证据鉴真现状与规则完善"，《法律适用》，2022 年第 2 期，第 112 页。

❸ 杨幸芳："论区块链存证真实性审查"，《中国应用法学》，2023 年第 3 期，第 178 页。

4. 法条链接

(1)《最高人民法院关于互联网法院审理案件若干问题的规定》。

第11条 当事人对电子数据真实性提出异议的，互联网法院应当结合质证情况，审查判断电子数据生成、收集、存储、传输过程的真实性，并着重审查以下内容：

（一）电子数据生成、收集、存储、传输所依赖的计算机系统等硬件、软件环境是否安全、可靠；（二）电子数据的生成主体和时间是否明确，表现内容是否清晰、客观、准确；（三）电子数据的存储、保管介质是否明确，保管方式和手段是否妥当；（四）电子数据提取和固定的主体、工具和方式是否可靠，提取过程是否可以重现；（五）电子数据的内容是否存在增加、删除、修改及不完整等情形；（六）电子数据是否可以通过特定形式得到验证。

当事人提交的电子数据，通过电子签名、可信时间戳、哈希值校验、区块链等证据收集、固定和防篡改的技术手段或者通过电子取证存证平台认证，能够证明其真实性的，互联网法院应当确认。

当事人可以申请具有专门知识的人就电子数据技术问题提出意见。互联网法院可以根据当事人申请或者依职权，委托鉴定电子数据的真实性或者调取其他相关证据进行核对。

(2)《中华人民共和国民事诉讼法》。

第67条 当事人对自己提出的主张，有责任提供证据。

当事人及其诉讼代理人因客观原因不能自行收集的证据，或者人民法院认为审理案件需要的证据，人民法院应当调查收集。

人民法院应当按照法定程序，全面地、客观地审查核实证据。

第二节　区块链技术在合同纠纷案件中的应用

在合同纠纷的区块链存证审查裁判案例中，根据存证内容的不同还可细分为金融借款合同、租赁合同和买卖合同案例。除法院评述外，笔者还从当事人双方辩词中发现，随着区块链技术的发展，部分企业在签署电子合同时，全程进行录音录像，双方签署完毕即被上传至区块链平台进行储存固证，防止合同被任意一方修改，以保证电子合同有效性。

一、金融借款合同纠纷

（一）基本情况概述

通过案例检索可知，涉及区块链存证的借贷合同纠纷的存证平台较为多样化。有的存证平台系借款平台与区块链科技公司的合作，如至信链；有的存证平台与当地法院内部区块链平台直接对接，如杭州互联网法院司法区块链平台。存证内容除了贷款合同外，还包括借贷双方身份信息、放款记录、还款流水、账务明细、还款催告记录，等等。对于区块链证据的审查，则主要集中在对区块链存证技术和区块链平台资质的审查（见表 5-2）。

表 5-2　金融借款合同区块链存证审查裁判案例

序号	案号	法院	上链内容	存证平台	法院评述
1	（2021）粤 01 民特 1472 号	广东省广州市中级人民法院	涉案贷款协议	易保全	聚宝公司在仲裁庭审后补充提交证据《业务服务合作协议》、聚宝公司公司章程、君子签平台 API 签约管理界面截图、电子数据存证证书，仲裁庭根据《仲裁规则》第 35 条第 2 款的规定认为补充证据利于查明案件事实，予以接受
2	（2021）粤 0304 民初 56105 号—56112 号、13133 号、13135 号—13140 号、13142 号、13144 号、13145 号、13147 号、13157 号、13158 号、13160 号、13165 号、13172 号、13197 号	广东省深圳市福田区人民法院	《“快 e 贷”借款合同》和被告在“快 e 贷”申请过程中进行人脸识别图像等关键电子数据	至信链	法院分别对涉案电子数据和区块链存证平台的备案和资质进行验证。法院认为，原告在本案中提交的《“快 e 贷”借款合同》、人脸识别图像在电子数据生成后，及时使用区块链技术进行存证，并在案件审理中核验通过。提供服务的区块链存证平台具有相应的备案和资质，原告采用存证方案和存证平台符合《人民法院在线诉讼规则》的要求，对该案中使用区块链存证的电子证据，依法予以确认

续表

序号	案号	法院	上链内容	存证平台	法院评述
3	(2020)浙0192民初69号、137号	杭州互联网法院	《经营性贷款合同》借贷双方身份识别信息、放款记录、还款流水、账务明细等电子数据	杭州互联网法院司法区块链平台	该案电子数据均是在原告与被告签订、履行借款合同过程中形成的，相关电子数据的哈希值通过区块链技术储存于杭州互联网法院司法区块链平台。此外，原告采取了基于司法链平台开发的智能合约技术，针对违约的借款人自动向杭州互联网法院提出立案申请。审理中，将上述电子数据的明文及哈希值上传至司法链平台进行核验，显示“比对结果一致，数据未被篡改”，证明上述电子数据未被篡改
4	(2022)内0624民初606号	内蒙古自治区鄂托克旗人民法院	未明确	北京枫调理顺科技发展有限公司	原告提供区块链证据属于电子数据，第三方存证机构为北京枫调理顺科技发展有限公司，且经数据核验通过，原告提供的证据真实、合法、与该案具有关联，故予以采信
5	(2022)闽0981民初2454号	福建省福安市人民法院	《中国建设银行“快e贷”借款合同》《中国建设银行信用快贷借款合同》区块链存证证明书	至信链	上述证据真实、合法，与本案具有关联，法院予以确认并在卷佐证

（二）典型案例评析

中国建设银行股份有限公司深圳市分行、朱某某金融借款合同纠纷案[1]

1. 基本案情

本案涉及中国建设银行股份有限公司深圳市分行（以下简称建行深圳分行）与朱某某之间的金融借款合同纠纷。朱某某通过建设银行的电子银行服务申请了“快 e 贷”业务，并生成了五份借款合同。建行深圳分行依合同向朱某某发放了五笔贷款。但朱某某逾期未偿还贷款，建行深圳分行因此要求朱某某偿还剩余贷款本金、利息、罚息、复息，并承担相关诉讼费用。朱某某未提交书面答辩，也未出庭参加诉讼。案件审理中，法院查明朱某某通过建设银行开设的银行卡申请“快 e 贷”，并在网上银行和手机银行功能中签署了五份《“快 e 贷”借款合同》。该合同规定了借款金额、期限、利率和还款方式。合同中也明确了逾期的罚息利率、借款人的电子签名方式、身份认证方式以及法律文书的送达地址等。建行深圳分行向朱某某提供了贷款，但朱某某未能按时还款。建行深圳分行依据合同条款要求提前收回贷款，并要求偿还全部借款本息及相关费用。建行深圳分行在“快 e 贷”业务系统中采用了至信链区块链存证服务对借款合同和朱某某的人脸识别图像等关键电子数据文件进行存证。深圳法院金融类案智审系统和区块链证据核验平台对这些电子数据进行了核验，确认其真实性。

结合案件事实和证据，法院认为，双方签署的借款合同合法有效，朱某某应对其违约行为承担相应的责任。建行深圳分行提交的贷款放款清单明细、贷款清单等证据合法，法院依法采信。最终，法院支持了建行深圳分行的主张，要求朱某某归还所有剩余借款本金及利息、罚息、复利，并计算至实际清偿之日。

据此，经法院审判委员会讨论决定，判决朱某某向建行深圳分行偿还贷款本金及利息、罚息、复利；同时，如果朱某某未按判决指定的期间履行给付金钱义务，应当依照《民事诉讼法》第 253 条之规定，加倍支付迟延履行

[1] （2021）粤 0304 民初 56108 号。

期间的债务利息。

2. 典型意义

相较于以往的金融借款合同纠纷案件，原告在证据保全时及时使用了至信链提供的哈希值算法和应用程序接口进行存证。证据内容为《“快 e 贷” 借款合同》、人脸识别图像，用以证明存在被告的金融借款事实，而将上述贷款签订时的原始数据上传至至信链区块链存证平台存证则保证了其原始电子数据的真实性与合法性。这一功能与传统的公证机关取证并无差异，但运用至信链生成区块链电子证据，能以其先进的技术支撑，有效提升电子证据认定的效率，也为中国司法活动与网络技术的融合提供了新路径和新思路。

广东省深圳市福田区人民法院为查验证据的真实性，将银行提交的电子数据哈希值上传至法院区块链证据核验平台进行验证，验证结果显示涉案电子借款合同数据自上链保存之日起未经篡改。该法院在裁判中认可了通过核验的至信链存证的电子证据，可以给同类案件的审理提供有力参考。

3. 案例评析

互联网时代信息技术快速发展，电子证据大量涌现，[1] 其容易被篡改的特性导致其真实性和完整性难以判定，降低了电子数据在司法实务中的采信率。区块链技术具有自证其真的优势，有力地弥补了电子数据的脆弱性、易被篡改方面的不足，[2] 但也给各类合同纠纷的裁判带来了难题。“技术问题需要通过技术手段解决”，因此需要从法律和实践中明确区块链电子证据效力认定规则。本案中，法院对于区块链电子证据的认定，则主要集中在对区块链存证的真实性和区块链平台资质的审查。

(1) 区块链存证的真实性审查。

区块链电子证据真实性的审查主要是指对取证主体、软硬件环境、数据完整性、取证过程等形式方面进行审查，即区块链电子证据未被改动或者是与实际一致，则为真实。区块链采用分布式存储、点对点传输、算法加密等技术，具有去中心化、防篡改、可追溯等特点，保证数据的完整性、安全性

[1] 谢登科：“论电子数据收集中的权利保障”，《兰州学刊》，2020 年第 12 期，第 33 页。

[2] 邹龙妹、宿云达：“民事案件区块链存证的逻辑、困境与进路”，《北方法学》，2022 年第 4 期，第 125 页。

和保密性。本案中，对于原告提供的使用至信链存证的《“快e贷”借款合同》、人脸识别图像等电子数据，审理法院通过法院的金融类案智审系统自动进行电子证据核验，哈希值核验通过的材料可被证明为上链后未经篡改，提高了该电子证据的采信度。这就意味着区块链存证通过了哈希值核验，法院也就认可了其真实性，进而考虑予以采信。

（2）区块链存证平台的资质审查。

对区块链存证平台的资质审查主要看其是否具备第三方电子存证平台资质，具体表现为是否有合法的备案和通过测试鉴定。本案中，法院查明至信链区块链存证平台通过了国家网信办区块链信息服务备案、国家工业信息安全发展研究中心司法鉴定所“区块链电子证据清洁性鉴定”、信息安全等级保护三级测评、中国司法大数据研究院有限公司信息化测评中心“质量（可用性）测试”等备案、测试和鉴定，具有合法的存证资格，因而本案中区块链电子证据的合法性得到了认可。而在中文在线数字出版集团股份有限公司诉北京京东叁佰陆拾度电子商务有限公司侵害作品信息网络传播权纠纷案中，法院将存证平台的独立性与原被告双方无利益冲突以及平台的技术能力，作为平台资质的审查标准。[1] 不过，对电子数据区块链存证平台的审查并不属于电子数据鉴真范畴，其本质上是对鉴真方法可靠性的审查。实践中仅在对方当事人对存证平台的可靠性提出合理疑问时，法院才有义务主动审查其可靠性。[2]

4. 法条链接

（1）《中华人民共和国电子签名法》。

第5条　符合下列条件的数据电文，视为满足法律、法规规定的原件形式要求：

（一）能够有效地表现所载内容并可供随时调取查用；（二）能够可靠地保证自最终形成时起，内容保持完整、未被更改。但是，在数据电文上增加背书以及数据交换、储存和显示过程中发生的形式变化不影响数据电文的完整性。

第6条　符合下列条件的数据电文，视为满足法律、法规规定的文件保

---

[1] （2018）京0101民初4624号。

[2] 谢登科、张赫：“电子数据区块链存证的理论反思”，《重庆大学学报》，2022年12月第6期。

存要求：

（一）能够有效地表现所载内容并可供随时调取查用；（二）数据电文的格式与其生成、发送或者接收时的格式相同，或者格式不相同但是能够准确表现原来生成、发送或者接收的内容；（三）能够识别数据电文的发件人、收件人以及发送、接收的时间。

（2）《中华人民共和国民事诉讼法》。

第67条 当事人对自己提出的主张，有责任提供证据。

当事人及其诉讼代理人因客观原因不能自行收集的证据，或者人民法院认为审理案件需要的证据，人民法院应当调查收集。

人民法院应当按照法定程序，全面地、客观地审查核实证据。

（3）《人民法院在线诉讼规则》。

第16条 当事人作为证据提交的电子数据系通过区块链技术存储，并经技术核验一致的，人民法院可以认定该电子数据上链后未经篡改，但有相反证据足以推翻的除外。

第17条 当事人对区块链技术存储的电子数据上链后的真实性提出异议，并有合理理由的，人民法院应当结合下列因素作出判断：

（一）存证平台是否符合国家有关部门关于提供区块链存证服务的相关规定；（二）当事人与存证平台是否存在利害关系，并利用技术手段不当干预取证、存证过程；（三）存证平台的信息系统是否符合清洁性、安全性、可靠性、可用性的国家标准或者行业标准；（四）存证技术和过程是否符合相关国家标准或者行业标准中关于系统环境、技术安全、加密方式、数据传输、信息验证等方面的要求。

二、租赁合同纠纷

（一）基本情况概述

通过案例检索可知，涉及区块链存证的租赁合同纠纷的存证平台同样较为多样化，但主要的形式为将证据存放于与提供租赁服务的公司有合作关系的平台，八戒租公司在《八戒租用户租赁协议》中指明，利用区块链存证平台进行存证，存证内容除租赁合同外，还包括承租人下单信息、出租人发货信息、承租人收货信息、租金支付情况，等等。而法院针对该类纠纷的审查主要为对区块链存证电子数据的证据效力、审查依据和真实性判断（见表5-3）。

表5-3　租赁合同区块链存证审查裁判案例

序号	案号	法院	上链内容	存证平台	法院评述
1	（2021）津0116民初26307号、26310号、26315号、26325号、26383号、26445号、26468号、7750号等共72份判决	天津市滨海新区人民法院	租赁订单中所发生的下单、付款、发货物流、签收租赁设备、返还租赁设备、续租、租转售等过程中的相应记录或凭证以哈希值形式实时上传至区块链保存。	蚂蚁区块链	《八戒租用户租赁协议》、《债权转让协议》为各方真实意思表示，且不违反法律和行政法规的强制性规定，不违背公序良俗，应认定合法有效，各方当事人均应按合同的约定履行
2	（2020）粤0304民初55473号	广东省深圳市福田区人民法院	《兰拓科技网络服务合同》	蚂蚁区块链	原、被告通过在线签订的《兰拓科技网络服务合同》系双方真实意思表示，内容不违反法律规定，合法有效
3	（2020）川0105民初2112号	四川省成都市青羊区人民法院	《兰拓科技网络服务合同》	蚂蚁区块链	兰拓科技公司与胡某签订的《兰拓科技网络服务合同》系双方的真实意思表示，内容不违反法律、行政法规的强制性规定，应为合法有效，双方均应按照约定全面履行义务
4	（2020）粤0983初3036号	广东省信宜市人民法院	原告微信、支付宝转账记录和e签宝电子借款合同	相应的互联网公证处区块链存证证明平台	原告提供的相关微信及支付宝转账记录、微信聊天记录，尤其是原告要求被告签订电子合同的聊天记录，能够证明款项实际发生，并可以作为双方存在借贷合意的初步证据予以认定

续表

序号	案号	法院	上链内容	存证平台	法院评述
5	(2020)鄂0192民初2759号	湖北省武汉市东湖新技术开发区人民法院	被告王某珍下单、付款、签约、发货、收货及原告聚诺公司发送租转售通知的操作原始记录内容及所对应的区块哈希值	人民法院司法区块链统一平台	通过“人民法院司法区块链统一平台”对存证于司法区块链的用户下单(扫脸)、用户支付流水、订单发货信息、融资租赁及服务协议、订单收货信息、租转售通知、用户支付流水第2、3期等电子文件进行了验证
6	(2020)沪0107民初3967号	上海市普陀区人民法院	《轻松住租赁协议》合同、订单信息、租金支付情况、物流等原始操作数据	人民法院司法区块链统一平台	法院对庭审中司法区块链平台的电子数据核验过程进行了详细描述,对区块链存证电子数据的证据效力和审查依据、区块链存证电子数据真实性的审查判断过程进行论证说明
7	(2019)川0104民初13911号	四川省成都市锦江区人民法院	交易形成的两份电子合同	蚂蚁区块链	法院对区块链存证的电子合同予以认定
8	(2022)沪0114民初16109号、161-18号	上海市嘉定区人民法院	《畅易租用户租赁协议》及《补充协议》	司法区块链	《畅易租用户租赁协议》及《补充协议》为双方当事人在线签订,经查验,系使用合法CA机构颁发的有效数字证书签署且在司法区块链进行了存证,符合《电子签名法》的规定,系各方当事人的真实意思表示,签约的主体适格,内容合法有效,各方应当依约履行

（二）典型案例评析

天津几何网络科技有限公司、杨某某租赁合同纠纷案[1]

1. 基本案情

本案为天津几何网络科技有限公司（以下简称几何公司）与杨某某的租赁合同纠纷。几何公司起诉要求杨某某支付租赁设备买断款，并承担诉讼费用。案件起因是杨某某通过八戒租平台向河南绿悦网络科技有限公司（以下简称河南绿悦）租用了一台智能手机。根据租赁协议，杨某某若未能按时支付租金，租赁设备则自动由租转售。杨某某签收设备后因逾期支付租赁款，河南绿悦向杨某某发送了由租转售通知，并要求支付租赁设备买断款。河南绿悦后将相关债权通过《债权转让协议》转让给了几何公司，并通知了杨某某。庭审过程中，杨某某未作答辩，且未到庭参加诉讼，被视为放弃了质证权利。几何公司提交了包括租赁协议、债权转让协议、八戒租平台订单区块链存证记录、司法区块链存证记录，以及河南绿悦科技有限公司商户信息、租赁物采购发票采购清单、租赁物采购发票、租转售通知送达凭证、债权转让价款支付凭证、E签宝电子签章验证等证据，被法院确认为具备真实性、合法性和关联性。

法院经审理认为，租赁协议及债权转让协议均为合法有效，且符合双方的真实意思表示，同时，协议自双方在区块链智能合同平台完成签名签署后生效，杨某某未按约定支付租金，构成违约，河南绿悦要求杨某某支付买断款符合合同约定。几何公司主张的买断款数额符合合同约定和法律规定，法院对此予以支持。由于杨某某未到庭参加诉讼，且未提交书面答辩及证据，故法院依法作出缺席判决，要求杨某某向几何公司给付设备买断款。

2. 典型意义

在本案中，原告提供了签订租赁协议过程中通过八戒租区块链存证和司法链存证的电子数据。相较于传统的公安机关取证，区块链存证有利于丰富权利人取证手段、降低权利人取证难度、减少维权成本，并且在取证便利性与确保证据真实性方面有较大优势。

审理法院在裁判中认可了区块链电子证据的效力，并且对司法区块链平

[1] （2021）津0116民初26313号。

台的可靠性、平台验证结果的可靠性及运用验证结果认定事实的确认性等三个方面展开了分析论证，同时根据区块链证据与平台提供的商户信息、租赁物采购清单等其他证据相互印证，认定该证据足以证明原告主张的事实，对原告的诉讼请求予以支持。这说明审理法院对采用区块链存证并核验通过的电子数据的证明能力是认可的，对同类由租转售案件的审理具有指导意义。并且审理裁判过程中针对该类证据采取的具体认定标准对于我国区块链电子证据认定标准的构建具有重大意义。

3. 案例评析

司法实践中，电子数据的脆弱性和易篡改性使其真实性无法得到保证，导致在司法应用中法官对电子数据的采信不得不采取审慎的态度。而区块链能凭借其“技术自证”的特性，使得经过区块链哈希值验证后的电子数据更具有真实性和完整性，更容易被法官采信。但如何认定区块链电子证据的真实性及其效力仍是实践中的难题。本案中，由于八戒租平台的交易信息实时保存、实时上传于司法链平台，并形成原始哈希值及可信时间戳，因此可以有效确定存证包中的电子数据原文之真实性，完成了证据的真实性证明，将整个交易流程全程记录，清晰明确，有效地降低了交易成本。法院针对该类纠纷的审查主要为对区块链存证电子数据的证据效力、真实性判断。

（1）区块链存证电子证据的法律属性。

区块链存证的电子证据属于民事诉讼证据类型。《民事诉讼法》第 66 条第 1 款第（五）项规定，电子数据是民事诉讼证据的一种。根据《最高人民法院关于民事诉讼证据的若干规定》第 14 条，电子数据包括“其他以数字化形式存储、处理、传输的能够证明案件事实的信息”。区块链存证既能有形地表现所载明的内容，也可随时调用，具有法律法规要求的书面形式，符合电子证据所要求的随时调取、内容完整、未被更改等原件形式及文件保存要求。并且，《互联网法院规定》第 11 条也明确认定区块链存证属于电子数据的形式之一。本案中，审理法院认为原告提交的运用区块链方式存证的电子数据，是合同签约、履约过程中生成的交易信息及数据，且同步存储于司法区块链平台，应当认为其属于证据形式中的电子数据。这意味着，法律和实践中都承认区块链存证属于民事诉讼证据中的电子数据。

(2) 区块链存证电子数据的真实性、有效性及运用的确认性问题。

原告几何公司提交的电子数据，存证于最高人民法院主导搭建运营的全国性区块链存证平台——司法区块链平台。司法区块链平台提供数据上链存证、司法链数据核验功能，具有全链路可信（可信身份、可信环境、可信时间等）、全节点见证、全流程留痕（事前、事中、事后法律行为）等特征。区块链技术具有去中心化、自动执行、不可撤销、不可篡改等技术特征。本案核验的统一证据编号是电子数据存证时通过哈希算法转化的，具有不可篡改性。本案中，绿悦公司与被告杨某某通过绿悦公司的自动信息系统签订了《八戒租用户租赁协议》，符合《电子签名法》的相关规定，进行存证的合同信息、订单信息、物流信息等电子数据均是在各方立约、履约过程中形成的，并储存于平台方即原告服务器中，原告服务器将上述电子数据在司法区块链平台存证后取得统一证据编码。庭审中，原告将上述电子数据明文及证据编码同时上传至司法区块链平台进行核验，核验结果均显示“核验通过、比对结果一致”，该验证结果表明数据上链至今保存完整、未被篡改，原告提交的经核验的电子数据区块链存证内容真实性可以确认，且能够与其提供的原告平台保存其他电子数据证据文本和截图内容相互印证，足以证明原告主张的事实。这意味着，审理法院对于区块链存证并通过核验的电子数据真实性予以确认，同时认定其可与其他证据相互印证，认可了原告主张的事实，作出了判决。

4. 法条链接

(1)《中华人民共和国民事诉讼法》。

第 67 条 当事人对自己提出的主张，有责任提供证据。

当事人及其诉讼代理人因客观原因不能自行收集的证据，或者人民法院认为审理案件需要的证据，人民法院应当调查收集。

人民法院应当按照法定程序，全面地、客观地审查核实证据。

(2)《中华人民共和国电子签名法》。

第 5 条 符合下列条件的数据电文，视为满足法律、法规规定的原件形式要求：

(一) 能够有效地表现所载内容并可供随时调取查用；(二) 能够可靠地保证自最终形成时起，内容保持完整、未被更改。

但是，在数据电文上增加背书以及数据交换、储存和显示过程中发生的形式变化不影响数据电文的完整性。

第6条 符合下列条件的数据电文，视为满足法律、法规规定的文件保存要求：

（一）能够有效地表现所载内容并可供随时调取查用；（二）数据电文的格式与其生成、发送或者接收时的格式相同，或者格式不相同但是能够准确表现原来生成、发送或者接收的内容；（三）能够识别数据电文的发件人、收件人以及发送、接收的时间。

(3)《最高人民法院关于互联网法院审理案件若干问题的规定》。

第11条 当事人对电子数据真实性提出异议的，互联网法院应当结合质证情况，审查判断电子数据生成、收集、存储、传输过程的真实性，并着重审查以下内容：

（一）电子数据生成、收集、存储、传输所依赖的计算机系统等硬件、软件环境是否安全、可靠；（二）电子数据的生成主体和时间是否明确，表现内容是否清晰、客观、准确；（三）电子数据的存储、保管介质是否明确，保管方式和手段是否妥当；（四）电子数据提取和固定的主体、工具和方式是否可靠，提取过程是否可以重现；（五）电子数据的内容是否存在增加、删除、修改及不完整等情形；（六）电子数据是否可以通过特定形式得到验证。

当事人提交的电子数据，通过电子签名、可信时间戳、哈希值校验、区块链等证据收集、固定和防篡改的技术手段或者通过电子取证存证平台认证，能够证明其真实性的，互联网法院应当确认。

当事人可以申请具有专门知识的人就电子数据技术问题提出意见。互联网法院可以根据当事人申请或者依职权，委托鉴定电子数据的真实性或者调取其他相关证据进行核对。

(4)《最高人民法院关于民事诉讼证据的若干规定》。

第94条 电子数据存在下列情形的，人民法院可以确认其真实性，但有足以反驳的相反证据的除外：

（一）由当事人提交或者保管的于己不利的电子数据；（二）由记录和保存电子数据的中立第三方平台提供或者确认的；（三）在正常业务活动中形成的；（四）以档案管理方式保管的；（五）以当事人约定的方式保存、传输、提取的。

电子数据的内容经公证机关公证的，人民法院应当确认其真实性，但有相反证据足以推翻的除外。

(5)《中华人民共和国电子商务法》。

第 48 条　电子商务当事人使用自动信息系统订立或者履行合同的行为对使用该系统的当事人具有法律效力。

三、买卖合同纠纷

通过案例检索可知，涉及区块链存证的买卖合同纠纷主要分为两类。一类是“由租转卖”引起的买卖合同纠纷，该类合同纠纷在存证内容、存证平台以及存证审查方式上均与租赁合同有一定相似性。另一类则是纯粹的买卖合同纠纷，通过存证平台进行存证的内容主要为买卖合同以及买卖双方的身份信息、货款给付情况，等等。而法院对上述纠纷的审查主要采取核验哈希值的方式，以确保区块链证据未被篡改。2022 年买卖合同纠纷下的区块链存证则主要集中在区块链公司交易或有关区块链投资、比特币等内容（见表 5-4）。

表 5-4　买卖合同区块链存证审查裁判案例

序号	案号	法院	上链内容	存证平台	法院评述
1	(2021) 粤 0192 民初 10217 号	广州互联网法院	区块链数据显示下单时未约定可买断。李某下单后申请买断，松岗公司给出买断价为 9957.2 元	(未说明)	法院认可了该区块链数据
2	(2019) 浙 0192 民初 8525 号	杭州互联网法院	被告在线下单发出租赁要约、双方当事人与深圳市爱租机科技有限公司杭州分公司共同签订《用户租赁及服务协议》，原告交付租赁物、被告逾期支付租金，爱租机平台向被告发送“由租转售”通知等行为均已自动在司法区块链进行了存证	杭州互联网法院司法区块链	原告提交了上述相关证据及司法区块链存证哈希值作为证据，经法院通过司法区块链平台进行校验，平台存证内容与原告提交的证据一致。另根据云合同平台验签结果显示，电子合同中原告、被告以及爱租机杭州分公司的签章有效，自应用本签名以来“文档”未被修改。法院认为，原告提交的证据真实、合法，与该案相关联，予以认定

续表

序号	案号	法院	上链内容	存证平台	法院评述
3	（2019）苏0509民初9453号	江苏省苏州市吴江区人民法院	签约主体签订的电子原文的哈希值	蚂蚁区块链	法院通过最高人民法院司法链电子证据核验网站对于陈某提交的欠条通过统一证据编号进行核验，核验结果显示通过。比对结果一致，电子数据通过司法链核验，电子数据未被篡改
4	（2021）渝0112民初27113号、47356号	重庆市渝北区人民法院	《经销商协议》	蚂蚁区块链	法院认为，原告科顺公司与被告通过网络平台签订《经销商协议》，真实性由《e签宝证据报告》予以佐证，予以采信
5	（2022）川14民终23号	四川省眉山市中级人民法院	订单信息、物流信息、支付信息退款等截图	（缺少区块链存证环节）	原告提交的电子数据，包含协议文本、订单、物流、租金支付过程中产生的交易编号、时间、金额、个人地址、联系方式等交易条件和交易行为要素信息。以上电子数据的存储平台为原告单方掌握，该信息未能在当庭进行核验操作，对其真实性无法判定，故不予认定
6	（2021）苏0509民初9453号	江苏省苏州市吴江区人民法院	电子合同	亘岩公司、杭州国立公证处及蚂蚁区块链	根据原告朱某提交的欠条、电子数据存证报告、亘岩公司出具的情况说明及本院查询的电子证据核验情况，可以确认原被告通过电子签约平台签订欠条，且欠条内容未被篡改，对于双方均有法律约束力
7	（2020）沪0107民初3976号	上海市普陀区人民法院	《轻松住租赁协议》	司法区块链平台	原、被告及第三人通过轻松住租赁平台签订的《轻松住租赁协议》，系三方真实意思表示，该合同合法有效，对当事人均有约束力，各方均应依约履行

第三节　区块链技术在知识产权纠纷案件中的应用

一、基本情况概述

通过案例检索可知，涉及区块链存证的知识产权纠纷大多数为著作权纠纷，主要存证平台有 IP360 及权利卫士 App，存证内容为涉及侵犯知识产权的网络截图、作品信息、现实取证过程的录音录像资料等（见表 5-5）。各地高级法院针对此类纠纷，在对方未提出相反证据或合理异议理由的情况下采取对证据的真实性予以确认的态度，且存在各个地区上链平台不一、资质不同的情况。就互联网法院而言，此类纠纷多发生于北京和广州区域，法院重点关注电子存证平台的资质认证材料，以及保证电子数据生成、收集、存储、传输所依赖的计算机系统等硬件、软件环境的安全、可靠性，采取与电子数据原文凭证编号、系统哈希值核验进行比对的方式进行审查。

表 5-5　知识产权纠纷区块链存证审查裁判案例

序号	案号	法院	上链内容	存证平台	法院评述
1	（2021）豫知民终 480 号	河南省高级人民法院	使用权利卫士 App 自带的拍照、录像、录音功能对客观事实进行取证，并实时进行可信时间戳电子证据固化保全，每个电子数据文件在申请时间戳认证时自动产生时间戳认证证书	权利卫士 App	该证据的真实性应予确认

续表

序号	案号	法院	上链内容	存证平台	法院评述
2	（2021）云民终602、941号	云南省高级人民法院	关于客观事实的录音录像数据	权利卫士App	法院认为，时间戳工具是权威第三方通过法定时间源和现代密码技术相结合而提供的一种服务，取证认证的视频属于电子数据证据，在没有相反证据或合理异议理由的情况下，应予以采信
3	（2021）川01民终14862号	四川省成都市中级人民法院	酷狗公司将署名为“曲：野梦”的《过客（野梦版）》向社会公众提供在线播放和下载的信息网络传播服务，社会公众在线播放全曲和下载需支付2元的单曲购买费用，合法授权的《过客（李子阳版）》也在酷狗网站中上线和使用	司法联盟链	灵动公司举证的音乐蜜蜂区块链存证证书，是运用区块链技术取证、存证的电子证据，在酷狗公司未举出相反证据推翻其真实性的情况下，应予确认其真实性并采信
4	（2021）桂民终435号	广西壮族自治区高级人民法院	涉案商标、网站页面拍摄信息	北京市方正公证处区块链取证公证平台	对该证据事实予以认定
5	（2021）闽民终118号	福建省高级人民法院	和解协议	司法区块链平台	对区块链证据直接予以认定
6	（2020）浙民终1013号	浙江省高级人民法院	被诉侵权产品后台销量数据；通过名为“王嘉”的账号在保全网进行在线过程取证，生成相应文件	保全网	金钥匙公司提交的证据1虽然形式真实，但内容反映的是否就是被诉侵权产品销售全貌无法确定，且一审法院并未以精确的销量计算侵权获利，只是将网店页面显示的销量作为法定赔偿的考量因素之一，故该证据不能实现证明目的，不予认定

续表

序号	案号	法院	上链内容	存证平台	法院评述
7	（2020）豫知民终532号	河南省高级人民法院	活动现场照片	公证云平台	在无相反证据足以推翻公某证明的情况下，不影响案涉公证书的效力，通过公某取得的证据，可以作为认定事实的依据
8	（2020）皖民终716号、714号、713号	安徽省高级人民法院	进入该娱乐场和点播案涉歌曲的整个过程的全程录音录像	权利卫士App	根据可信时间戳认证证书的记载，该证书验证的证据文件是由权利卫士客户端产生，权利卫士使用自带的拍照、录像、录音功能对客观事实进行取证，并实时进行可信时间戳电子证据固化保全，在无相反证据推翻的情况下，该证据的真实性应予确认
9	（2020）赣民终193号、（2020）赣民终180号	江西省高级人民法院	深圳金装公司在B2B电商平台慧聪网的公司简介和产品页面3份，及相应IP360取证数据保全证书	IP360	一组证据系德高公司通过真相网络科技（北京）有限公司开发的IP360平台进行的取证，司法联盟链legalX-chain区块链系统为此签发了IP360取证数据保全证书，证明文件（电子数据）自申请时间起已经存在且内容保持完整，未被篡改；尽管开庭时通过互联网已经不能打开相应页面，但德高公司通过IP360平台当庭将保全的页面进行了提取、展示。德高公司提交的电子数据在生成、储存方法以及保持内容完整性方法等方面均较为可靠，在无相反证据的情况下，可以作为认定事实的证据

续表

序号	案号	法院	上链内容	存证平台	法院评述
10	(2021) 津03民终1948号	天津市第三中级人民法院	厦门简帛云生态公司网站与案涉作品相关页面	IP360	真相网络科技运营的IP360数据权益保护平台具备作为第三方电子存证平台的资质。中文在线公司提交了《真相科技电子证据技术原理说明》《司法鉴定及数据保全技术合作协议》及相关《检验报告》《产品购销合同》等，结合勘验过程，可以证明取证内容的真实性、不可篡改性，厦门简帛云生态公司亦未对其质疑提交相关反证(证据)，故对由真相数据保全中心和司法联盟链共同签发的IP360取证数据保全证书予以采信
11	(2019) 京0491民初22180号	北京互联网法院	案涉4篇文章和取证录像	IP360	原告通过IP360区块链保全文件取证案涉4篇文章，经外链信息与法院天平链存证内容校验一致，予以认可
12	(2020) 京73行初273号	北京知识产权法院	(2019) 浙杭网证内字第6388号、第6387号公证书，公证内容为对"The Farming Forum"网站的相应网页进行快照取证，通过区块链技术进行存储，公证处对该证据的电子证据保管单进行了公证并出具公证书，证明该保全证据文件至公证时未被篡改	浙江省杭州市杭州互联网公证处	在没有其他相反证据的情况下，国家知识产权局对证据3的真实性及公开时间予以认可
13	(2021) 京0491民初13648号	北京互联网法院	关于案涉摄影作品原图及发表平台截图	IP360	原告通过互联网快照取证，出具了《IP360取证数据取证保全证书》，在被告未能提供相反证据的情况下，能够证明该电子证据的真实性

续表

序号	案号	法院	上链内容	存证平台	法院评述
14	（2021）京0491民初648号	北京互联网法院	20处使用案涉作品的情况	保全网	原告展示了案涉插画的原图信息、底稿、创作过程、发表情况、著作权声明书、劳动合同等，在被告未提交相反证据的情况下，法院认定原告享有案涉插画的著作权权利，有权提起本次诉讼
15	（2020）京0491民初35261号	北京互联网法院	原告证据1项下作品底稿电脑属性信息	权证链	在无相反证据的情况下，法院依法确认
16	（2021）粤0192民初3358号	广州互联网法院	相关网页内容	电子数据存证云平台	厦门市公证处出具的电子数据确认函显示，伯乐公司通过电子数据公证中心（ENC）在电子数据存证云平台进行实时取证，该平台存证技术由福建中证司法鉴定中心检测鉴定。法院经对电子数据原文凭证编号、系统哈希值核验，比对成功。故在无相反证据的情况下，认定该区块链证据的真实性、完整性及存证时间
17	（2021）粤0192民初8998号、8999号	广州互联网法院	区块链保全ID信息；SHA512摘要信息	司法联盟链	结合真相网络科技（北京）有限公司提交的《著作权登记证书》《检验报告》（公京检第1792001号）《真相科技电子证据技术原理说明》《设备供货合同》《保密协议》等材料，法院从存证平台的资质、电子数据生成及存储方法可靠性、保证电子数据完整性方法的可靠性等多方面进行审查，对太平洋影音提交的《IP360取证数据保全证书》的真实性、合法性和关联性予以确认

续表

序号	案号	法院	上链内容	存证平台	法院评述
18	(2020)粤0192民初45498号	广州互联网法院	张某对被诉侵权行为通过区块链存证的方式进行取证，并获得由司法联盟链颁发的《IP360取证数据保全证书》	IP360	根据《最高人民法院关于审理著作权民事纠纷案件适用法律若干问题的解释》第7条第1款规定："当事人提供的涉及著作权的底稿、原件、合法出版物、著作权登记证书、认证机构出具的证明、取得权利的合同等，可以作为证据。"对该《IP360取证数据保全证书》的效力予以确认
19	(2020)粤0192民初35056号	广州互联网法院	宫略公司等公司在微信公众号上侵犯猎图公司的信息网络传播权等文件说明	联合信任时间戳服务中心	宫略公司对于猎图公司的时间戳取证方式提出异议，法院根据《最高人民法院关于互联网法院审理案件若干问题的规定》第11条第2款的规定对其真实性予以确认
20	(2019)1110124民初2176号	四川省成都市郫都区人民法院	上海鸿众展览服务有限公司在其运营的微信公众号RT轨道交通上转载的成都律诺信息科技有限公司通过依法受让获得的案涉作品	司法区块链	原告通过区块链技术，实现了对被告网页侵权事实的固定。法院从平台资质合法合规、存证过程安全可信、电子数据客观真实三方面认定本案电子证据合法有效，被告侵权事实成立
21	(2021)沪73民终893、898号	上海知识产权法院	含被诉侵权文章的网站	七印公司	尽管核新同花顺公司对取证过程中的清洁性检查和七印公司的取证、存证资质提出了异议，并认为生成的相关数据可被篡改，但上诉人对其上述主张未向法院提供充分的证据予以证明，故法院对上诉人的该上诉理由不予采信

续表

序号	案号	法院	上链内容	存证平台	法院评述
22	（2022）粤 0604 民初 1960 号	广东省佛山市禅城区人民法院	含被诉侵权文章的网站	IP360	原告通过 IP360 区块链技术予以保全，可通过国家企业信息查询系统、域名备案管理系统重复核查，法院予以采信
23	（2021）沪 0104 民初 21359、21361、21362、21363、21734 号	上海市徐汇区人民法院	被诉侵犯商标权的商品链接	杭州互联网公证处	法院直接认可了该区块链证据
24	（2021）粤 0104 民初 46814 号	广东省广州市越秀区人民法院	被诉侵犯商标权的商品的购买过程	杭州互联网公证处	法院查明，公证处下载的证据文件经过与区块链上存储的哈希值校验比对确认，未发现有被篡改的情况，对区块链证据予以认可
25	（2021）沪 0115 民初 66735、66753、66755 号	上海市浦东新区人民法院	被诉侵犯著作权的商品的购买过程	杭州互联网公证处	法院查明，公证处下载的证据文件经过与区块链上存储的哈希值校验比对确认，未发现有被篡改的情况，对区块链证据予以认可
26	（2022）京 0491 民初 12434 号	北京互联网法院	发表案涉摄影作品的博文	杭州互联网公证处	李某提交的案涉摄影作品的原图及发表情况，在无相反证据的情况下，法院确认李某为案涉摄影作品的作者，依法享有案涉作品的著作权，有权对侵害其著作权的行为提起诉讼
27	（2021）京 0106 民初 35958 号	北京市丰台区人民法院	被诉侵犯商标权的店面的取证过程	杭州互联网公证处	法院直接认可了该区块链证据
28	（2022）苏 0505 民初 2633、3097 号	江苏省苏州市虎丘区人民法院	含被诉侵权图片的网站	IP360	原告提供的《IP360 取证数据保全证书》系通过区块链技术对证据进行取证，具有真实性、可靠性，被告辩称其不合法，但并未提供证据予以证明原告保全页面与实际不符，故对被告该抗辩，法院不予支持

续表

序号	案号	法院	上链内容	存证平台	法院评述
29	（2022）粤 0192 民初 9856 号、（2021）粤 0192 民初 2591 号、2587 号、3306 号、3614 号、37529 号	广州互联网法院	含被诉侵权文章的微信公众号	（未说明）	原告提交了案涉文章首次发表截图、作者后台登录首次发表账号的截图、《授权声明》附身份证、《转授权声明》，上述证据相互印证，形成较完整的证据链。在无相反证据的情况下，可以认定案涉文章作者，原告经授权取得案涉作品的信息网络传播权及维权权利，有权提起本案诉讼
30	（2022）鲁 1002 民初 2473 号	山东省威海市环翠区人民法院	含被诉侵权文章的微信公众号	保全网	法院认为，在无相反证据的情况下，可以认定案涉作品的作者系赵某安
31	（2018）苏 01 民终 8849 号	江苏省南京市中级人民法院	取证页面截图	易保全	法院认为北京全景公司未提交易保全公司的资质证明，不能证明其系依法设立的电子认证服务机构；北京全景公司提交的电子数据取证证书中有“同步存储于平台对接的公证机构和司法机构”的表述，但未明确具体公证机构或司法机构名称，亦无相关机构出具说明表明易保全公司的数据同步存储于该机构处；提取该证书附件后，仅取得取证页面截图一份，取证前是否对计算机操作环境和相关网络环境进行清洁性检查、取证操作流程和步骤等内容均未体现在该证书附件中，不能证明该取证页面系取证时操作取得。综上，一审法院对北京全景公司提交的该组证据均不予采信

续表

序号	案号	法院	上链内容	存证平台	法院评述
32	（2018）京 0101 民初 3825 号—3836 号、4242 号—4248 号、4401 号—4406 号、4624 号—4629 号、6086 号—6093 号	北京市东城区人民法院	对“UC 头条”应用程序内容进行录屏的电子数据	IP360	结合勘验过程、真相网络科技（北京）有限公司出具的说明及《司法鉴定及数据保全技术合作协议》等，每个电子数据文件在完成取证后，会存储于 IP360 云系统中，自动生成一个唯一对应且进行加密的数字指纹（哈希值），该指纹将通过区块链系统同步备份于北京网络行业协会司法鉴定中心，并生成由其与真相数据保全中心联名签发的载有数字指纹、取证时间等信息的数据保全证书，证明电子数据自申请时间起已经存在且内容保持完整，未被篡改。此种方式通过密码技术及数字指纹异地同步，可以保证电子数据的完整性。结合上述因素，法院认为，原告提交的电子数据在生成、储存方法以及保持内容完整性方法等方面均较为可靠，在无相反证据的情况下，其真实性应予以确认，可以作为认定事实的初步证据

二、典型案例

（一）商标权纠纷

某科技集团股份有限公司与海南某德大信息科技有限公司侵害商标权纠纷案[1]

1. 基本案情

本案为某科技集团股份有限公司（以下简称某科技公司）对海南某德大

[1] （2020）浙 8601 民初 489 号。

信息科技有限公司（以下简称海南某德公司）提起的一起侵害商标权及不正当竞争纠纷案。某科技公司指控海南某德公司在其金融信贷产品上使用与某科技公司名称高度相似的标识，侵犯了某科技公司的商标权，并构成不正当竞争。某科技公司主张，自 2013 年起，该公司所属集团注册了涉案相关商标，并持续授权该科技公司在中国使用。该公司提出，其旗下的平台服务用户超过 10 亿，且其金融服务产品在金融服务领域享有极高知名度和美誉度。某科技公司认为，海南某德公司使用近似商标，易造成公众混淆，侵害了其商标权，并在金融服务领域与某科技公司形成不正当竞争。某科技公司提交了包括企业信用信息、商标注册信息、许可文件、媒体报道等证据以支持其诉讼主张。海南某德公司未到庭参加诉讼，被视为放弃了举证质证权利。

杭州铁路运输法院审理认为，某科技公司有权提起本案诉讼，该公司为证实其诉讼主张提交的公司企业信用信息报告、企业荣誉及相关报道，涉案商标注册信息、许可文件、相关报道及使用记录，区块链录屏证据，被诉侵权行为的媒体报道等证据。其中，关于通过数字版权服务平台取得的电子数据通过哈希算法转化为存证码上传至司法链。一方面，哈希算法作为区块链中保存信息几乎不被篡改的单向密码机制，在校验成功后，能够认定储存数据与上传数据一致，未被篡改。另一方面，电子数据转化为存证码后，司法链平台将存证码打包为数据块（区块）并即时传输给全部节点机构服务器进行存储。各个节点机构服务器的区块连接成链，通过共识机制对存证码的一致性进行校验。司法链节点的硬件芯片能够实现可信执行环境支持隔离计算，其他程序无法篡改可信执行环境中的计算过程和数据；司法链系统与各节点之间采用的安全传输层协议进行认证能够建立可信通道，传输数据经安全传输层协议加密可以抵御攻击，进一步确保数据的真实性和不可篡改性。再一方面，储存至司法链平台的数据的区块高度、上传时间等信息能够与录屏内容、操作日志内容相互印证，能够印证数据真实且未被篡改。本案用于证明被控侵权事实的录屏视频是在数字版权服务平台的可信、清洁环境中生成、提取，并经司法链平台进行存证。该等电子数据的生成、存储、传输、存证所依赖的计算机系统环境（包括区块链存证环境）完整可靠、运行正常且安全稳定，存证方法具有可靠性，法院对其证明力予以认可。法院进一步认定，海南某德公司的行为构成对某科技公司商标权的侵犯，并判定海南某德公司应承担停止侵权、赔偿损失以及消除影响的责任。同时，法院认为海南某德公司对某科技公司声誉造成的负面影响应予以消除。

据此，杭州铁路运输法院一审判决海南某德公司立即停止实施侵犯某科技公司的相关注册商标专用权的行为；并于判决生效之日起 10 日内赔偿某科技公司经济损失及为制止侵权行为所支付的合理开支；同时，要求海南某德公司于判决生效之日起 30 日内，在涉案 App 上刊登声明为原告消除影响，声明内容需经法院审核，逾期不履行，法院将在《法治日报》公布判决书主要内容，因此产生的费用由海南某德公司承担；驳回了某科技公司的其他诉讼请求。

2. 典型意义

相较于过往的商标权侵权案件，某科技公司为证明被诉侵权事实，使用了数字版权服务平台和人民法院司法区块链统一平台的录屏取证功能进行侵权证据的取证和存证。录屏的内容用以证明海南某德公司实施了侵权行为，而通过司法链平台进行取证则保证了录屏内容的真实性与合法性。这一功能与传统的公证机关取证并无差异，但运用司法链平台生成区块链电子证据却大大提高了证据生成和固定的效率，降低了取证的成本，给当事人提供了巨大的便利。

杭州铁路运输法院在裁判中认可了区块链电子证据的效力，其认定标准主要在取证过程和证据核验两个部分。首先区块链录屏取证需保证在可信环境（已生成清洁性检查报告）中录制，其次需在司法区块链平台中查询核验，通过哈希值校验以证明电子证据完整且未被篡改。该法院对区块链电子证据真实性的认定标准，可以给同类案件的审理提供有力参考。

3. 案例评析

随着区块链技术的发展，其作用领域逐渐延伸至司法裁判中，区块链电子存证作为一种新型的存证方式，近年来已在法院系统中得到广泛应用。最高人民法院同其他各级法院、多元纠纷调解平台等，搭建了“人民法院司法区块链统一平台”。法院系统正在将区块链用于存证的工作，打造为“网上案件网上审理”的一张名片。[1] 而如何认定区块链电子证据的真实性及其证明效

[1] 刘品新：“论区块链证据”，《法学研究》，2021 年第 6 期，第 130 页。

力，则成了实践中的重点难点问题。目前已有多家法院在个案裁判中认可了区块链电子证据的效力，但各地法院在相关证据认定标准上仍存在差异。本案的争议源自于海南某德公司侵害了某科技公司享有许可使用权的注册商标，原告为证明被告的侵权事实，采取录屏取证功能进行侵权证据的取证和存证，由于被告经传唤未到庭视为放弃了答辩权利，因此该案的核心争议焦点就在于原告所出具的录屏证据是否具有证据效力、是否足以证明被告存在侵权行为。

(1) 区块链证据真实性原理。

从证据法理上看，区块链证据运用于司法的核心问题是如何审查判断其可采性和证明力。而从技术原理出发，区块链证据的真实性问题尤为值得关注。

区块链证据入链后的真实性主要依靠哈希校验、时间锁定和节点印证三大技术实现。所谓哈希校验，是通过数据的哈希值（完整性校验值）保障数据不被篡改的方法。一般会在数据入链时计算其哈希值，事后在区块链平台的节点查询哈希值予以验真。在本案中，法院就根据数字版权服务平台取证步骤获得的录屏视频电子数据原文和统一证据编号，登录司法链平台，进行查询核验，显示所在区块哈希值为00034c2a7f075a49c9c22e3008b3ada6d1c3de98a5873cbd5f45dfbb62e，比对上链时的哈希值结果显示一致，因此推定该数据未被篡改。

所谓时间锁定，是赋予入链数据以各种权威时间戳机构签发的具有法律效力的电子凭证。它保证数据在特定时间点已经客观存在，以进行数据时间方面的验真。在本案中，查看取证人员数字版权服务平台后台取证信息显示，取证上链的具体时间为2020年5月11日14：06：58，取证时长为21.03分钟，以此可以确认录屏证据的入链时间点，也即证据内容被固定，不再发生改变的起算点。

所谓节点印证，是指入链网络数据是分布式存储的，当各个节点完成记录时，亦同步验证了其他节点记录结果的正确性。若趋近于全节点均同步认定有关记录正确时，或者所有参与记录节点的比对结果一致，目标数据才被允许写入区块，并在盖上时间戳后生成区块数据，然后通过分布式传播发送给各个节点实现分布式存储。在本案中，原告将电子录屏数据上传至司法链平台后，平台会先将其转化为存证码，将存证码打包为数据块（区块）并即时传输给全部节点机构服务器进行存储。各个节点机构服务器的区块连接成链，通过共识机制对存证码的一致性进行校验。在每个节点均可查询到入链数据，即使个别节点记录的数据被篡改，也会因其与多数节点不一致而被检测到并自动修正。这种节点印证进一步确保了区块链证据的真实性。

不过即便如此，也不能判定区块链证据即是完全真实可靠的，司法实践中仍存在至少三重疑问。[1] 一是存证平台的资质问题，即第三方存证平台运营主体是否合法、中立。二是所谓“不可篡改”的技术属性仍存在漏洞，正如前文所言，区块链技术真实性的关键保障在于其通过哈希嵌套的链式数据结构，使得上链后的数据只能正向验证而无法逆推。如果想要修改其中一个区块的数据，需要将整个结构中后序的区块全部修改，这要求极高的算力。不过仅从理论上推演，掌握了超过全网 51% 算力的主体仍可能篡改先前被确认的部分区块数据，因此该技术也并不能全然地保证数据真实性。三是数据上链前的可靠性存疑，现有的技术仅能确保数据上链后不被篡改，但无法排除上链前的原始证据内容是伪造或已被修改的。

（2）区块链证据真实性规则。

区块链证据作为电子证据的一个子类型，有其在技术层面的特殊性，因此有必要在电子证据真实性规则的制度基础上，对其予以完善，依此为司法实践提供更清晰的裁判标准。[2]

在该案中，杭州铁路运输法院首先确认了“数字版权服务平台”作为第三方存证平台的运营资质以及系统（云服务器）运行机制，其次通过司法链平台[3]对录屏电子证据进行技术核验，核验结果比对一致后推定该证据真实、完整，同时在裁判文书中详细记录了核验过程，具有一定的典范性意义。不

---

[1] 段莉琼、吴博雅：“区块链证据的真实性认定困境与规则重构”，《法律适用》，2020 年第 19 期，第 151-154 页。

[2] 本案裁判审理于 2020 年，彼时《人民法院在线诉讼规则》尚未公布施行，未有法律法规针对区块链电子证据真实性认定作出详细规范。

[3] 司法链平台是由最高人民法院主导搭建运营的全国性区块链存证平台，具体网址为：https://sfl.court.gov.cn/pages/。截止到 2023 年 8 月 29 日，共有区块总数 137363774 个、存证数量 701205176 条、节点 32 个，其中包含最高人民法院、多省市高级人民法院、各家互联网法院等区块链节点及中国科学院国家授时中心、司法鉴定中心等机构。

过由于海南某德公司在案件审理中并未到庭，也没有对上述证据上链前或上链后的真实性提出异议，因此该案未能触及双方对区块链证据真实性产生实质争议时的裁判标准。

4. 法条链接

(1)《中华人民共和国电子签名法》。

第5条 符合下列条件的数据电文，视为满足法律、法规规定的原件形式要求：

（一）能够有效地表现所载内容并可供随时调取查用；（二）能够可靠地保证自最终形成时起，内容保持完整、未被更改。

但是，在数据电文上增加背书以及数据交换、储存和显示过程中发生的形式变化不影响数据电文的完整性。

第6条 符合下列条件的数据电文，视为满足法律、法规规定的文件保存要求：

（一）能够有效地表现所载内容并可供随时调取查用；（二）数据电文的格式与其生成、发送或者接收时的格式相同，或者格式不相同但是能够准确表现原来生成、发送或者接收的内容；（三）能够识别数据电文的发件人、收件人以及发送、接收的时间。

(2)《中华人民共和国商标法》。

第48条 本法所称商标的使用，是指将商标用于商品、商品包装或者容器以及商品交易文书上，或者将商标用于广告宣传、展览以及其他商业活动中，用于识别商品来源的行为。

第57条 有下列行为之一的，均属侵犯注册商标专用权：

（一）未经商标注册人的许可，在同一种商品上使用与其注册商标相同的商标的；（二）未经商标注册人的许可，在同一种商品上使用与其注册商标近似的商标，或者在类似商品上使用与其注册商标相同或者近似的商标，容易导致混淆的；（三）销售侵犯注册商标专用权的商品的；（四）伪造、擅自制造他人注册商标标识或者销售伪造、擅自制造的注册商标标识的；（五）未经商标注册人同意，更换其注册商标并将该更换商标的商品又投入市场的；（六）故意为侵犯他人商标专用权行为提供便利条件，帮助他人实施侵犯商标专用权行为的；（七）给他人的注册商标专用权造成其他损害的。

第63条 侵犯商标专用权的赔偿数额，按照权利人因被侵权所受到的实际损失确定；实际损失难以确定的，可以按照侵权人因侵权所获得的利益确定；权利人的损失或者侵权人获得的利益难以确定的，参照该商标许可使用费的倍数合理确定。对恶意侵犯商标专用权，情节严重的，可以在按照上述方法确定数额的一倍以上五倍以下确定赔偿数额。赔偿数额应当包括权利人为制止侵权行为所支付的合理开支。

人民法院为确定赔偿数额，在权利人已经尽力举证，而与侵权行为相关的账簿、资料主要由侵权人掌握的情况下，可以责令侵权人提供与侵权行为相关的账簿、资料；侵权人不提供或者提供虚假的账簿、资料的，人民法院可以参考权利人的主张和提供的证据判定赔偿数额。

权利人因被侵权所受到的实际损失、侵权人因侵权所获得的利益、注册商标许可使用费难以确定的，由人民法院根据侵权行为的情节判决给予五百万元以下的赔偿。

人民法院审理商标纠纷案件，应权利人请求，对属于假冒注册商标的商品，除特殊情况外，责令销毁；对主要用于制造假冒注册商标的商品的材料、工具，责令销毁，且不予补偿；或者在特殊情况下，责令禁止前述材料、工具进入商业渠道，且不予补偿。

假冒注册商标的商品不得在仅去除假冒注册商标后进入商业渠道。

(3)《中华人民共和国民事诉讼法》。

第67条 当事人对自己提出的主张，有责任提供证据。

当事人及其诉讼代理人因客观原因不能自行收集的证据，或者人民法院认为审理案件需要的证据，人民法院应当调查收集。

人民法院应当按照法定程序，全面地、客观地审查核实证据。

(4)《最高人民法院关于适用〈中华人民共和国民事诉讼法〉的解释》。

第90条 当事人对自己提出的诉讼请求所依据的事实或者反驳对方诉讼请求所依据的事实，应当提供证据加以证明，但法律另有规定的除外。

在作出判决前，当事人未能提供证据或者证据不足以证明其事实主张的，由负有举证证明责任的当事人承担不利的后果。

第108条 对负有举证证明责任的当事人提供的证据，人民法院经审查并结合相关事实，确信待证事实的存在具有高度可能性的，应当认定该事实存在。

对一方当事人为反驳负有举证证明责任的当事人所主张事实而提供的证据，人民法院经审查并结合相关事实，认为待证事实真伪不明的，应当认定该事实不存在。

法律对于待证事实所应达到的证明标准另有规定的，从其规定。

(5)《最高人民法院关于民事诉讼证据的若干规定》。

第93条 人民法院对于电子数据的真实性，应当结合下列因素综合判断：

（一）电子数据的生成、存储、传输所依赖的计算机系统的硬件、软件环境是否完整、可靠；（二）电子数据的生成、存储、传输所依赖的计算机系统的硬件、软件环境是否处于正常运行状态，或者不处于正常运行状态时对电子数据的生成、存储、传输是否有影响；（三）电子数据的生成、存储、传输所依赖的计算机系统的硬件、软件环境是否具备有效的防止出错的监测、核查手段；（四）电子数据是否被完整地保存、传输、提取，保存、传输、提取的方法是否可靠；（五）电子数据是否在正常的往来活动中形成和存储；（六）保存、传输、提取电子数据的主体是否适当；（七）影响电子数据完整性和可靠性的其他因素。

人民法院认为有必要的，可以通过鉴定或者勘验等方法，审查判断电子数据的真实性。

(6)《最高人民法院关于审理商标民事纠纷案件适用法律若干问题的解释》。

第9条 商标法第57条第（一）（二）项规定的商标相同，是指被控侵权的商标与原告的注册商标相比较，二者在视觉上基本无差别。

商标法第57条第（二）项规定的商标近似，是指被控侵权的商标与原告的注册商标相比较，其文字的字形、读音、含义或者图形的构图及颜色，或者其各要素组合后的整体结构相似，或者其立体形状、颜色组合近似，易使相关公众对商品的来源产生误认或者认为其来源与原告注册商标的商品有特定的联系。

第10条 人民法院依据商标法第57条第（一）（二）项的规定，认定商标相同或者近似按照以下原则进行：

（一）以相关公众的一般注意力为标准；（二）既要进行对商标的整体比对，又要进行对商标主要部分的比对，比对应当在比对对象隔离的状态下分别进行；（三）判断商标是否近似，应当考虑请求保护注册商标的显著性和知名度。

（7）《人民法院在线诉讼规则》。

第 16 条　当事人作为证据提交的电子数据系通过区块链技术存储，并经技术核验一致的，人民法院可以认定该电子数据上链后未经篡改，但有相反证据足以推翻的除外。

第 17 条　当事人对区块链技术存储的电子数据上链后的真实性提出异议，并有合理理由的，人民法院应当结合下列因素作出判断：

（一）存证平台是否符合国家有关部门关于提供区块链存证服务的相关规定；（二）当事人与存证平台是否存在利害关系，并利用技术手段不当干预取证、存证过程；（三）存证平台的信息系统是否符合清洁性、安全性、可靠性、可用性的国家标准或者行业标准；（四）存证技术和过程是否符合相关国家标准或者行业标准中关于系统环境、技术安全、加密方式、数据传输、信息验证等方面的要求。

第 18 条　当事人提出电子数据上链存储前已不具备真实性，并提供证据证明或者说明理由的，人民法院应当予以审查。

人民法院根据案件情况，可以要求提交区块链技术存储电子数据的一方当事人，提供证据证明上链存储前数据的真实性，并结合上链存储前数据的具体来源、生成机制、存储过程、公证机构公证、第三方见证、关联印证数据等情况作出综合判断。当事人不能提供证据证明或者作出合理说明，该电子数据也无法与其他证据相互印证的，人民法院不予确认其真实性。

第 19 条　当事人可以申请具有专门知识的人就区块链技术存储电子数据相关技术问题提出意见。人民法院可以根据当事人申请或者依职权，委托鉴定区块链技术存储电子数据的真实性，或者调取其他相关证据进行核对。

（二）信息网络传播权纠纷

杭州原与宙科技有限公司与深圳某策迭出文化创意有限公司侵害作品信息网络传播权纠纷案[1]

1. 基本案情

本案是深圳某策迭出文化创意有限公司（以下简称某策公司）对杭州原

[1] （2022）浙 0192 民初 1008 号。

与宙科技有限公司（以下简称原与宙公司）提起的侵害作品信息网络传播权纠纷案。某策公司指控原与宙公司在其运营的“Bigverse”平台上，未经授权铸造并销售了以马千里创作的动漫形象“胖虎”为原型的“胖虎打疫苗”NFT作品，侵犯了某策公司的信息网络传播权。某策公司要求原与宙公司停止侵权行为，即删除“Bigverse”平台上发布的案涉NFT作品，并赔偿其经济损失及合理支出。在诉讼过程中，某策公司撤回了部分诉讼请求，包括披露用户信息和作品NFT所在的具体区块链及节点位置，以及赔礼道歉的诉请。

某策公司为证实其诉讼主张依法提交了作品登记证书、“不二马”百度百科检索、“不二马大叔”实名认证、《胖虎打疫苗》微博发表页面截图、《著作权授权许可合同》、马千里“追授权确认书”、《虎年来临，“我不是胖虎”走红》、《“我不是胖虎”超萌登场！助阵今冬年货节虎力全开冲进新年》、《Dior、Gucci、Hermes，虎年大牌微信红包封面免费领取攻略》、《元旦快乐！我不是胖虎之小虎的日常系列，你的新年开运盲盒!》、(2021）赣洪大证内字第16849号公证书《“我不是胖虎”系列微信表情包公证》、百度贴吧“我不是胖虎”发布信息、《涨姿势！NFT艺术家的天堂，元宇宙的狂欢!》《快上车，支付宝的贺中秋系列NFT千万别错过!》，以及“Bigverse”平台上发布的被控侵权NFT数字作品等证据。

原与宙公司为证实其主张依法提交了百度搜索结果以及全国作品登记信息公示查询结果“anginin”账号发布的作品信息、作品审核流程，案涉平台盗版举报通道，“RHYTIMGIRL”作品订单详情、退款审批单，点点滴滴支付宝余额收支证明，“一起NFT”App作品铸造流程，“0pense”平台铸造申请流程等证据。

杭州互联网法院经审理认为，某策公司主张的《胖虎打疫苗》图构成美术作品。作者马千里在实名注册的微博账号“不二马大叔”发布涉案作品《胖虎打疫苗》，并于2022年1月出版《胖虎下山》书中载有《胖虎打疫苗》图片一张。足以证明涉案作品《胖虎打疫苗》已公开发表且著作权人为作者马千里。某策公司与马千里签订《著作权授权许可使用合同》后作为案涉作品独占性被许可人，依法享有诉权，故某策公司为适格原告。对于NFT交易模式，法院认为每个数字文件均有唯一的标记，一部数字作品的每一个复制件均被一串独一无二的元数据所指代，产生“唯一性”和“稀缺性”等效果，因此当一件数字作品复制件以 NFT 形式存在于交易平台上时，就被特定化为一个具体的“数字商品”，NFT 交易实质上是“数字商品”所有权转移，并呈现一定的投资和收藏价值属性。“数字商品”是以数据代码形式存在于虚拟空间且具备财产性的现实事物的模拟物，其具有虚拟性、依附性、行使方式的特殊性，但也具备一定的独立性、特定性和支配性。对于数字作品而言，当其复制件存储于网络空间，通过一个 NFT 唯一指向而成为一件可流通的商品时，就产生了一项受法律保护的财产权益。NFT 数字作品持有人对其所享有的权利包括排他性占有、使用、处分、收益等。NFT 交易模式本质上属于以数字化内容为交易内容的买卖关系，购买者所获得的是一项财产权益，并非对一项数字财产的使用许可，亦非对一项知识产权的转让或许可授权。虽然 NFT 数字作品交易对象是作为“数字商品”的数字作品本身，交易产生的法律效果亦表现为所有权转移。但因发行权的核心特征在于作品原件或复制件的所有权转让，即著作权法中的发行限定为有形载体上的作品原件或复制件的所有权转让或赠与，故未经权利人许可将 NFT 数字作品在第三方交易平台的出售行为尚无法落入发行权控制范畴；虽然 NFT 数字作品所有权转让结合了区块链和智能合约技术，但是 NFT 数字作品是通过铸造被提供在公开的互联网环境中，交易对象为不特定公众，每一次交易通过智能合约自动执行，使公众可以在选定的时间和地点获得 NFT 数字作品，故 NFT 数字作品交易符合信息网络传播行为的特征。尽管 NFT 数字作品铸造过程中存在对作品的上传行为，该行为使得铸造者终端设备中存储的数字作品被同步复制到网络服务器中，但该复制是网络传播的一个步骤，其目的在于以互联网方式向社会公众提供作品，故复制造成的损害后果已经被信息网络传播给权利人造成的损害后果所吸收，无须单独予以评价。故法院认可原与宙公司经营的被控“Bigverse”平台交易《胖虎打疫苗》NFT 数字作品的行为，侵害原告作品的信息网络传播权。

同时，法院指出，NFT 数字作品交易并不能适用权利用尽原则。其一，在著作权领域，权利用尽原则主要适用于对发行权权利的限制，被称为“发行权一次用尽原则”或“首次销售原则”，该原则主要目的是防止他人出售作品的非法复制件，而非限制合法售出的作品原件或复制件的使用、处置权利。但著作权领域的权利用尽原则的适用基础是作品与其有形载体的不可分性，通过对作品有形载体的使用权利作出规制，具有物理空间和现实操作的可控性。但网络改变了作品的传播方式，公众无须通过转移有形载体就可以获得作品的复制件。这一过程与传统传播途径的根本区别是不会导致作品有形载体在物理意义上的转移。其二，在 NFT 交易模式下，从著作权人手中合法获得 NFT 数字作品的受让人，不必上传该数字作品即可在同一交易平台或者其他合作交易平台将其转售。而 NFT 数字作品具有稀缺性及交易安全性，如果 NFT 数字作品可以无成本、无数量限制复制，即便是合法取得 NFT 数字作品复制件的主体，其潜在的可供后续传播的文件数量也是难以控制的，这有违发行权制度设立的本意，对著作权人而言亦有失公平。其三，在 NFT 交易模式下，不特定公众可以在选定的时间和地点获得 NFT 数字作品，属于典型的信息网络传播行为。而这种以信息网络途径传播作品属于信息流动，并不导致作品有形载体所有权或占有权的转移，自然不受发行权的控制，亦就缺乏了适用权利用尽的前提和基础。

从被控“Bigverse”平台提供的交易模式和服务内容来看，其系专门提供 NFT 数字作品交易服务平台，交易的 NFT 数字作品由平台注册用户提供，且不存在与他人以分工合作等方式参与 NFT 数字作品交易，故此，根据当前法律的相关规定，“Bigverse”平台属于网络服务提供者而非内容提供平台，原与宙公司作为“Bigverse”平台经营者，系网络服务提供者而非网络内容提供者。但同时原与宙公司亦不属于“提供自动接入、自动传输、信息存储空间、搜索、链接、文件分享技术等网络服务”的网络服务提供者。NFT 数字作品交易系伴随着互联网技术发展并结合区块链、智能合约技术衍生出的网络空间“数字商品”交易模式创新，属于新型商业模式。对于像“Bigverse”平台这种提供 NFT 数字作品交易服务的网络平台的性质，应结合 NFT 数字作品的特殊性及 NFT 数字作品交易模式、技术特点、平台控制能力、营利模式等方面综合评判平台责任边界。

第一，从 NFT 数字作品交易模式来看，NFT 数字作品作为交易客体时既是作品又是商品，既有其作为数字作品的著作权，也有其作为“数字商品”的所有权。前已所述，NFT 交易模式下产生的法律效果是所有权的转移。因此，NFT 数字作品的铸造者（出售者）应当是作品原件或复制件的所有者；同时，根据著作权法的相关规定，作品原件或复制件作为物被转让时，所有权发生转移，但作品著作权并未发生改变。而在 NFT 交易模式下，NFT 数字作品的铸造者（出售者）将 NFT 数字作品复制、上传至“Bigverse”平台进行交易的行为，分别属于著作权法中的复制权、信息网络传播权调整控制范畴，因此，NFT 数字作品的铸造者（出售者）不仅应当是作品复制件的所有者，而且应当系该数字作品的著作权人或授权人，否则将侵害他人著作权。对此“Bigverse”平台作为专门为 NFT 数字作品交易服务平台知道也应当知道，且理应采取合理措施防止侵权发生，审查 NFT 数字作品来源的合法性和真实性，以及确认 NFT 铸造者拥有适当权利或许可来从事这一行为。

第二，从 NFT 数字作品交易采用的技术来看，整个交易模式采用的是区块链和智能合约技术。NFT 作为区块链技术下的一个新兴应用场景，不仅解决了数字作品作为商品时的可流通性和稀缺性（非同质化），而且能够解决交易主体之间的信任缺乏和安全顾虑，构建了一种全新的网络交易诚信体系。而智能合约作为承载交易双方合意的载体，平台上的每一次交易因智能合约中已嵌入了“自动执行”代码将自动触发完成。因此，如果 NFT 数字作品存在权利瑕疵，不仅将破坏交易主体以及 NFT 交易平台业已建立的信任机制，而且将严重损害交易秩序的确定性以及交易相对人的合法权益和著作权人的合法权益。同时，因整个交易系通过智能合约由代码自动执行，交易次数将无法人为控制，而 NFT 数字作品交易属于信息网络传播行为，并不适用权利用尽原则。因此，一旦 NFT 数字作品构成侵权，往往会损害数个甚至几十个交易相对方的合法利益，导致交易双方纠纷频发，动摇 NFT 商业模式下的信任生态。

第三，从“Bigverse”平台控制能力来看，首先，所有 NFT 交易模式下形成的数据均保存于“Bigverse”平台中，特别是用户上传作品后至完成 NFT 铸造前，均是由“Bigverse”平台控制整个流程以及所有内容；其次，从“Bigverse”平台 NFT 数字作品铸造流程来看，用户按照平台要求，完成上传作品并提交后即进入平台审核环节，只有审核通过的才能上架，最终作为 NFT 数字作品在“Bigverse”平台上进行交易；最后，从“Bigverse”平台审查的对象来看，并不存在海量的数据内容，每个用户每次提交审查的均为单个作品。故此，法院认为“Bigverse”平台对其平台上交易的 NFT 数字作品具有较强的控制能力，也具备相应的审核能力和条件，亦并没有额外增加其控制成本。

第四，从“Bigverse”平台的营利模式来看，其不同于电子商务平台和提供存储、链接服务等网络服务平台，系直接从 NFT 数字作品获得利益。从本案查明的事实来看，“Bigverse”平台不但在铸造时收取作品 gas 费，而且在每次作品交易成功后收取一定比例的佣金及 gas 费。因“Bigverse”平台在 NFT 数字作品中直接获得经济利益，故其自然应对此负有较高的注意义务。

综合“Bigverse”平台交易模式、技术特点、平台控制能力、营利模式等因素，法院认为“Bigverse”平台不仅需要履行一般网络服务提供者的责任，还应当建立一套有效的知识产权审查机制，对平台上交易的 NFT 作品的著作权做初步审查，如审查申请 NFT 铸造的用户是否提供了涉及著作权底稿、原件、合法出版物、著作权登记证书、认证机构出具的证明等初步证据证明其为著作权、与著作权有关权益的权利人。当然，这种审查应当是基于网络服务提供者具有的善良管理者义务角度进行评价，并且应赋予网络服务提供者一定的自主决策权和审查空间，可以在法律规定的框架内，根据自身审查需要、知识产权权利类型、产业发展等实际情况等因素，对具体要求进行明确和细化。从判断标准来看，应当采用“一般可能性”标准。也就是说，该初步证据应当排除明显不能证明是著作权、与著作权权益有关权利人的证据，具有使得一般理性人相信存在权利的可能性即可。同时，“Bigverse”平台理应构建相应的侵权预防机制，形成有效的筛查、甄别体系，从源头上防止侵权发生，必要时可要求铸造用户提供担保机制，最大限度地防止 NFT 数字作品存在瑕疵。本案中，虽然原与宙公司在网络服务协议中明确约定注册用户不得侵害他人知识产权，在用户上传作品后进行了一定的审查，但其在用户上传作品前并未做任何权利审查，且原与宙公司的审查范围仅限于在“全国作品登记信息公示系统”中查询是否有拟铸造的作品登记信息，并不包含线下有形作品以及互联网上公开发表、传播的作品，具有明显的局限性。因此，原与宙公司未履行相应注意义务，应承担相应的法律责任。

据此，杭州互联网法院一审判决原与宙公司立即停止侵害某策公司《胖虎打疫苗》美术作品信息网络传播权的行为；并于判决生效之日起 10 日内赔偿某策公司经济损失及合理支出；驳回了某策公司其他诉讼请求。

2. 典型意义

随着信息技术的不断革新，当今社会正在迅速向数字文明时代迈进。元宇宙的概念为公众描绘了一个与现实世界平行的虚拟空间，数字身份和虚拟资产等概念受到越来越多的关注和认可，NFT 在这样的背景下应运而生。

杭州互联网法院就国内首例关于 NFT 数字藏品的著作权侵权纠纷案件作出了终审判决。[1] 在目前还没有专门立法的情况下，该判决将成为 NFT 数字藏品的法律性质、NFT 交易法律关系以及 NFT 交易平台责任的重要参考，对于企业如何运营平台、控制自身风险具有重要的指导作用。[2]

3. 案例评析

（1）判决肯定了 NFT 数字藏品在我国现有法律体系下的合法财产地位。

NFT 所代表的是作为数字商品的数字藏品本身，系一项财产权益，并非数字财产的使用许可，亦非知识产权的转让或许可授权。从外在表现上来看，NFT 表现为区块链上一组加盖时间戳的元数据，其与存储在网络中某个位置的某个数字文件具有唯一的且永恒不变的指向性。该元数据显示为，存储特定数字内容的具体网址链接或者一组哈希值。点击链接或者使用哈希值进行全网检索，就能够访问被存储的特定数字内容。从本质上来说，NFT 是一张权益凭证，该凭证指向的是有交易价值的特定客体。[3] 判决在司法实践层面肯定了 NFT 数字藏品的合法财产地位，虽然当前 NFT 仍未被正式纳入虚拟财产或者数字资产的范畴，其只是与一件数字藏品具有唯一关联性的、存储于区块链上的 NFT 元数据。在 NFT 数字藏品的法律性质还没有明确规定的情况下，数字藏品的财产属性仍有待权威部门的进一步明确。

（2）判决明确了在 NFT 平台上铸造、售卖包含未经合法授权的作品的 NFT，落入了信息网络传播权的保护范围。

数字出版 NFT 作品交易的具体流程一般基于全球性的公共区块链网络，如以太坊等。用户在平台上注册登录后，可以添加有意出售的数字作品，并对作品相关信息进行介绍，同时设置出售数量、价格和方式等交易条件。然后，用户可以选定本次交易期望执行的智能合约，常用的是以太坊 ERC721 标

---

[1] （2022）浙 01 民终 5272 号。

[2] 瞿淼、焦晨恩、许有为、崔鹤心："从首例 NFT 数字藏品侵权判决看 NFT 平台的运营风险"，https://www.kwm.com/cn/zh/insights/latest-thinking/From-the-first-NFT-digital-collection-infringement-judgment-to-see-the-operational-risk-of-NFT-platform.html，最后访问日期：2023 年 8 月 29 日。

[3] 陶乾："论数字作品非同质代币化交易的法律意涵"，《东方法学》，2022 年第 2 期，第 71 页。

准的智能合约。通过数字钱包向平台支付完服务费后，一个 NFT 便铸造完成。同时，这个 NFT 会自动获得一个编号，该编号指向该 NFT 在区块链平台智能合约中的编码。利用这个编号，用户可以在平台上找到 NFT 的网络销售地址，进入后可以查看与之对应的智能合约底层代码。通过合约的可查询函数，用户可以查看 NFT 的相关元数据。如果其他 NFT 交易平台上的用户有意购买该数字作品，只需使用数字钱包向出售方和平台分别支付对价与服务费即可完成交易，并成为该数字作品的新所有者。智能合约将自动生成新的所有者信息并记录在区块链上。[1] 本案中，网络用户在未取得合法授权的情形下将他人作品铸造成 NFT 数字藏品并进行售卖，无疑是对他人著作权中的复制权、发行权及信息网络传播权的侵害。

但本案判决中指出“NFT 数字作品交易并不能适用权利用尽原则”，就本案而言并无不妥，因本案案涉 NFT 数字藏品《胖虎打疫苗》的铸造者未经授权即上传并发布了他人享有著作权的作品，其行为本身就构成侵权。无论 NFT 数字藏品铸造和交易的行为是否受作品发行权控制，本案都不能适用权利用尽原则。但对于 NFT 数字作品交易是否应当使用权利用尽原则，则有待探讨。基于 NFT 数字作品的铸造及交易特性，其与以往数字出版作品复制件的网络使用许可、权利转让等明显不同，数字出版作品的 NFT 交易高度“还原”甚至可谓一成不变地“重现”了现实环境中的传统出版物交易过程。在 NFT 模式下，数字作品的出售方与买入方之间呈现出类似于有形物品所有权转移的交易效果，而区块链扮演着近乎不动产交易登记机构的角色。不同于传统出版物依附于纸张等有形载体从而使作品获得唯一性，NFT 则是通过使用区块链等技术措施在网络环境下刻意制造并确保数字作品的唯一性，也即实现了数字作品与其无形载体的不可分割，产生与交易“有形载体”同等的法律效果。同时，借助智能合约的协助和区块链记录信息的不可篡改性，NFT 已然能够保证技术和观念上买卖双方都可以如同传统线下作品出售一样完成交易。因此，从 NFT 数字藏品市场属性分析，其流通的数字商品属于数字收藏品，其价值不是恒定或者递减的，购买 NFT 数字藏品主要考虑其投资、收

---

[1] 王鑫、宋伟：“数字出版 NFT 模式下发行权穷竭规则适用探讨”，《科技与出版》，2023 年第 3 期，第 137 页。

藏价值及未来的升值空间。基于 NFT 数字藏品以上特征，若不对著作权人的信息网络传播权进行限制，NFT 数字藏品的每一次交易均需要著作权人的授权和许可，这势必将影响 NFT 数字藏品交易市场的活力。

4. 法条链接

(1)《中华人民共和国民法典》。

第 127 条　法律对数据、网络虚拟财产的保护有规定的，依照其规定。

第 1195 条　网络用户利用网络服务实施侵权行为的，权利人有权通知网络服务提供者采取删除、屏蔽、断开链接等必要措施。通知应当包括构成侵权的初步证据及权利人的真实身份信息。

网络服务提供者接到通知后，应当及时将该通知转送相关网络用户，并根据构成侵权的初步证据和服务类型采取必要措施；未及时采取必要措施的，对损害的扩大部分与该网络用户承担连带责任。

权利人因错误通知造成网络用户或者网络服务提供者损害的，应当承担侵权责任。法律另有规定的，依照其规定。

第 1197 条　网络服务提供者知道或者应当知道网络用户利用其网络服务侵害他人民事权益，未采取必要措施的，与该网络用户承担连带责任。

(2)《中华人民共和国著作权法》。

第 3 条　本法所称的作品，是指文学、艺术和科学领域内具有独创性并能以一定形式表现的智力成果，包括：(四) 美术、建筑作品。

第 10 条　著作权包括下列人身权和财产权：(五) 复制权，即以印刷、复印、拓印、录音、录像、翻录、翻拍、数字化等方式将作品制作一份或者多份的权利；(六) 发行权，即以出售或者赠与方式向公众提供作品的原件或者复制件的权利；(十二) 信息网络传播权，即以有线或者无线方式向公众提供，使公众可以在其选定的时间和地点获得作品的权利。

第 11 条　著作权属于作者，本法另有规定的除外。创作作品的自然人是作者。

由法人或者非法人组织主持，代表法人或者非法人组织意志创作，并由法人或者非法人组织承担责任的作品，法人或者非法人组织视为作者。

第 52 条　有下列侵权行为的，应当根据情况，承担停止侵害、消除影响、赔礼道歉、赔偿损失等民事责任：(一) 未经著作权人许可，发表其作品的。

(3)《中华人民共和国著作权法实施条例》。

第4条 著作权法和本条例中下列作品的含义：(八) 美术作品，是指绘画、书法、雕塑等以线条、色彩或者其他方式构成的有审美意义的平面或者立体的造型艺术作品。

(4)《最高人民法院关于审理著作权民事纠纷案件适用法律若干问题的解释》。

第7条 当事人提供的涉及著作权的底稿、原件、合法出版物、著作权登记证书、认证机构出具的证明、取得权利的合同等，可以作为证据。

在作品或者制品上署名的自然人、法人或者非法人组织视为著作权、与著作权有关权益的权利人，但有相反证明的除外。

(5)《信息网络传播权保护条例》。

第22条 网络服务提供者为服务对象提供信息存储空间，供服务对象通过信息网络向公众提供作品、表演、录音录像制品，并具备下列条件的，不承担赔偿责任：

(一) 明确标示该信息存储空间是为服务对象所提供，并公开网络服务提供者的名称、联系人、网络地址；(二) 未改变服务对象所提供的作品、表演、录音录像制品；(三) 不知道也没有合理的理由应当知道服务对象提供的作品、表演、录音录像制品侵权；(四) 未从服务对象提供作品、表演、录音录像制品中直接获得经济利益；(五) 在接到权利人的通知书后，根据本条例规定删除权利人认为侵权的作品、表演、录音录像制品。

第23条 网络服务提供者为服务对象提供搜索或者链接服务，在接到权利人的通知书后，根据本条例规定断开与侵权的作品、表演、录音录像制品的链接的，不承担赔偿责任；但是，明知或者应知所链接的作品、表演、录音录像制品侵权的，应当承担共同侵权责任。

(6)《最高人民法院关于审理侵害信息网络传播权民事纠纷案件适用法律若干问题的规定》。

第9条 人民法院应当根据网络用户侵害信息网络传播权的具体事实是否明显，综合考虑以下因素，认定网络服务提供者是否构成应知：

(一) 基于网络服务提供者提供服务的性质、方式及其引发侵权的可能性大小，应当具备的管理信息的能力；（二）传播的作品、表演、录音录像制品的类型、知名度及侵权信息的明显程度；（三）网络服务提供者是否主动对作品、表演、录音录像制品进行了选择、编辑、修改、推荐等；（四）网络服务提供者是否积极采取了预防侵权的合理措施；（五）网络服务提供者是否设置便捷程序接收侵权通知并及时对侵权通知作出合理的反应；（六）网络服务提供者是否针对同一网络用户的重复侵权行为采取了相应的合理措施；（七）其他相关因素。

第 11 条　网络服务提供者从网络用户提供的作品、表演、录音录像制品中直接获得经济利益的，人民法院应当认定其对该网络用户侵害信息网络传播权的行为负有较高的注意义务。

网络服务提供者针对特定作品、表演、录音录像制品投放广告获取收益，或者获取与其传播的作品、表演、录音录像制品存在其他特定联系的经济利益，应当认定为前款规定的直接获得经济利益。网络服务提供者因提供网络服务而收取一般性广告费、服务费等，不属于本款规定的情形。

三、小结

区块链存证与传统的公证存证、第三方存证形式相比，具有防篡改、防损坏、防丢失等优点，当前的司法实务中亦有相应案例承认区块链存证的效力。在当前，通过区块链进行存证的案例大量集中于侵害作品信息网络传播权纠纷，权利人通过区块链技术，能够有效固定侵权者在网页、应用、平台上非法传播、使用作品的侵权证据。亦有在合同纠纷中提供通过区块链技术有效固定的协议文本、支付信息等证据的案例。值得注意的是，区块链存证技术并不会对电子证据的关联性和合法性产生太大影响，而在真实性层面，其主要保证的是保存载体的稳定性与流程的合规性。因此，在法庭对于区块链所留存的证据的认定中，往往对操作流程提出更高要求，务求排除操作者不当介入、操作设备不清洁、网络环境不真实的情况。在检索到的案例中，就出现了即便使用了区块链技术，但因为操作流程不符合规范，而证据不被认定的情况。在检索到的案例中，出现了数量繁多、种类丰富的区块链存证平台，法院对于这些存证平台的证据认可程度亦有差别，可见当前尚需明确相关行业统一标准、加强存证平台监管等工作。

第六章　区块链电子证据效力审查

第一节　区块链电子证据概述

区块链技术作为与大数据、互联网、人工智能比肩的新兴技术，已经逐步为司法实践所接受，我国法院先后建立起了天平链、网通法链、司法链等司法区块链平台，并开始运用区块链技术开展存证、诉讼服务、执行辅助和部门协同等工作。除司法区块链平台以外，许多企业也在大量运用区块链技术提供商业服务，搭建了众多的区块链平台，截至目前，工业和信息化部已经公布了第七批境内区块链服务信息备案清单，其中许多平台都具备存证的功能，包括真相科技 LegalXchain、区块链版权存证服务、版权链等。区块链技术具有防篡改、可追溯、成本低等特点，其在证据领域的运用对现行电子数据的取证和审查规则都造成了极大的冲击，并有望推动着证据理论在司法领域的革新。作为一个新兴技术，“区块链最有法学价值之处就在于，它为法学界和法律实务界引入了一种有别于传统电子数据论证模式的‘证据自证’模式”，[1] 所以有必要对区块链证据从理论上和实践上进行分析。

区块链证据并非一种独立的证据种类，区块链证据属于电子数据，区块链不过是从技术上实现了电子数据的技术性鉴真。区块链存证属于电子证据的新类型。首先，从全国首例区块链存证案的裁判文书可以得知，法院援引《电子签名法》的规定，以数据电文的相关要求对区块链存证进行审查和认

---

[1] 张玉洁：“区块链技术的司法适用、体系难题与证据法革新”，《东方法学》，2019 年第 3 期，第 99-109 页。

定。总体而言，区块链存证既能有形地表现所载明的内容，也可随时调用，具有法律法规要求的书面形式，因此属于数据电文的一种。所谓数据电文，指的是以电子、光学、磁或者类似手段生成、发送、接受或者储存的信息。根据全国人大常委会法制工作委员会的释义，数据电文也称为电子信息、电子通信、电子数据、电子记录、电子文件等。一般是指通过电子手段形成的各种信息。从上述释义可知，数据电文的定义包含两层内容：第一，数据电文使用的是电子、光、磁手段或者其他类似手段；第二，数据电文的实质是各种形式的信息。[1] 综上，数据电文符合电子数据的特征，只是内容表述上更为具体。其次，《电子签名法》第7条规定，数据电文可以作为证据使用。根据《民事诉讼法》第66条的规定，电子数据属于证据的法定形式之一。《最高人民法院关于适用〈中华人民共和国民事诉讼法〉的解释》第116条明确规定，电子数据是指通过电子邮件、电子数据交换、网上聊天记录、博客、微博、手机短信、电子签名、域名等形成或者存储在电子介质中的信息。虽然，并没有法律对电子数据进行明确的定义，但可以从现行法律规定总结出，数据信息化是电子证据的典型特征。最后，区块链存证也符合电子证据所要求的随时调取、内容完整、未被更改等原件形式及文件保存要求。并且，《互联网法院规定》第11条也明确认定区块链存证属于电子数据的形式之一。[2]

为了便于对区块链证据的认识，根据电子数据进入区块链的时间节点的不同，我们可以将区块链电子数据分为原生型证据和转化类证据。原生型证据是指纠纷所指向的法律事实和行为始发于区块链平台，如数字货币交易和利用区块链实施犯罪等，上述行为就在区块链上发生，原始数据直接来源于区块链，为证明上述事实而提供的区块链上的记录就属于原生型证据。原生型证据不存在上链前的状态，故其可信度高，从理论上可以实现“证据鉴真”。转化类证据是指对于已经发生的纠纷或事实，通过存证工具进行证据固定并直接储存或转化成数字摘要值上传到区块链进行储存和核验，如电子合

---

[1] 黄建初：《中华人民共和国电子签名法释义及实用指南》，中国民主法制出版社，2004年版，第39-40页。

[2] 《最高人民法院关于互联网法院审理案件若干问题的规定》第11条规定，当事人提交的电子数据，通过电子签名、可信时间戳、哈希值校验、区块链等证据收集、固定和防篡改的技术手段或者通过电子取证存证平台认证，能够证明其真实性的，互联网法院应当确认。

同场景或侵权纠纷等，此类证据在证据存储之前的生成阶段并没有区块链技术的参与，其上链前是否真实还需要审慎认定。

根据存证平台的资质不同，区块链证据又可分为司法链存证的证据以及非司法链存证的证据。司法链指以法院为中心搭建的区块链存证平台，为行文方便，本文将虽不属于司法链成员节点，但已经实现与司法链跨链对接的区块链平台也归入司法链。由于存证平台的资质在大部分情况下会影响其中立性和技术条件，故在讨论区块链证据时，有必要对区块链证据根据存证平台的资质进行一定程度的划分。

第二节　区块链电子证据认定的司法实践样态

我国司法实务对于司法链平台电子数据的态度经历了从审慎采信到熟练采用的过程，从最初“区块链证据第一案”[1] 连带论证区块链平台技术的可信度转化为仅审查区块链存证、取证平台的资质，总体而言，法院对于司法区块链平台的运用和接纳度越来越高，但这也不由让人产生了法院是否未对区块链证据合理对待的疑问。故本节将从法院案例出发，通过对判决书进行整理，梳理法院在区块链证据审查和判断中的现状，以期窥探现有司法实践中对于区块链证据审查工作中是否存在不足，并拟说明如何正确地把握区块链证据在诉讼中的审查标准。

截至 2022 年 4 月 14 日，以区块链为关键词在“威科先行案例数据库”对裁判文书进行检索，关键词不包含“联合信任时间戳服务中心”“追偿权”，检索范围为“裁判理由及依据”，文书类型为“判决书”，得到包括刑事案件在内的判决书共计 572 份。其中刑事案件 14 件、民事案件 550 件、行政案件 8 件。刑事案件按照案由分类如下：扰乱市场秩序罪 7 件、破坏金融管理秩序罪 2 件、金融诈骗罪 1 件、诈骗罪 4 件。民事案件按照案由分类如下：合同、准合同纠纷 269 件，占比 48.91%；知识产权与竞争纠纷 207 件，占比 37.64%；劳动争议、人事争议 40 件，占比 7.27%；侵权责任纠纷 14

[1] （2018）浙 0192 民初 81 号。

件，占比 2.55%；与公司、证券、保险、票据等有关的民事纠纷 8 件，占比 1.45%；人格权纠纷 7 件，占比 1.27%；特殊诉讼程序案件 3 件，占比 0.55%；物权纠纷 2 件，占比 0.36%。

根据判决结果来看，运用区块链证据证明案件事实的一方当事人胜诉占比较大，一审全部支持/部分支持占判决总数的 63.02%；一审驳回全部诉讼请求的判决占 12.5%；二审维持原判的占比 20.14%；二审改判的占比 3.12%，与先前学者所做的电子数据采信率 48.53% 相比，[1] 显然法院对区块链证据有更高的采信度。与此现象不相匹配的是，相较于传统的电子数据，法院对区块链证据的审查过于简单。一方面，很少有法院对区块链上链前真实性进行审查，如在（2020）鲁 02 民初 331 号案件中，被上诉人认为“且《过程取证保全书》显示的视频地址是由保良利公司自行输入，并非检索形成，故对于视频的客观性存疑”，即否认该证据在上链前的真实性。但法院并未从区块链电子数据生成时的源数据等方面论证其真实性，认为“保良利公司提交的上述证据系区块链保全证书，能晟轩公司虽对其真实性有异议但未提交相反证据，故本院对上述两份证据的真实性予以确认”。虽然最终在判决中认为该证据不能证明被上诉人侵权造成的损害，从关联性和证明力的角度对该证据未予采信，但总体而言仍不具备足够的说服力。另一方面，法院对区块链证据的审查从对证据本身真实性的审查转化为对存证平台资质的审查，甚至在对区块链平台资质的审查上也并不统一。例如同样是“易保全”提供的区块链存证平台，在（2019）川 01 民终 1050 号判决书中，成都市中级人民法院终审判决以其非公证机构、未获国务院相关部门颁发的电子认证许可为由否认其作为电子数据保全主体的资格，而其他地区的许多法院并未对该平台是否具备资质进行审查，便认可其保全的证据的效力。[2] 除此之外，其他存证平台，如真相科技网络公司提供的司法联盟链（LegalXchain），也存在着部分法院对其区块链证据直接采纳，而部分法院对其存证方式的可靠性、完整性进行审查后方才采纳的现象。[3]

---

[1] 刘品新：“论电子证据的理性真实观”，《法商研究》，2018 年第 4 期，第 60 页。

[2] （2021）京 73 民终 4229 号。

[3] （2020）赣民终 180 号。

通过以上现象，不难看出法院在对待区块链证据的时候，并未遵循统一的标准。区块链证据因其本身的技术优势，使得区块链证据具有“自我鉴真”的效果，但最理想的“自我鉴真”状态往往只存在原生型区块链证据上，而现行司法实践中大多数又是转化类证据。且由于民事诉讼中法院对电子数据审查能力的不足以及我国现行区块链存证平台众多，缺乏统一的法律层面上的存证标准，以及裁判人员对《人民法院在线诉讼规则》《互联网法院规定》有关区块链证据的相关规定的错误解读，导致上述现象的产生。

第三节　区块链电子证据审查要点

事实上，法官对证据的认定和采信，实质上就是对证据证明力强弱的评估。按照一般的审判逻辑，区块链证据的审查关键在于其是否具有证明当事人主张事实存在或不存在的证明力，而证明力的概念并不具体，其本是一个抽象的价值定性问题，必须借助证据审查的“三性”即真实性、合法性、关联性来实现，相关司法解释就此也予以了肯定。在司法实践中，对于原告提交的证据，法院会首先通过审查证据是否真实、是否合法以及是否与案件事实存在关联，以判断证据是否具有证明力以及证明力高低。在区块链存证第一案中，被告就对原告提交的区块链证据提出了两方面的疑问：区块链存证平台本身的合法性（涉及区块链存证机构资质的问题）和存证操作过程的合法性（涉及区块链存证运行机制的问题）。概言之，区块链存证的电子数据的证据资格至少应当接受真实性、合法性和关联性的检验，即举证方应同时证明区块链存证机构是否具有合法资质及其区块链存证操作过程的真实性、合法性和关联性。事实上，司法机关借助区块链的运行机制已经将此类证据的实质审查转嫁给了公证机构或当事人，自己仅需对该电子数据进行形式审查，具体而言，证据的审查要点包括证据资格和证明力两方面。证据资格包括证据的真实性、合法性、关联性。[1] 而“证据证明力的有无和大小的确定，一是

[1] 何家弘、刘品新：《证据法学》，法律出版社，2013 年版，第 112-113 页。

根据法律的规定，二是依靠法官的判断”。[1] 由于证据的关联性与具体的案件争议事实紧密相关，故此讨论区块链证据审查标准的着眼点重在其真实性以及合法性。

一、区块链证据的真实性审查要点

按照传统证据法理论，电子数据的真实性包括两方面，即电子数据内容是否真实以及电子数据的原始载体是否唯一确定。但基于区块链存证的电子数据的真实性审查却不应仅局限于上述两方面，原因在于区块链技术是新兴的互联网信息技术，区块链证据的审查认定规则相较于普通证据更为复杂，包括区块链存证平台的技术能力问题、存证平台或其股东与当事人有无利害关系以及原始载体的可靠性等。鉴于此，区块链证据的真实性审查应当着重注意以下几个方面：

第一，举证方应举证证明区块链存证机构具有相应的技术能力。相应的技术能力并不是指该机构需要国务院信息产业主管部门认定其具有存证资质，只要通过国家标准时间溯源以及系统时间同步与分配，从而保证电子数据生成时间的准确性，即可认定第三方存证机构具有相应的专业技术能力。技术平台不需要国务院信息产业主管部门颁发资质证书，意味着在此科技成果专利申请程序的支持下验证其具体功能，便可实现法庭质证程序中的普适性验真效果，即无须证明承载电子数据之科技载体的可信度，仅需对科技载体之承载内容的真实性作出判断。至于区块链存证机构有无存证资质，这属于行政许可问题，目前尚无行政法规对区块链存证的行业准入设定行政许可，故区块链存证机构的资质不应作为区块链证据合法性的依据。

第二，举证方应提供产生并存储电子数据的原始载体。电子数据不同于传统的有形证据，电子数据的无体性决定了人们无法对其进行物理感知甚至判断其真实性，但存储电子数据的原始载体是有形的，人们可通过查看该存储介质的参数、状态等判断电子数据是否真实。这种审查方式和“原始载体说”的要求是一致的。

第三，应借鉴杭州互联网法院审理“区块链存证第一案”的做法，将涉

[1] 张卫平：《民事证据法》，法律出版社，2017 年版，第 88 页。

案存证机构的股东及经营范围与原、被告是否有利害关系纳入审查范围。此时，电子数据存证服务机构作为市场主体，不具有社会公共属性，是中立的第三方机构，应将区块链存证机构与普通第三方存证机构等同视之。

区块链证据并非独立的证据类型，其属于电子数据的转化和衍生，从证据的学理分类来看，其有可能是原始证据，也有可能是传来证据。原生型的区块链证据可以归类为原始证据。但原生型证据在司法实践中运用的较少，主要类型都是涉及数字货币的民事纠纷或刑事案件。[1] 原生型证据直接来源于区块链，属于案件争议事实的第一手证据，此类证据自始形成于区块链上，其被篡改的可能性低，对于原生型证据，推定其真实性并无问题。法院在审查此类证据时，只需着重对区块链本身的可信度进行审查，判断证据储存的平台是否真正具备可信的区块链技术即可。由于现行区块链存证平台市场准入没有法律上的统一标准，难以避免出现区块链平台出现不满足“不被篡改”技术能力也不能保证其与当事人不存在利害关系的情况，故仍需要对司法联盟链或接入司法联盟链的区块链平台与其他区块链存证平台做相应的区别对待。司法联盟链或接入司法联盟链的区块链平台本身的区块链技术有一定保障，且相对中立，故可在很大程度上保证其不被篡改，可以推定其保存证据的真实性；反之，非司法联盟链或接入司法链平台的区块链技术平台，因其不能保证其区块链系统可靠、技术完整，因此不能推定其真实性，需要当事人提供证据证明其技术符合区块链存证的要求。

转化存证类区块链证据在司法实践中运用较多，目前大部分区块链证据都属于此类证据，应当重点审查该类证据在进入区块链时本身是否真实，是否未经篡改，若无法确定其真实性，那么即使通过区块链技术上传至区块链平台，也不能证明其真实性，也不能发挥区块链技术的“自我鉴真”的功能。对于此类证据，应结合区块链存证平台的技术说明，进行整个流程的当庭演示，或交由专业机构、专业人士进行鉴定，以保证入链前的前端取证程序具有足够的安全能力、防篡改能力，保证前端取证环境具有清洁性。[2]

---

[1] (2021) 鲁08刑终350号刑事裁定书。

[2] 张中、崔世群：“司法区块链证据真实性审查”，《检察日报》，2021年1月20日，第3版。

二、区块链证据的合法性审查要点

一般认为，证据的合法性应包括取证主体、取证程序、证据形式以及证据保全与运用的合法性。由此可知，与证据的真实性和关联性审查不同，证据的合法性认定不掺杂认定主体的个人价值评判，只要符合法律规定，而不问与案件事实是否具有关联性。实际上，除有违伦理道德的克隆等技术外，科技自身兼具客观性、中立性以及科学性特征，即科技本身存在自证功能，能够与法律之间建立天然的联系。只要法律确认区块链技术本身是合法的，那么区块链证据就当然具有合法性，只是现阶段的司法机关对区块链证据的出现尚无完善的应对之策，对其进行合法性认定也就成了必要程序之一，但不排除将来法律会认可科技的自证效力，从而免除区块链证据的合法性认定环节。就现阶段而言，一般证据的合法性审查标准也适用于区块链证据，不应为区块链证据专门设置合法性准入门槛，即只要符合《最高人民法院关于适用〈中华人民共和国民事诉讼法〉的解释》第106条的规定，即可认定区块链证据合法。

根据诉讼法的规定，据以定案的证据必须具有合法性，违反法律禁止性规定或者严重违背公序良俗的方法形成或者获取的证据不能作为定案依据。具体而言，证据的合法性要求取证的主体合法、证据形式合法、取证程序合法三个方面。对于区块链证据而言，便是对区块链存证系统合法合规的要求。

首先，区块链存证平台应符合国家相关部门对提供区块链存证服务的相关规定和区块链平台的要求。[1] 不光区块链平台要具备相应技术能力和资质要求，区块链节点和接入点也必须符合法律的要求，具备相应资质和技术能力并通过实名认证和备案，从而保证存证、取证的主体合法。

其次，在取证的过程中，因为涉及对电子数据的提取、处理，所以必须符合《个人信息保护法》《网络安全法》等相关法律法规的规定，不得采取侵入他人计算机系统等非法手段对侵权证据进行采集。故应当从法律层面出台统一的区块链存证平台操作规范，保证区块链存证过程符合程序合法性的要求，并要求当事人或存证平台在庭审过程中说明其取证过程系依照司法链

[1] 《区块链司法存证应用标准 第1部分：数字版权存证应用场景》（T/TBI 25—2021）。

平台操作规范进行。

三、区块链证据的关联性审查要点

任何电子数据的产生都不是孤立的，电子数据的产生和存在具有多元化、系统化的特点。这种多元化和系统化具体体现为，用于证明待证事实的内容性电子数据，包括数据生成、存储、修改而形成的时间、修订次数等附属数据信息，以及记录了数据信息的发送人和接收人、日志记录、源代码等痕迹信息，这些信息都应一并保全，最大程度证明电子数据的真实性和与待证事实的关联性。具体操作标准就是，将网页自动抓取的能够清晰反映电子数据生成的原始介质、传递路径，以及其包含的痕迹信息与待证事实的关联性，同区块链上的时间戳信息具有同一性，即能够证明电子数据的真实性。在"区块链存证第一案"中，当事人陈述、网页源代码以及自动抓取的侵权页面能够相互印证，反映了侵权链接的真实性，以较为完整的证据链印证了存证方式的可靠性，保证了电子数据的证明力。另外，还可以通过比较上传至区块链的电子数据哈希值与线下电子数据的哈希值是否一致，来鉴别电子数据是否真实完整。

证据的关联性是指证据必须与诉争案件事实有实际联系，即每一个具体的证据必须对证明案件事实具有实质性意义。在民事诉讼中，诉争的案件事实是指诉讼标的主体、客体以及内容，即证据要指向民事法律关系的主体、客体、内容；在刑事诉讼中即指证据要指向与案件有关的人、事、物、时、空。

转化类区块链证据并不加持证据与案件事实的关联性，区块链在单纯的存证场景应用，技术本身并不增强电子数据的关联性。[1] 然而对于原生型区块链证据，因其交易或行为直接发生在区块链上，故区块链技术一定程度上可强化证据的关联性。比如区块链平台存证时的数字签名、实名验证技术，保证了证据能指向具体的人；时间戳技术也能表明证据形成的时间，这在传统的证据中不是都能简单做到的。比如在刑事案件中，如果犯罪嫌疑人所使用

---

[1] 最高人民法院信息中心（指导单位）：《区块链司法存证应用白皮书（1.0版）》（来源：可信区块链推进计划），2019年6月，第22页。

的凶器未留下其生物体征，也无其他证据印证，便难以认定该凶器与案件事实具有关联性。所以法院在对区块链证据进行审查时，需要确认电子数据存证前，存证平台是否对使用者进行身份认证，并保留认证记录，从而确保该份证据能够指向本案当事人。

第七章　区块链电子证据审查难点

——真实性认定规则

我国有关区块链电子证据的实践已经走在世界的前列。西方各国对于区块链电子证据的讨论集中在区块链记录，比如法国规定，区块链已被引入有关债券与金融证券的法规中，如果此类债券的转让是以区块链中的转让记录为源本，则该记录可以作为书面合同予以认定。[1]《美国福蒙特州法案》也规定了在区块链中以电子方式注册的数字记录应根据第 902 条进行自我认证，最早确立了区块链证据自我认证规则。[2] 而对于经区块链存证的电子证据，也会关注上链前真实性，如《美国联邦证据规则》第 901 条虽然不是直接对区块链存证进行规定，但是其“要求放入机器中的数据是准确的”与上链前真实性的要求是实质上吻合的。[3] ——这些规定更多地集中针对区块链电子记录的真实性判断，而对于经区块链存证的电子证据的真实性的特殊规定着眼较少。因此，国外的这些规定并不具备许多的参考意义，研究区块链电子证据真实性认定规则现状应当将视角主要放在我国的实践及理论研究情况上。

区块链是指由分布式计算机网络构成的去中心化的数据库。[4] 区块链技术具有防篡改、可追溯、成本低等特点，其作为与大数据、互联网、人工智能比肩的新兴技术，在司法实践中受到了广泛的关注和重视。就目前而言，这

---

[1] See Concord Law School, The Admissibility of Blockchain as Digital Evidence, Concord Law School Blog (Apr. 23, 2019), http://www. concordlawschool. edu/blog/news/admissibility blockchain-digital-evidence.

[2] See Vt. Stat. Ann. tit. 12, 1913 (b) (1).

[3] See Fed. R. Evid. 901.

[4] De Filippi P., Wright A.: Blockchain and the Law, The Rule of Code. Cambridge-Harvard University Press, 2018: 13.

种技术在民事诉讼中最大的作用在于运用区块链技术进行电子证据存证。2022 年 5 月 23 日，最高人民法院出台《最高人民法院关于加强区块链司法应用的意见》，明确建立健全区块链平台建设和标准体系，要求通过区块链防篡改技术进行证据的上链存储。这也是继《互联网法院规定》《人民法院在线诉讼规则》后，最高人民法院进一步加强区块链存证司法应用的指导性文件。截至目前，以区块链技术手段保全的电子证据真实性认定规则已有了基本框架，且在司法实践中已经运行一年，但各地法院在对区块链证据真实性认定标准的把握上仍存在较大分歧。原因在于各地法院对区块链技术认识不足，没有正确认识区块链存证技术与电子证据的关系，也未能准确定位到区块链技术是电子证据的一种鉴真手段。传统电子证据的鉴真手段，主要是以提交原件为重点，通过形成完整的“保管链条”的鉴真方式去认定电子证据的真实性。区块链技术的使用使得法院不再重视提交电子证据的原件，且区块链存证本身也没有形成完整的“保管链条”，在电子证据从被发现到被提取时，存在着“保管链”的中断。理论界和实务界虽然普遍认识到区块链存证的电子证据的真实性不能当然得到保障，但对于“入链前”的真实性如何保障也缺乏探讨。

第一节　区块链电子证据真实性认定规则的理论争议

目前学界更多的是主张对区块链电子证据进行分类审查和认定，而对于区块链电子证据如何分类审查有以下观点：其一，按照平台资质划分，即划分为司法联盟链存证和非司法联盟链存证，[1] 司法联盟链是指司法机关所组建的区块链存证平台，非司法联盟链是没有国家公信力保障的商业公司区块链平台。这些学者认为应当着重审查区块链存证平台的资质，平台资质审查的目的在于确认该平台是否具有提供符合技术标准的区块链存证技术的能力，以确保存储的证据不被篡改。[2] 其二，根据区块链技术的特性划分种类确立不

---

[1] 张中、崔世群：“司法区块链证据真实性审查”，《检察日报》，2021 年 1 月 20 日，第 3 版；段莉琼、吴博雅：“区块链证据的真实性认定困境与规则重构”，《法律适用》，2020 年第 19 期，第 157-158 页。

[2] 崔世群：“区块链证据真实性问题研究”，《经贸法律评论》，2021 年第 3 期，第 145 页。

同的审查标准。由于学者们对区块链技术所发挥的作用认识不一致，所以对区块链证据的划分也不一致。如有根据外在形态划分为原生型数据、存储数据、核验数据三种的；❶ 也有划分为直接取证类和转化存证类两种的；更多的学者是将区块链证据真实性认定规则按照链上、链下进行划分，❷ 持这一观点的学者大多认为应当加强对入链前证据材料真实性的研究。❸ 这些学者大多都承认生成于区块链上的数据真实性有一定优势，但这一优势仅为生成于区块链上的数据所具有，生成于链下而后存储于链上的数据仍存在传统证据的验真困境。❹

除了分类审查以外，学者也对于“入链前”真实性的审查提出了技术性的建议，比如，“应结合区块链存证平台的技术说明，进行整个流程的当庭演示，或交由专业机构、专业人士进行鉴定，以保证入链前的前端取证程序具有足够的安全能力、防篡改能力，保证前端取证环境具有清洁性”。❺ 又如，“（1）尽可能缩短数据入链前阶段……（2）尽可能用机器取代人工数据入链……”。❻ 也有学者认为对于“入链前”真实性可以通过公证补足，“但区块链存证本身还缺乏对其电子取证过程的证明，目前看来这部分还需要通过公证补足”。❼

除此之外，有学者认为，“缘于哈希校验、时间锁定与节点印证等技术特点，区块链证据在真实性方面得到极大增强，呈现出入链后数据真实性有保障、入链前数据真实性可优化两大定律。我国应以此两定律为技术基础，以既有电子证据真实性规则为制度基础，检讨2021年最高人民法院《人民法院在线诉讼规则》新设条文的不足，挖掘域外探索中可资借鉴的经验，从而构建对区块链证据真实性予以推定、司法认知的规则”，❽ 主张构建区块链电子

---

❶ 刘品新：“论区块链证据”，《法学研究》，2021年第6期，第133-134页。

❷ 段莉琼、吴博雅：“区块链证据的真实性认定困境与规则重构”，《法律适用》，2020年第19期，第157-158页。

❸ 张中、崔世群：“司法区块链证据真实性审查”，《检察日报》，2021年1月20日，第3版。

❹ 上海法链网络科技公司：《法链产品白皮书》，第10页。

❺ 张中、崔世群：“司法区块链证据真实性审查”，《检察日报》，2021年1月20日，第3版。

❻ 张玉洁：“区块链技术的司法适用、体系难题与证据法革新”，《东方法学》，2019年第3期，第101页。

❼ 罗恬漩：“民事证据证明视野下的区块链存证”，《法律科学》，2020年第6期，第71页。

❽ 刘品新：“论区块链证据”，《法学研究》，2021年第6期，第130-148页。

证据的“推定真实”规则。

除上述认定规则之外，还有学者提出“3+2”的鉴真规则：从存储方法合法性、存储程序合法性、证据表现合法性三方面加上“示证—验证六维度”“翻越内心确认门槛”两层次对区块链证据进行鉴真，再辅之以鉴定、印证补强的方法。[1] 以及从四个方面对区块链电子证据真实性审查提供的建议：(1) 确立一元化的平台资质审查标准；(2) 分层推进对平台中立性进行审查；(3) 重视信息系统可靠性的审查；(4) 依现有行业标准分别就平台取证和存证的行为进行评价。[2] 也有学者从传闻证据的角度出发，认为法院在对区块链证据进行司法认定及是否采纳此类证据时应当先综合考虑技术层面的数据准确性验证与规范领域的真实性推定自证两方面的内容，考察其是否构成传闻证据，而后分别采取“衍生论—构成传闻+传闻例外+鉴真+诉讼系争判断”和“本体论—不构成传闻证据+鉴真+诉讼系争判断”的两种审查模式。

有少部分学者是将区块链电子证据的真实性认定规则纳入电子证据技术性鉴真规则体系下思考，其在将电子数据的技术性鉴真与传统鉴真方法进行比较分析后，认为我国的电子数据的技术性鉴真应当建立在实物证据鉴真制度的基础上，并建议在这类诉讼中引入“技术调查官制度”“有专门知识的人”帮助对电子数据真实性问题进行认定。

上述建议虽然有一定合理性，但他们忽略了即使区块链存证存在“入链前”的状态，但其本质上仍然是电子证据，可以适用现有的电子证据真实性推定规则，去帮助认定电子证据“入链前”的真实性。

一些学者重点围绕区块链存证的电子证据原件理论的突破进行探讨，认为区块链电子证据真实性认定可以改变传统电子证据提交原始载体的“最佳证据规则”，换一个角度来说，倘若某种技术能够保证复制件证据与原件证据的天然一致性，那么传统电子证据理论关于证明力补充的“原件证据”与“复制件证据”之分，便不再具备法律意义了。

国外对于区块链电子证据的研究，更多的是着眼于区块链电子记录的真

[1] 伊然：“区块链存证电子证据鉴真现状与规则完善”，《法律适用》，2022 年第 2 期，第 115-116 页。

[2] 朱福勇、曾子亮：“论区块链电子证据司法审查的核心要义”，《科技与法律》，2022 年第 2 期，第 37-44 页。

实性判断，而在链下生成经区块链存证的电子证据真实性的特殊规定着眼较少，倒是传统电子证据真实性审查规则值得借鉴。除此以外，部分学者在传闻证据的规则之下对经区块链存证的电子证据的证据资格进行分析。即使区块链电子证据（包括其他的电子证据）被认为是真实无误的，但这并不就意味着它是可靠的。事实上，区块链记录可能被用作证据以证明记录中详细描述的交易的真实性，因此被认为是庭外的“传闻”。[1]

总体而言，目前学者们都并未将区块链证据作为一种独立的证据种类对待，但在对区块链证据真实性认定规则的构建时，少有学者注意到区块链存证作为电子证据的鉴真手段，应当在电子证据真实性认定规则之下构建其特殊的真实性认定规则。对区块链证据的真实性审查不仅是一个技术性规范，更是法律规范，我们不能脱离《民事诉讼法》《最高人民法院关于民事诉讼证据的若干规定》以及《人民法院在线诉讼规则》的规定，纯粹依技术特征讨论如何构建区块链证据真实性认定规则，而是应当将区块链电子证据纳入电子证据真实性认定规则，围绕这些现有规定做体系性的分析，以免在现有证据法规范杂乱的背景下，各规范之间出现冲突、不协调。同时应当结合证据法理论如真实性推定规则、证明责任分配规则正确构建区块链存证技术下电子证据的真实性认定规则。

第二节　区块链电子证据真实性认定的司法适用解析

从我国司法实践情况来看，人民法院对于司法链平台存证的电子证据的态度经历了从审慎采信到熟练采用的过程，从最初“区块链证据第一案”[2]连带论证区块链平台技术的可信度，转变为大部分法院仅审查区块链存证取证平台的资质和哈希值校验是否一致等内容。总体而言，法院对于区块链证据的运用和接纳度越来越高。

---

[1] Sylvia Polydor：Blockchain Evidence in Court Proceedings in China – A Comparative Study of Admissible Evidence in the Digital Age（as of June 4，2019），Stanford Journal of Blockchain Law & Policy 3，no. 1（2020）：104.

[2]（2018）浙0192民初86号。

一、司法适用实践梳理

1. 案件类型呈现高度同一化的趋势

涉及区块链证据真实性认定的案件类型主要集中在两大类，分别是著作权纠纷和金融借款合同纠纷。截至 2022 年 7 月 12 日，以“区块链”为关键词在“威科先行案例数据库”对裁判文书进行检索，关键词不包含“可信时间戳”和“追偿权”,❶ 检索范围为“裁判理由及依据”，文书类型为“判决书”，案件类型为“民事”，得到 438 份裁判文书。在上述结果中输入关键词“存证”后，共计得到 115 份裁判文书，按照案由分类如下：知识产权与竞争纠纷 80 件，占比 69.57%；合同纠纷 30 件，占比 26.09%；侵权纠纷 4 件，占比 3.47%；人格权纠纷 1 件，占比 0.87%。从上述数据可以看出涉及区块链存证的纠纷类型主要集中在知识产权与竞争纠纷和合同纠纷两种类型，合计占比 95.66%。其中，知识产权与竞争纠纷中，著作权纠纷 75 件，占比 93.75%；合同纠纷案件中，金融借款合同纠纷 28 件，占比 93.33%（见图 7-1）。

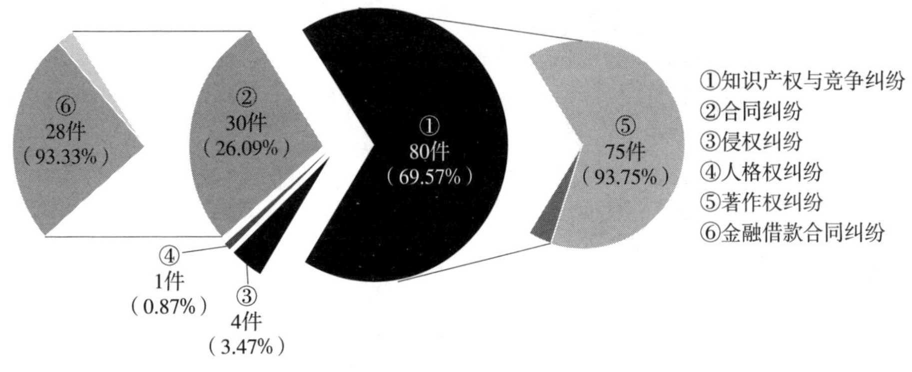

图 7-1 区块链存证案件类型分布情况

2. 存证取证平台种类繁多、业务各有侧重

直接通过司法区块链❷存证，也即是原告起诉时举示原生型证据的案件数

❶ 样本中有很大一部分是追偿权纠纷和包含可信时间戳存证的案件，由于追偿权纠纷涉及将债权转移进行区块链存证的操作，但并不涉及区块链证据真实性认定的评判，应当从样本中删除；另外，可信时间戳作为一种存证方式，与区块链存证的技术原理并不相同，也应当从总样本中减去。

❷ 本书所指的司法区块链包括最高人民法院的统一司法区块链平台、广州互联网法院的网通法链、北京互联网法院的天平链和杭州互联网法院的司法区块链，其余为第三方存证取证平台。

量占样本总数的比例为20%左右；反之，原告采取了转化型证据，也即是借助第三方存证取证平台进行取证然后再上传区块链存证的情形居多（见图7-2）。据统计，除了最高人民法院主导搭建的全国性区块链存证平台和北京互联网法院的天平链、广州互联网法院的网通法链，还有司法联盟链、至信链、百度超级链、京东智臻链、保全网等第三方机构链。❶ 上述区块链存证取证平台在案件样本中并未完全显示，且根据存证平台的业务特点呈现出侧重分布的特征。涉及的区块链存证平台主要有IP360（39件），主要案件类型为知识产权与竞争纠纷（36件），网络侵权责任纠纷（3件）；至信链平台（29件），主要案件类型为合同纠纷（28件）；司法链平台（23件），主要案件类型为合同纠纷（14件），知识产权与竞争纠纷（8件），非讼程序案件（1件）；版权家（8件）；公证保App（8件）；全链通（2件）；鹊凿区块链存证取证平台（1件），主要案件类型为知识产权与竞争纠纷；其他（5件）。

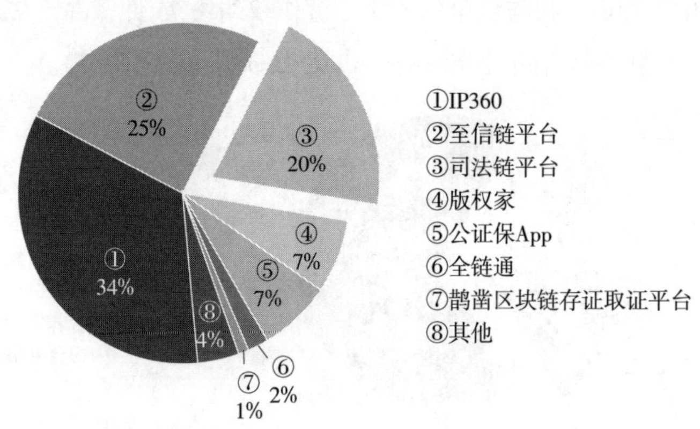

图7-2 区块链存证案件中存证平台分布占比情况

二、裁判文书说理检视

根据判决结果来看，运用区块链存证的电子证据证明案件事实的一方当事人胜诉占比较大，与先前学者所做的电子数据采信率48.53%相比，显然法院对区块链存证的电子证据有更高的采信度。与此现象不相匹配的是，相较于传统的电子证据，法院对区块链存证的电子证据的审查过于程式化，且存

❶ 中国信息通信研究院：《区块链白皮书（2021年）》，2021年12月，第19页。

在未根据上链前证据和上链后证据的不同适用真实性认定规则，各地法院对区块链证据真实性认定标准不统一的问题（见表7-1）。具体而言，可作以下归纳。

1. 论证区块链证据的证据能力和证明力时流于形式

认为只要经区块链技术核验一致，未经篡改即具有真实性。[1] 但事实上具有同一性并非就当然地具备真实性，区块链存证只是保证了电子证据载体和电子数据的真实性，而不能保证电子数据内容与案件事实的一致性。因为鉴真只是对出示证据与主张证据二者是否具有同一性进行确认，停留在初步审查阶段。要判断电子证据的实质真实性，仍然需要法官运用生活经验、逻辑法则、良知理性等手段，对其他证据的证明力进行综合审查和判断。[2]

2. 未根据证据类型的不同和存证平台的不同区别划定真实性认定标准

在所选取的案例中呈现出法官面对原生型区块链证据真实性进行认定时，仍然采取了较为复杂的审核标准，如（2022）粤0304民初13174号判决书；而面对转化型区块链证据又简单依据哈希值校验一致认可了证据真实性，如（2019）浙0192初10986号判决书。且在面对司法区块链平台和第三方存证取证平台时，法院评述并未因司法区块链的居中公信力而降低区块链证据真实性的判断标准。

3. 缺少对电子证据上链前真实性的审查

只有较少案例对电子证据入链之前利用平台进行网页抓取或过程取证中取证环境是否清洁进行了审查。由此也可以看出，大部分法官认为只要经区块链存证的电子证据，也推定其上链前同样具有真实性。

表7-1　区块链存证裁判中对证据真实性的认定

案号	证据类型	案件类型	平台类型	法院评述
（2019）浙0192初10986号	转化型	著作权纠纷	第三方平台（鹊凿）	鹊凿平台已接入司法区块链，哈希值校验一致，认可证据真实性

---

[1] （2021）京0491民初16950号、（2020）浙0192民初1641号、（2020）京民申3116号。

[2] 谢登科："电子数据的技术性鉴真"，《法学研究》，2022年第2期，第223页。

续表

案号	证据类型	案件类型	平台类型	法院评述
(2021) 吉 03 民初 45 号	转化型	著作权纠纷	第三方平台(公证保App)	音集协登录公证保 App，通过拍照和摄像的方式进行取证操作后保管至云端存储服务器，并进行区块链存证，认可证据真实性
(2018) 京 0491 民初 239 号	转化型	著作权纠纷	第三方平台(公证云)	原告提交的电子数据，系利用区块链等证据收集、固定和防篡改技术手段取得的，电子数据的生成主体和时间明确，内容清晰、客观、准确，可以通过电子指纹形式得到验证
(2020) 浙 8601 民初 489 号	转化型	著作权纠纷	数字版权服务平台+司法链	区块链录屏取证过程清洁可信；视频内容证实录制时间可信；录屏电子数据原文和统一证据编号，核验通过；其他事实，如数字版权服务平台和司法链平台情况可信
(2020) 粤 0606 民初 29031 号	原生型	租赁合同纠纷	司法链	区块链技术可信，案涉合同订立、履行的各个环节均通过节点上传至司法区块链，核验结果可信
(2022) 粤 0304 民初 13174 号	原生型	金融借款合同纠纷	第三方平台(至信链)	案涉电子存证过程真实可信，清洁无污染；案涉电子数据核验一致；至信链存证平台具备存证取证资质且已备案
(2019) 浙 0192 民初 8525 号	原生型	租赁合同纠纷	司法链	爱租机平台使用的自动信息系统接入了杭州互联网法院司法区块链，整个交易过程自动进行区块链存证，且哈希值校验一致，认可证据真实性
(2018) 京 0101 民初 4242 号	转化型	著作权纠纷	第三方平台(LegalXchain)	存证平台的资质可信；电子数据生成及储存方法可靠；保持电子数据完整性的方法具备可靠性
(2020) 京 0491 民初 10187 号	原生型	著作权纠纷	司法链	原告提交有案涉摄影作品的原图、权属证明的区块链存证证书、案涉作品所在图虫网发表页面区块链存证以及被告使用案涉作品的区块链证据，上述证据相互印证

第三节　区块链电子证据真实性认定的不足及原因分析

一、区块链证据真实性认定过程中存在的不足

1. 未形成区块链电子证据的正确分类

当前实务和理论界许多人士并未正确认识到区块链技术在电子证据存储中是怎样运用的，也不能分清楚经区块链存储的电子证据与区块链电子记录两者的区别。正确把握区块链存证作用和机理是对区块链电子证据正确分类的前提。而由于不同存证方式下，区块链技术对电子证据真实性保障的程度以及其作为鉴真手段所发挥的作用不同，所涉的区块链电子证据的证据效力也不同，因此只有形成正确的区块链电子证据的分类，才能形成正确的区块链电子证据真实性认证规则。

关于区块链电子证据的分类，大致有以下几种观点：一是根据其外在形态归类，分为基于区块链技术生成的原生型证据、基于区块链技术存储的网络数据、基于区块链技术核验的网络数据三种。[1] 在这种分类中，区块链平台上记录的活动被认为是区块链技术产生的原生型证据，而在非区块链情景下产生的其他数据经人为存入区块链平台后形成的证据被认为是基于区块链技术存储的数据。而基于区块链技术核验的数据指的是非区块链情境下产生的其他数据借用区块链技术的加密算法（主要是哈希算法）进行同一性核验，被核验中那些数据便被称为基于区块链技术核验的网络数据。二是根据存证平台是否由司法机关牵头可以将区块链证据分为司法联盟链存证和普通区块链存证。[2] 在这种分类中，区块链节点的成员单位是由司法机关为主组成的，便被称为司法联盟链；而区块链节点的成员单位没有司法机关参与，全是由商业存证机构或其他第三方机构参与组成的便被称为普通区块链。这种以存证机构划分区块链电子证据的方式越来越受到了学者的重视。即使在未正式

[1] 刘品新："论区块链证据"，《法学研究》，2021年第6期，第133-134页。

[2] 崔世群："区块链真实性问题研究"，《经贸法律评论》，2021年第3期，第145页。

提出此种分类的学者文章中，他们也或多或少注意到了司法机关对不同存证机构、存证链条所存储的区块链电子证据区别对待的趋势。三是根据电子证据是否已经进入区块链将其分为入链前证据以及入链后证据。这是《人民法院在线诉讼规则》所主张的分类方式。这种分类方式在区块链存证整个环节中，将入链时间作为一个节点，认为对证据入链前和证据入链后应当采取不同的标准进行认定。

上述几种分类方式都或多或少存在不足，首先，根据外在形态的分类虽然说正确地认识到了区块链存证的不同作用机制，但实践中基本不存在区块链直接存储证据的形式，基于区块链存储的电子证据与基于区块链技术核验的电子证据都可以归类为转化类证据，因此这类证据没有单独分类的必要。其次，根据平台划分区块链证据虽然有一定合理性，因为一般而言司法联盟链与普通区块链在技术水平和中立性上可能存在区别，但是这种区别并不具有必然性，故此不能作为划分的主要依据。最后，也是影响最为广泛的《人民法院在线诉讼规则》所主张的“入链前”“入链后”的分类方式，实际上这种分类严格上不能认为是区块链电子证据的分类，原因在于电子证据在进入区块链以前，只是电子证据，与区块链无关，不能作为区块链电子证据的一类。

2. 举证责任分配不平衡

如前所述，由于《人民法院在线诉讼规则》采取的是“入链前”“入链后”的分类审查规则，又因为其虽然对电子证据“入链前”和“入链后”的真实性审查规则采取了不一样的规定，但由于都需要对证据真实性存在异议一方提出证据或者说明理由，事实上导致区块链存证的电子证据真实性的证明责任由证据提出的相对方，往往也就是被告承担，实际上导致了证明责任的倒置。而在实际情形中，由于诉讼当事人缺乏对区块链存证技术及相应平台的了解，且相对方往往也并不知悉区块链存证的过程，因此很难对原告是否在区块链存证过程中遵守了存证规范，以及区块链存证平台的技术能力提出合理的疑问。由此导致在大多数案件中，被告对区块链证据的真实性经常不能提出有效的质证意见。这最终导致了区块链证据客观上形成了“入链前”“入链后”全链条的真实性推定。这在本质上是一种证明责任分配的不适当。

对电子证据真实性的推定属于程序事实的推定，这种推定主要适用于民事诉讼领域。在刑事诉讼中，推定的适用一般而言有严格的限制，这其中很大部分的原因在于刑事诉讼中关于证据事实的证明标准要严格于民事诉讼。尽管推定在证据法和诉讼法中已经不是新鲜概念，但关于证据“三性”的推定研究，目前还集中围绕书证真实性的推定规则展开，对于其他种类证据的“三性”推定还鲜有涉及。目前在我国证据法中，证据的真实性、合法性、关联性以及证据证明力的判断，仍然属于对审判人员的要求，正如同《最高人民法院关于适用〈中华人民共和国刑事诉讼法〉的解释》第62条规定：“审判人员应当依照法定程序收集、审查、核实、认定证据。”以及《最高人民法院关于适用〈中华人民共和国民事诉讼法〉的解释》第104条规定：“人民法院应当组织当事人围绕证据的真实性、合法性以及与待证事实的关联性进行质证，并针对证据有无证明力和证明力大小进行说明和辩论。能够反映案件真实情况、与待证事实相关联、来源和形式符合法律规定的证据，应当作为认定案件事实的根据。”审判人员要自行判断（在当事人的配合下）证据的“三性”和证明力大小。诚然，我国诉讼法或多或少地规定了法官在审查不同证据时应当如何审查，以供法官进行判断，但很多情况下法官还是需要运用自己的审判经验和生活常识进行抉择。

对证据真实性的审查一方面是对审判人员的要求，但从证明责任角度讲，证据的“三性”也属于证明的对象，应当由诉讼的当事人承担证明责任。当审判人员在适当地遵守了审查规则和充分发挥自己审判经验，仍不能对证据“三性”形成认识，从而导致待证事实也无法确认时，应当由负有证明责任的一方承担证明不能的后果。简而言之，审判人员对待证事实的查明与当事人对待证事实的证明属于同一事物的两个方面。而《人民法院在线诉讼规则》有关“入链前”的真实性推定的规定违反了这一原则，之所以赋予“入链前”的证据真实性推定效力，本质上是由于对于区块链存证技术原理及其作用理解不够深入，未认识到区块链电子证据在“入链前”与一般电子证据并无区别，故也不应当在对区块链电子证据“入链前”真实性审查时给予其更高的证据效力。

3. 区块链存证环节前端可靠性审查缺失

(1) 轻视区块链电子证据原件的提取和审查。

区块链存证最适用于网络在线提取的取证环境，而在需要对电子证据的原始载体、电子数据、电子数据内容一体收集的情形下，区块链存证只能作为电子证据真实性认定的辅助技术，过度地扩大区块链存证的适用范围，容易导致司法人员轻视对电子证据原件的审查。无论在我国刑事诉讼还是民事诉讼中，收集电子证据的原件都是保障电子证据真实性的首要方式。而实践中区块链存证广为运用的方式如在线取证则类似于“网络在线提取”。在许多案件中，尤其是刑事案件，只有在原始存储介质不宜提取的前提下，才能采取“网络在线提取”电子证据的方式。因此，广泛运用区块链存证技术的同时，在民事诉讼中产生了对电子证据原件审查轻视的倾向。另外，对于电子证据并非存储于公共网络服务器，而是存储于私人环境的情况下，并不适合采取区块链存取证的方式。理由在于私人环境或企业内网环境存储的电子证据，在进入区块链之前的状态是非公开、极易被篡改的。对于此类证据最适宜通过提取电子证据的原始载体、电子数据、电子数据内容一体收集的方式，才能最大程度上保障取证对象在取证时或取证前不被篡改。在上述的情形下，对于电子证据存证都不能简单地只采取网络在线提取的方式，而应当优先提取电子证据的原件即电子证据的原始存储介质。而在对电子证据原始存储介质的提取、保存、鉴真方面，区块链技术较之于其他鉴真技术并不具备优势。而有些司法人员在审理涉及这类证据的案件时，仅因为当事人采取了区块链存证技术，便轻视对电子证据原件的审查，这样的倾向很值得我们注意。

（2）未形成平台资质的统一审查标准。

与我国区块链存证技术同时发展起来的，还有我国火热的区块链存证市场。前文已经说过，我国目前存在着许多区块链存证平台，包括商业存证平台和司法存证平台。各平台资质和技术水平良莠不齐，尤其是商业存证平台。有些平台已经占有很大的市场，我国“区块链存证第一案”就是在商业区块链平台上进行存证的。由于我国目前并未对区块链存证服务的市场准入实行许可制，根据“法无禁止即可为”的原则，存证平台的存证活动都属于法律认可的行为。再加之诉讼当事人对技术和法律了解不全面，目前大多案件中并未有许多当事人主动质疑存证平台资质，提出疑问的当事人也无法出具有利的证明材料用以支撑其对存证平台资质的质疑。司法人员在面对着如此多不同的存证平台时，如何判断它们的存证资质及存证行为的效力还没有统一的标准。一些司法人员在审理涉这类区块链存证的案件时，仅审查了区块链平台技术水平，由于少有当事人对存证平台的资质和存证能力提出质疑，从而未对存证平台系统的安全性和可靠性进行实质审查。实际上，司法人员也并没有足够的能力对每一个存证平台资质和系统的安全性、可靠性进行实质审查。

而在行政管理的领域，目前对区块链存证服务进行规范的主要是《区块链信息服务管理规定》，但这并不代表经过备案的这些商业区块链平台都一定具备存证资质。一方面，是因为《国家互联网信息办公室关于发布第五批境内区块链信息服务备案编号的公告》已明确指出，备案登记并非代表官方对平台、服务和产品的认可。可见，完成备案的市场主体也并非就一定具有开展存证活动的技术水平，更没办法确保其中立性。另一方面，也是因为这种备案仅是行政管理的方式之一，且不论其并非行政许可和行政确认，这种行政法上的资格能否作为司法案件中的认定依据，也存在一定疑问。

（3）未建立统一的平台取证规范。

就目前而言，我国有关法律和行业技术标准在电子存证和取证方面，仅针对公安机关、公证机关等少数主体出台了统一的技术规范和法律规范，而大多数商业区块链存证平台，并没有统一的技术规范和法律规范，尤其是缺少法律规范。这导致诉讼过程中对存取证环节存疑时，难以探寻可判断的标准，就目前的司法环境而言，司法活动的主题对区块链存取证技术存在一种盲目信赖，这种信赖并非来源于理性的认识和认真的研究，更多的是一种“技术崇拜”。因此，我国当务之急是要建立统一的区块链电子证据存取证的技术规范和法律规范，从而使实践中对区块链电子证据存取证过程有章可循。

二、造成区块链证据真实性规则适用困境的成因分析

1. 观念层面：未厘清区块链存证的效力边界

电子证据在进入区块链前以及进入区块链后，都是没有区块链技术参与的。对于电子证据的入链即电子数据的“网络在线提取”，目前实践中主要采取的是“puppeteer”程序和“curl”程序对网页进行录屏、截图和源代码抓取，再将获得的这些数据打包进行哈希函数运算，生成数字摘要值入链。我国“区块链存证第一案”中存证的程序就是由后端代码通过调用谷歌开源程序 puppeteer 插件对目标网页进行截图，并产生操作日志，记录调用时间和处

理内容。后端代码再通过调用 curl 插件来获取目标网页的源码和相关调用信息，并产生记录调用时间和处理内容的操作日志。随后，保全网将上述截图、网页源码进行打包并计算出哈希值，同步上传至区块链中。这些存证的环节并非万无一失，因此对第三方存证机构的电子证据提取技术提出了新的挑战。尽管电子证据取证的技术在不断发展，也有许多学者提出取证技术优化的方案，如开发基于区块链的云计算电子取证系统，对电子证据信息进行保全和验证，保障取证数据的完整性和时效性。[1] 但就目前而言，第三方存证至少还存在以下痛点和困惑，这些痛点都会影响存证电子证据的真实性问题。

其一，企业 VPN 或内网情况下，利用电子工具存证的效力问题。大量的企业数据是只能存放在公司的后台系统里的，出于企业信息安全的原因，需要在公司内网或链接 VPN 的情况下，才能登录互联网企业的后台或系统。如此，在外网状态下均无法访问企业后台系统，也就无法对代存内容进行证据固化。如果企业自己利用存证工具存证，由于内网环境的不中立性及易被篡改性，存证内容的效力常被质疑。[2]

其二，保全目标的真实性问题。这也是第三方电子证据平台保全的重点，即首先需要核实所取证的电子证据是否真实、客观地体现了电子证据内容。通常而言，电子数据产生、存储和传播等过程会被记录于存储设备或网络服务器中，而电子数据根据搜索难度又可分为一般数据、隐藏数据和加密数据，第三方存证取证平台能否全面且无损地提取上述证据决定了电子数据真实性的可信度。

其三，在示证阶段，由于区块链本身上存储的只是哈希值，而非原件，因此在示证的时候如果没有原件与哈希值相对应，存证也将无法达到目的。[3]

综上，这种用哈希数值对电子证据进行完整值校验并在区块链中广播的方式，与其称为区块链存证，倒不如称之为电子证据的区块链技术鉴真。而这种利用哈希函数值对电子证据进行完整值校验的技术，在刑事诉讼中很早

---

[1] 黄晓芳、徐蕾、杨茜："一种区块链的云计算电子取证模型"，《北京邮电大学学报》，2017 年第 6 期，第 120–124 页。

[2] 徐小磊、王飞：《电子数据取证与合同备案》，中国金融出版社，2019 年版，第 67 页。

[3] 最高人民法院信息中心（指导单位）：《区块链司法存证应用白皮书（1.0 版）》（来源：可信区块链推进计划），2019 年 6 月，第 24 页。

就开始使用。实践中，一般采用数据校验的方法在复制（电子证据）过程中或者复制完成后对电子数据进行验证或一致性对比。目前较多采用的校验算法有 MD5、SHA 等。[1] 可见，至少在刑事诉讼中，单以哈希函数作电子证据的完整性、同一性校验不足以保证电子证据的真实性，还需要以其他鉴真方式或技术手段予以保障。

2. 立法层面："入链前"证据的可靠性审查规则过于宽松

现有立法规定存在区块链证据可靠性审查没有根据"入链前"和"入链后"进行分别划定的问题。《互联网法院规定》第 21 条第 2 款明确认可了区块链证据。部分学者更是认为《人民法院在线诉讼规则》第 16 条规定已经确定了区块链证据的真实性推定规则。[2] 除此之外，《人民法院在线诉讼规则》对区块链证据"入链前"以及"入链后"分别规定了不同的审查标准。虽然《人民法院在线诉讼规则》对区块链电子证据真实性审查做了"入链前"与"入链后"的划分，但对于电子证据"入链前"的真实性，《人民法院在线诉讼规则》采取的是与"入链后"电子证据真实性认定方式一致的推定规则。结合该规则第 18 条第 1 款和第 2 款的内容进行理解，法院原则上推定"入链前"的证据具有真实性，只有对方当事人对区块链证据上链前真实性提出质疑并提供证据或理由的，法院才按照第 2 款的规定对"入链前"证据的真实性进行审查。可见，对于区块链证据无论是"入链前"还是"入链后"法院都推定其具有真实性。

结合《人民法院在线诉讼规则》第 16 条、第 17 条、第 18 条的规定，当事人对电子证据真实性有异议的，应当说明理由（对于电子证据上链前已经不具备真实性的，需要提供证据或者说明理由），此处的规定按文意可以理解为是将证明电子证据真实性的证明义务分配给了对方当事人，法院在技术核验通过后，便不再主动对电子证据的真实性进行审查。

3. 技术层面："保管链条"电子鉴真模式难以有效保障电子证据真实性

正如前文所述，区块链电子证据本质上只是将区块链技术作为了电子证

---

[1] 刘品新：《电子取证的法律规制》，中国法制出版社，2010 年版，第 316 页。

[2] 陈爱飞："区块链证据可采性研究——兼论我国区块链证据规则的构建"，《比较法研究》，2022 年第 2 期，第 36 页。

据的鉴真手段，以防范电子证据容易被篡改的风险，但其本质上仍然属于电子数据。尤其是通过第三方存证取证平台保全的证据在上链前的真实性证明仍然需要依托传统的电子证据鉴真方法进行认定。关于电子证据的鉴真手段，我国主要采取的是“保管链条”证明的方法，即从电子证据被提取到示证的这段期间，要形成对持有、接触、处置、保管、检验的全监管链条。❶ 根据《最高人民法院关于民事诉讼证据的若干规定》第 93 条电子证据真实性审查专条的内容，人民法院在对电子证据真实性进行审查时，也要从电子证据提取的主体、传输的环境等多方面去审查电子证据是否被完整地保存、传输、提取、保存，以判断电子证据的完整性、同一性。如果电子证据在“保管链条”中存在瑕疵，又不能得到补正或合理解释，影响到其真实性，便不得作为定案的根据。这种“保管链条”证明的电子证据真实性认定方式，属于典型的“外部鉴真”手段，即运用外部证据或旁证加以鉴真。这种鉴真方式与传统实物证据的鉴真方法无任何区别。

电子证据真实性的审查重点在于电子证据承载的信息内容的同一性判断。“保管链条”证明在民事诉讼中更难发挥作用，其一在于当事人根本就不具有证据保全的能力，难以形成有效的“保管链条”；其二在于民事诉讼当事人与刑事诉讼侦查、检察机关不一样。侦查、检察机关是国家机关，其虽然也是诉讼参与人，但是具有公信力，一般而言，其不会对电子证据进行篡改。然而民事诉讼当事人作为私人主体，与诉讼的结果有直接利益，很难保证其不会自行对其保存的电子证据进行篡改，更不论建立可信、可靠的“保管链条”。在传统民事诉讼中，诉讼参与人要想建立相对可靠的证据“保管链条”，无外乎申请法院进行证据保全或者申请公证机构进行固定和见证两种方式。向人民法院申请证据保全当事人还需要说明证据可能灭失或者日后难以取得，并遵循相应的程序，效率并不理想。申请公证机构进行公证对于部分案件而言，又具有过高的成本，尤其是在小额的著作权侵权案件中，进行公证并不符合经济效益。所以上链前的电子证据真实性认定弊端还有待思考新的方式进行完善和解决。

---

❶ 刘品新：“电子证据的鉴真问题：基于快播案的反思”，《中外法学》，2017 年第 1 期，第 95 页。

第四节　区块链电子证据真实性认定规则的完善路径

一、区块链电子证据真实性内涵及分类纠偏

在我国证据理论中，一般将电子证据视为实物证据，对其真实性认定适用实物证据的真实性认定规则。但相较于其他实物证据，电子证据具有生成手段的多样性、生成阶段的广泛性、识别的特殊性、概念的开放性四种特征，[1] 因此电子证据的真实性认定与其他实物证据仍有一定区别，有必要从源头上进行厘清。

1. 电子证据真实性内涵厘清

（1）电子证据真实性内涵的不同界定。

关于电子证据真实性的内涵，主要有下面的三种观点：

第一种观点为一元说，具体又可以细分为两种类型。一种认为，电子证据真实性即电子证据信息内容的同一性，指的是当事人提交的电子证据与案件事实发生之时所承载的信息内容是否一致的问题。电子证据作为一种证据载体本身，它们的真实性固然是需要证明的，但更为重要的是，这些实物证据所记录的内容，究竟是否真实反映了案件事实发生时出现的谈话、活动、场景，这是需要加以认真鉴别的。[2] 这种观点认为电子证据的真实性认定主要在于电子证据承载的信息内容的同一性判断。另一种认为，电子证据真实性的内容包括电子证据的形式真实性与实质真实性。所谓“形式真实性”，是指当事人提交的证据在形式、来源上与原始载体或与原件相一致；“实质真实性”，是指电子数据内容在形成、传输以及提取过程中是否存在被篡改的可能性以及可能性的大小。[3]

第二种观点为二元说，认为电子证据真实性包括外在载体和内在载体两

[1] 张卫平：《民事证据法》，法律出版社，2017年版，第67页。转引自谢勇：“论电子数据的审查和判断”，《法律适用》，2014年第1期，第116-117页。

[2] 陈瑞华：“实物证据的鉴真问题”，《法学研究》，2011年第5期，第131页。

[3] 苏志甫：“知识产权诉讼中电子证据的审查与判断”，《法律适用》，2018年第3期，第27页。

层含义。其中“外在载体”是指存储电子数据的设备或者介质，“内在载体”表现为一连串的二进制数字，或者是不同形式的编程代码。❶

第三种观点为三元说，认为电子证据的真实性有三个层面的含义，包括电子证据载体的真实性、电子数据的真实性、电子证据内容的真实性。电子证据载体的真实性，是指存储电子数据的平台或媒介是否中立、清洁，未出现伪造、攻击、破坏等情形；电子数据的真实性，主要是指在技术层面存在的电子数据是否与原始数据完全一致，是否被修改、删减等；电子证据内容的真实性，则是指电子证据所包含的信息与案件中其他证据所包含的信息是否能够相互印证，从而准确证明案件事实。❷ 在审查电子证据真实性时，应当根据每个层面的具体内容来确定具体规则（见表7-2）。

表7-2　区块链电子证据真实性解构

真实性分类	内涵解析	判断标准
载体真实	存储电子数据的平台中立性、清洁度，是否取得相关证书等	主体、技术、路径、存储环境等
电子数据真实	电子证据信息是否与原始信息一致	哈希值效验一致
电子证据内容真实	与其他证据信息内容能否印证	上传时间、事实情况、记录信息等

（2）三元说准确把握了电子证据的特殊性。

首先，电子数据作为编程代码、数字符号，必须通过一定的存储载体转化为人体可感知、察觉的信息。故从这一层面上，电子证据与其存储载体紧密相连，且载体这种存储介质是电子证据存储、传送、展示的必要工具，电子证据依附于载体存在，载体的变动、篡改很大程度上会导致电子证据的变动、更改甚至灭失，所以电子证据的载体真实性应当最先予以考虑。

其次，电子证据以电子数据为信息存在形式，电子数据与电子证据的存储介质又有相对独立性，对电子证据的篡改可以不在存储介质上有所反映，

❶ 刘译矾：“论电子数据的双重鉴真”，《当代法学》，2018年第3期，第90页。

❷ 褚富民：“电子证据真实性的三个层面——以刑事诉讼为例的分析”，《法学研究》，2018年第4期，第121-138页；最高人民法院民事审判第一庭：《最高人民法院新民事诉讼证据规定理解与适用》，人民法院出版社，2020年版，第809页。

但其电子数据即信息化存在着的编码组合却会留痕，所以在对电子证据真实性进行审查的过程中，电子数据是否真实具有特殊性，也是电子证据与其他实物证据在真实性认定上区别最大的部分。

最后，电子证据的内容脱离了电子证据的形式，是从其反映出来的信息的角度出发，对案件事实进行证明。故电子证据的内容是证明案件事实的核心，在这一点上与其他种类证据没有本质区别。

上述三者之间，要保证电子证据内容的真实性，电子数据真实是前提。而电子数据的真实又要借助电子证据的存储介质即载体的真实加以认定。故电子证据的真实性在这三个层面都不可或缺，从这个角度而言，将电子证据真实性的内容分为这三个层面进行理解最为适宜。

2. 区块链证据应采取二元分类说

关于区块链存证的电子证据的分类，大致有以下几种观点：（1）三元分类说根据其外在形态归类，分为基于区块链技术生成的原生型证据、基于区块链技术存储的网络数据（储存型）、基于区块链技术核验的网络数据（核验型）三种。❶（2）二元分类说，根据电子证据是否原生于区块链平台分为原生型证据与转化型证据。❷（3）按搭载主体划分，即根据存证平台是否由司法机关牵头可以将区块链证据分为司法联盟链存证和第三方存证平台（见图 7-3）。❸

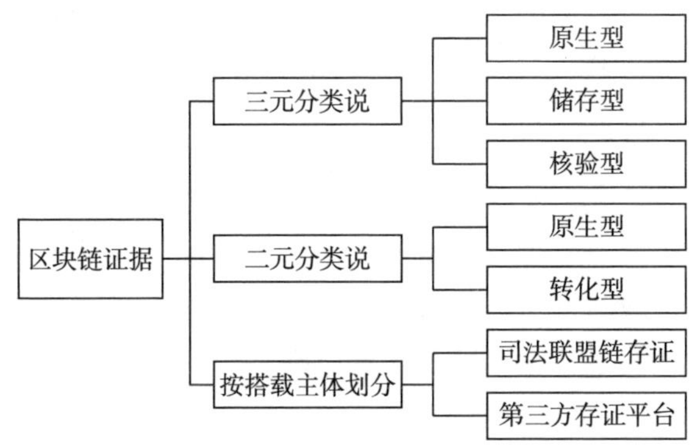

图 7-3 区块链证据类型划分

❶ 刘品新："论区块链证据"，《法学研究》，2021 年第 6 期，第 133-134 页。

❷ 胡萌："区块链电子证据的效力分析与规范路径"，《证据科学》，2021 年第 1 期，第 37 页；段莉琼、吴博雅："区块链证据的真实性认定困境与规则重构"，《法律适用》，2020 年第 19 期，第 157-158 页。

❸ 崔世群："区块链证据真实性问题研究"，《经贸法律评论》，2021 年第 3 期，第 145-146 页。

本文观点认为将区块链存证的电子证据分为原生型证据和转化类证据最为合理。原因在于：三元分类说中的基于区块链存储的电子证据与基于区块链技术核验的电子证据都可以归类为转化类证据，且直接将电子证据存入区块链的情形较少，没有单独分类的必要。而根据平台划分区块链证据虽然有一定合理性，因为一般而言司法联盟链与普通区块链在技术水平和中立性上确有区别，但是这种区别并不具有必然性，故此不能作为划分的主要依据，但也值得考虑。原生型证据和转化类证据的划分把握了区块链存证的本质特征，即是否实现了基于完整保管链的技术性鉴真，以及电子证据从生成或被发现是否形成了完整保管链。原生型证据从证据产生之时，自始存储在区块链平台，具有完整保管链；转化类证据存在入链前的状态，受取证技术的影响，其提取程序是否科学，入链前真实性能否得到保障仍有质疑的空间，故没有形成闭环的完整保管链。故本文认为，区块链存证的电子证据的分类应当以原生型证据和转化类证据的分类为主，司法链存证和第三方区块链平台存证为辅。

二、“二维”真实性推定规则的建构

根据整理的裁判文书发现，原告起诉时举示了区块链证据的一般胜诉概率较大，这一方面与部分法官未厘清区块链证据效力的边界有关，另一方面是由于大部分当事人作为区块链技术的相对方，缺乏对该技术的深入了解，难以发现区块链存证取证流程节点的问题。鉴于区块链证据可分为原生型和转化型，且存证取证平台的资质缺乏法律的统一规定，法官在面对区块链技术时存在专业知识的天然不足，有必要通过对类型化存证案件进行流程节点的规范，并对上链前的电子证据附加较为严苛的举证示明义务的方式，来避免“以技证技”对法官认定事实作用的架空。

1. 原生型区块链证据的真实性推定规则

除了“保管链条”证明方法，我国法律中还有一些认定电子证据真实性的特殊规则，即电子证据真实性推定规则，指的是当事人提供的电子证据属于特殊情形的，无须当事人证明，法院即认定该电子证据具备真实性，除非当事人提供了相反的证据或者理由。这些特殊情形包括：由当事人提交或者保管的于己不利的电子数据；电子证据是由中立第三方平台提供或确认的；

在正常业务活动中形成的电子证据；以档案管理方式保管的电子证据；以当事人约定的方式保存、传输、提取的电子证据，上述情形中推定电子证据具有可靠性。❶ 区块链存证技术作为一种电子证据的鉴真手段，要准确把握其效力，就要与传统电子证据的鉴真手段进行对比。对于原生于区块链平台的数据信息，由于区块链的技术特征，能够保证形成完整的“保管链条”，可以推定其真实性。

2. 转化型区块链证据的“举证证明+推定”结合规则

区块链存证技术的电子证据鉴真技术，并非我国所独有，比如，《美国福蒙特州证据规则》第 902 条第十三项就将区块链存证技术作为电子证据自我鉴真方法之一。❷ 但作为一种电子证据的全新保全手段，其虽然在很大程度上保证了民事诉讼中电子证据的技术性鉴真，但是并没有从根本上改变电子证据的认证规则。且实践中区块链存证基本上都属于转化类存证，其真实性审查要着眼于电子证据的真实性审查规则。《人民法院在线诉讼规则》关于电子证据“入链前”的真实性采取推定的规定不符合电子证据真实性认定的规则。

对电子证据“入链前”的真实性不应当采取当然推定的模式，而是要结合现有的域内外的电子证据推定规则以及电子证据提取手段的科学性进行综合认定，因为存证并不等同于取证，并非通过电子签名、可信时间戳、区块链等技术所采集到的电子证据就是真实可靠的，由于采集证据程序有误，如没有清理电脑，可能会导致电子证据被技术采集前因网络环境或所处设备存在问题而不具有可信力。❸ 区块链存证技术存在“入链前”情形，不能形成完整“保管链条”，则不应当按照《人民法院在线诉讼规则》第 18 条的规定对“入链前”的电子证据推定其具有真实性。对于这部分电子证据应当结合《最高人民法院关于民事诉讼证据的若干规定》第 93 条的电子证据真实性推定规则对其真实性进行认定，如果符合第 93 条的规定，则推定其具有真实性；如果不能符合推定的情形，提交电子证据的当事人应当举证证明电子证据“入链前”以及提取电子证据的过程具备真实性、可靠性。提出证据的当

❶ 参见《最高人民法院关于民事诉讼证据的若干规定》第 94 条。

❷ See Vermont Rules of Evidence 902（13）.

❸ 李永明、赖利娜：“区块链背景下数字版权全链条保护的困境与出路”，《科技管理研究》，2022 年第 10 期，第 147 页。

事人要对其证据的真实性承担证明责任，一方面要说明电子证据在“入链前”是采取可靠的技术手段提取的，另一方面要说明区块链存证平台具备中立性和相应的技术能力。从而在个案中正确认定电子证据的真实性以及分配相应的证明责任。

三、区块链存证前端可靠性审查规则

1. 区块链电子证据的“最佳证据”规则

“最佳证据”规则原是指收集、调取的书证应当是原件，但在证据法和证据制度的发展中，要求提供原件已经变成了具有普遍效力的证据法则，电子证据也不外乎此。电子证据原件指的是电子证据的原始存储介质，也叫作电子证据的原始载体，一般而言，电子证据原件直接来源于案件之中，属于原始证据，因此具有更高的采信力。而电子证据由于其存在于虚拟空间，不同于传统证据有物理空间或形式上的变化，电子证据的“原始出处”难以确定。而由于电子证据本身易复制的特性，且随着互联网的发展，尤其是在线创作的产生。电子证据原件与复制件更加难以区分，且区分的意义也在逐渐变小。于是在电子证据原件的问题上，产生了“拟制原件说”和“功能等同说”、“复试原件说”以及“混合原件说”等多种学说，其中最著名的便是“拟制原件说”和“功能等同说”。

“功能等同说”认为：只要数据电文确实起到了在“功能上等同或基本等同于书面原件的效果”，便可视为一种合法有效的原件，就能满足证据法对原件的要求。[1]“拟制原件说”认为：其能准确反映数据的打印物或其他的输出物，均为原件，[2] 我国《最高人民法院关于民事诉讼证据的若干规定》中也认可了这种学说。故而有论者认为，区块链技术的不可篡改性，可以使电子证据在流转和复制的过程中与原件保持内容的一致性，实践中从而也有放松对电子证据原件审查的趋势。实际上这种观点对区块链存证存在一定误解，在转化类区块链电子证据的存证场景，区块链上存储的电子证据与电子证据的原件并不是严格对应的关系，尽管区块链存储的电子证据有不被篡改的优

---

[1] 吕国民：《国际贸易中EDI法律问题研究》，法律出版社，2001年版，第82页。

[2] 刘品新：“论电子证据的原件理论”，《法律科学》，2009年第5期，第122页。

势，但目前大多证据都不是天然地存储于区块链的，这类证据存在“入链前”的状态，因此其在进入区块链以前是否属于准确反映数据的打印物或输出物，仍有较大的不确定性，很有可能在进行区块链存证取证时，取证的对象就并非电子证据的原始存储介质。故这种复印件即使进入区块链以后不被篡改，也已经不能拟制为原件，这一点要特别注意。

2. 对平台资质和存取证技术水平的具象审查

有关区块链存证平台资质和技术水平的规范目前都还主要是技术性规范，没有法律性规范。从法律性质上而言，这种对平台及其技术能力的审查判断是司法人员审判活动的当然义务。但从另一个方面讲，这也是当事人一方就其提出的证据所要承担的证明责任。审判人员对待证事实的查明与当事人对待证事实的证明属于同一事物的两个方面。

而对于司法人员而言，区块链存证平台是否具备开展相应存证活动的资质目前并没有可以援引的明确判断依据，《区块链信息服务管理规定》当中也只是要求提供区块链信息服务的企业进行备案。这种备案并不代表许可制的市场准入要求，这也就意味着目前我国大多数商业区块链存证机构开展的业务活动都是法律允许的。所以在具体的诉讼案件中，依照工业和信息化部的区块链服务信息备案清单去判断区块链存证机构的资质显然并不是好的选择但是唯一的选择。在目前还没有明确的相关规定时，司法人员在实践中值得参考的仍只有《电子认证服务管理办法》以及《区块链信息服务管理规定》。

而对于区块链存证机构存取证技术水平的审查判断，司法人员所能参考的标准包括 GB/T 25000. 51—2016《系统与软件工程　系统与软件质量要求和评价（SQuaRE）　第 51 部分：就绪可用软件产品（RUSP）的质量要求和测试细则》等国家标准以及《信息安全技术　网络安全等级保护基本要求》等规范。应当考虑到区块链平台在电子证据取得和保全的过程中，会运用到大量复杂的计算机技术，诉讼当事人往往并不熟悉这些电子取证的技术原理，也并不知道取证的环节中，哪些情形容易导致电子证据失真，因此难以提出实质有效的意见来说明取证过程正当或不正当。与此同时，就目前的情况而言，司法工作人员本身也不可能对区块链存证平台和存证软件取证环节的可靠性作出准确的判断，因此这种判断往往被建立在取证平台信誉和资质的考察上。如前文所述，我国的区块链存证平台可以分为司法联盟链存证平台[1]、第三方存证平台两类。这些存证平台通常会使用其自行开发的存证软件和客户端，如何验证这些平台使用的取证技术的可靠性是一个严峻的问题。既然诉讼中，司法机关没有能力对取证技术和取证环节的可靠性进行实质审查，就应当在上述技术性规范之外，构建一种形式审查的法律规范。这可以分为“司法联盟链的公信推定规则”、“非司法联盟链的取证环节说明规则”以及“公证补足”结合规则。

司法联盟链的节点一般都是法院、公证机构等，首先，这些机构大多是国家机关，具有公信力和中立性；其次，这些机关的存证工作一般有严格的程序规范和要求，能够在很大程度上保证取证和存证的环节运用了可靠的技术，遵循了技术规范和要求。所以当事人在司法联盟链节点的服务进行取证的情况下，可以推定电子证据在取证的过程中未被篡改，也无遗漏，从而能够保障电子证据在入链前的真实可信状态。而与司法联盟链跨链对接的商业存证平台，例如真相科技 LegalXchain、至信链等，由于其在接入司法链时，会对其技术能力进行认证，所以一定程度上能够保证其在取证的过程中具备相应的技术能力和规范，可以推定经由这些平台提供的取证软件所进行的取证过程是可靠的。但现行的取证市场中存在着一个普遍问题，即市场上各种各样的存证平台以及这些平台对应的取证工具，要让当事人自行判断哪些存证平台已经实现与司法联盟链的跨链接入是很难的。这一点还有望我国建立统一的司法链后，推进对存证节点和跨链对接平台的明确得以改善。

非司法联盟链存证指的是国内外各种提供区块链服务的企业、社会组织，利用区块链技术对电子证据进行保存的行为，这些区块链平台虽然提供区块链服务，但并未与司法联盟链进行对接。例如原本链、IBMbaaS 等。这些区块链平台由企业自行开发，所采取的取证端也并不相同，甚至有些区块链平台可以由用户自行取证并上载取证数据。例如“区块链存证第一案”就是当事人自行采取网络数据抓取程序将电子数据转化成数字摘要后，自行上传至 Factom 区块链平台。在这其中，用户使用的取证技术是否可靠并不能直接得

---

[1] 部分商业链存证平台虽并非由司法机关主导搭建，但其技术和系统得到了司法机关认可，因此这些存证链与司法联盟链实现了跨链对接，这种平台也可以归为司法联盟链存证平台。

到保证，还需经法院对取证技术可靠性和取证过程的规范性进行进一步的判断。而在具体的诉讼中，这种对取证技术可靠性和取证过程规范性的说明责任应当由证据提出者承担，存证服务提供者可以作为具有专业技术方协助证据提出者予以说明。

考虑到当事人或律师对区块链取证技术并不当然了解，仅依靠当事人或者律师对取证技术进行说明，并不一定能起到很好的效果，可以参考在诉讼中引入专家辅助人。专家辅助人需要对市场上主要的取证服务及它们的技术水平有所了解，并且能够对取证过程可靠性的水平进行科学的判断，从而帮助审判人员对存证环节的可靠性形成更深入的认识。另外，可以适当引入公证的程序。这也是目前许多司法案件中都已经采用的机制，尤其是在取证过程有公证人员见证的前提下，有利于说明取证环节的可靠性和规范性，从而大幅增加全流程“保管链条”的可信任性。但与此同时也会增加诉讼成本，在具体的案件中当事人可以平衡利弊，选择是否采用“公证补足”的方式，从而增加存证取证行为的可信度。

四、区块链平台取证环节可靠性认定标准进一步细化

在构建“二维”真实性推定规则之外，还可以考虑对第三方存证平台附加取证环节说明的义务，以强化区块链第三方平台在上链前的取证环节的可靠性，弥补“保管链条”模式的不足。根据前文的数据统计发现，区块链存证案件类型主要集中为著作权纠纷和金融借款合同纠纷，二者合计占比89.57%。[1] 因此，可以考虑先对上述两大类案件的存证取证流程制定要素式的节点操作规范，将转化型和原生型的区块链存证过程予以前置合规，从而更好地发挥区块链分布式记账的优势，以达到客观保障电子证据真实性的目的。

一是著作权纠纷，全生命周期可以分为上传作品原始载体、作品发布、版权登记、存证和取证、版权维权（侵权作品发布和使用的取证内容、侵权

---

[1] 115件样本案例中，有28件为金融借款合同纠纷案件，75件为著作权纠纷案件，合计105件，占比为89.57%。

损失的取证内容）、存证平台出证。[1] 其中，最为重要的是存证和取证环节，又可以根据取证方式的不同细分为网页截图取证、录屏视频取证和现场实时录音、录像、拍照取证。在网页截图取证节点中，重点需要提供取证主体的归属单位及IP信息、操作日志、清洁性检查记录和存证证明；在录屏取证过程中，除前述内容外，还需要包含录屏的视频文件、手机操作日志等；现场实时录音、录像、拍照取证时，则需要提供取证设备型号信息、配置信息、唯一标识，取证模块权限信息，录音录像视频和照片等内容（见图7-4）。

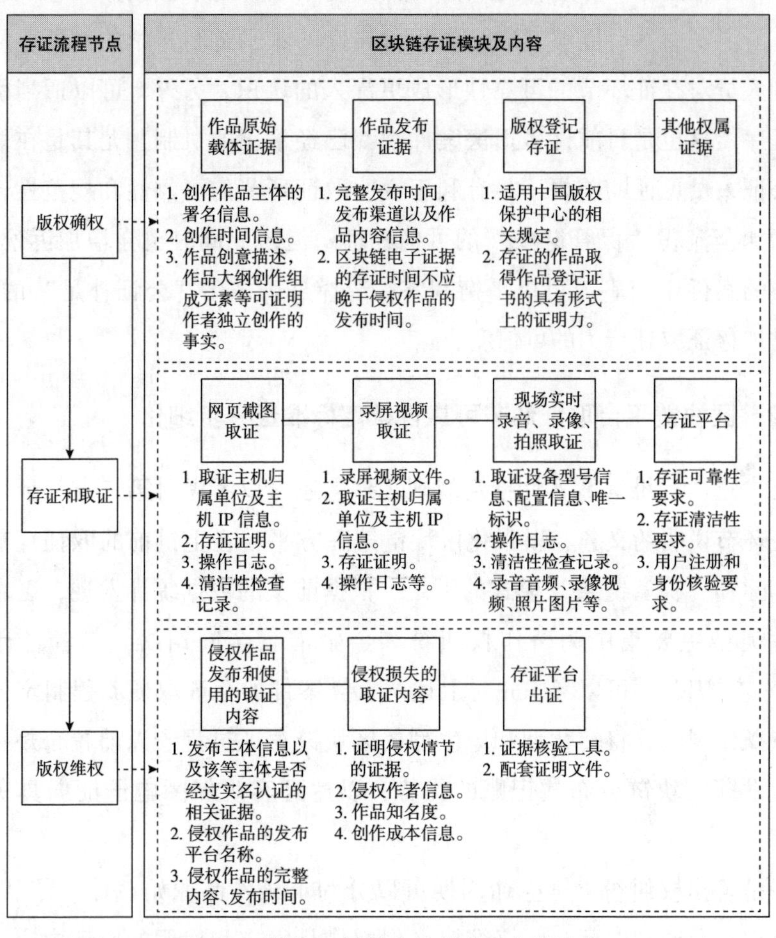

图7-4　著作权纠纷上链节点及内容流程

[1] 《区块链司法存证应用标准　第1部分：数字版权应用场景》（T/TBI 25—2021）。

二是金融借款合同纠纷，主要流程节点可以分为提交贷款申请、贷款签约后、贷款到期前、贷款到期提醒、贷款超期催告、未还款/还款。[1] 在不同的环节赋予不同的主体提交上链的文本内容，主要包括借款人实名认证、身份核验信息、借款人提供的电子送达地址（手机号、电子邮箱地址、社交网络平台账号等）、收款账号，借款人提供的贷款合同及合同编号、放款金额、放款时间等信息，以及第三方上链机构如电信运营商等向借款人发送通知信息的文本内容及时间。为解决法院面临大量小额金融纠纷案件送达难的实际困境，也可通过三大电信运营商发送通知信息时，附加对该手机账号活跃度的监测反馈信息，以证明手机号正常使用，借款人能够收到相关信息内容，从而使电子送达的真实性通过区块链分布式记账的方式予以还原，借款人若不还款，法官将直接推定上述证据真实，借款人面临败诉风险（见图 7-5）。

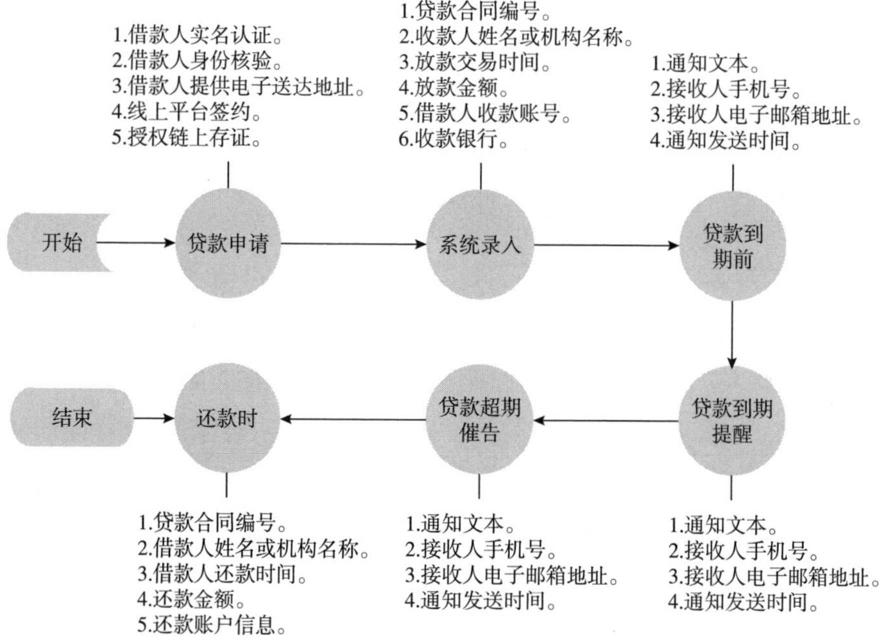

图 7-5 金融借款合同纠纷上链节点及内容流程

区块链存证的电子证据真实性的审查规则应当以电子证据真实性审查规

---

[1] 《区块链司法存证应用标准 第 2 部分：互联网贷款应用场景》（T/TBI 27—2021）。

则为基础，将二者进行有效衔接。从区块链存证的技术特征出发，分析区块链存证的效力，并结合电子证据网络在线提取的技术规范，改善《人民法院在线诉讼规则》确定的区块链电子证据的真实性推定规则，有力推动区块链存证纠纷的规范化解决。

第八章　区块链在电子证据方面的挑战与展望

当前，中国特色社会主义进入新时代，对国家治理体系和治理能力现代化提出了更高的要求和标准。习近平总书记指出：“法律是治国之重器，法治是国家治理体系和治理能力的重要依托。”数字经济的飞速发展推动区块链、大数据、人工智能及云计算等前沿技术的革新与创新应用，而这也为中国法治化建设提供了一种新的发展理念与方向。用区块链技术支撑和服务法律服务现代化，正在逐渐成为国家治理体系和治理能力现代化的重要组成部分，区块链技术所引发的证明力变化对法律服务产生的影响方兴未艾，开启了法律领域区块链应用的新篇章。

随着区块链等数字技术的全面推广与应用，如今，更多的学者开始转变研究视角，包括法律界学术研究者们更倾向于结合数字技术创新理论成果。区块链技术的热潮，为法律及法律行业的创新和进步提供了新的机遇和挑战。该技术主要用于记录已有数据，通过层层智能分析，明确权利归属并强制执行决策，建立起一种去中心化的功能共识机制，该机制在无须外部强制的情况下，创造出一个相互牵制且信赖度高的司法环境，利用技术创造新的信任机制，为法官在审理案件时提供客观、明晰的审判流程，助力法官等司法实务工作者尽可能地减少因主观因素带来的失误，同时也能大幅提升当事人对裁判过程及判决结果的认可，减少不必要的纠纷，为司法乃至社会经济提供了新的道路与可能性。

从司法实践角度来看，目前区块链技术能够有效帮助各级法院提升对于审判业务的监督管理能力，并可实现在上下级法院案件和业务数据的可信流转。与传统的法院信息化不同，目前在已经应用司法区块链的法院当中，所有相关司法审判业务流程从在线立案开始就可以进入全流程的区块链存证过程，区块链的存证特性和区块链数字签名机制可以有效保障可靠的文件存证和行为签名，这在审判业务监督中发挥了关键作用。由于全流程存证和数字签名，使得案件审理过程可追溯、不可篡改，从而可以有效保障司法公正。另外，基于区块链网络可信数据流转的特性，在案件上诉审理和案件流转过程中，可实现基于区块链网络的案件流转，从而避免线下流转所带来的各类风险。

同时，区块链为法院的在线诉讼业务提供了安全可靠的保障。司法区块链可以对案件审理的全流程进行存证，保障司法公信力。此外，通过与不同社会组织的联通，可以提高电子文件、电子数据的可信流转和验证，提高司法审判效率。在案件审理过程中，除了大量的原生司法数据，亦有通过其他社会组织和数字化平台流转过来的证据类电子数据。通过司法区块链网络衔接的电子数据可以实现数据流转和验证的同步机制，从而提高诉讼当事人、诉讼相关人、法院法官的诉讼工作效率。

区块链的作用还体现在司法协同上，借助区块链技术，法院可以方便地与各相关部门及社会化组织进行在线司法协同。法院可以与公证、司法鉴定机关等建立依托区块链的协同机制；与此同时，对于非诉业务，区块链在衔接调解、仲裁、执行相关部门的能力上得到了有效加强。随着智能执行工作的开展，法院将更好地与相关可数字化执行部门进行完全在线的执行工作。通过区块链协同集成管理平台的业务协同能力，实现人民法院、人民检察院、司法行政机关在各类司法业务中全链条可信协同，区块链将成为执行工作数字化“最后一公里”的技术基础。

在电子证据方面，正如前文所述，在大数据和人工智能技术发展的浪潮之下，社会活动形态正在逐渐向线上发展。无论是日常社交还是商事来往，都在逐渐从传统的面对面模式转向依赖互联网平台的线上模式，在这个过程中势必会产生以截图、聊天记录为代表的大量电子证据，而这类电子证据极易通过一些技术手段进行修改和伪造，危害证据的真实性和客观性。也正因如此，司法证据的电子化、数据化发展带动了区块链存证应用的快速发展，利用其不可篡改的特性以解决电子证据易被篡改的难题。区块链存证一方面利用去中心化和加密算法等技术，使区块链上的证据具备不可篡改的特质，同时也将证据从存储在传统的集中特定服务器中转为存储在区块链上，从而避免证据在传输、备份、保存的过程中遭到破坏；另一方面，区块链存证通过分布式存储创造了诸多接入节点，可以实现证据在存证平台间的快速共享，提升证据传输效率。虽然目前有关运用区块链存证的司法案件已经出现，案件中也采信了存储在区块链上的证据，但在区块链存证的具体效力上，仍面临着证据真实性审查和区块链存证认证等相关问题和挑战，需要在实践中进一步完善。

第一节　区块链存证的风险与挑战

区块链技术作为一项颠覆性技术，正在引领全球新一轮技术变革和产业变革。尽管区块链技术在电子证据、版权保护等方面的运用，有利于实现真实性与完整性的验证，节约诉讼成本，但这一技术并非完美无缺，区块链技术应用于民事司法领域带来价值的同时，也带来了潜在的风险和挑战。

首先是技术本身的风险。任何一项技术都存在其难以避免的风险，区块链技术也一样。虽然区块链技术本身已经具备了很高的安全性、稳定性和可靠性，解决了某些领域的传统难题，比如数字货币领域的双重支付问题和拜占庭将军问题，但其在底层代码、密码算法、共识机制、智能合约、数字钱包等方面的安全风险依然存在。现阶段密码学算法是安全的，主要原因是没有任何方式能短时间计算出复杂的数学难题。但如果量子计算能够实现应用，现在的密码技术无法阻挡破解行为。再比如哈希函数可能会发生哈希碰撞现象，针对共识协议进行的双花攻击、自私挖矿攻击、女巫攻击等，这些网络攻击风险以及未来的量子攻击风险，都会对区块链技术的发展带来近忧和远虑，这就需要通过法治的方式予以预防和规制。

以具体场景为例，在区块链证据的应用方面，虽然区块链对于强化电子裁判文书的真实性及法律有效性，提升社会对电子裁判文书的认可程度及司法公信力，解决电子证据可篡改性存疑等问题提供了有效的解决方案，但和其他的电子存证方式一样，区块链技术无法解决存证的原始恶意问题，即假如当事人提交的原始电子数据本身就是恶意伪造的，通过区块链无法证明也不能证明上链之前该数据的真伪。换言之，区块链存证系统其实是一个旁证系统，它只是通过多个节点见证，让上链之后的电子数据不被篡改。

此外，由于所有的数字信号信息都是可以模拟和架构的，这就导致单个区块链节点的信用都是不可靠的，所以需要通过共识机制将区块链各个节点的多数意见记录到区块链上。常见的共识机制有 POW（工作量证明机制）、POS（股权/权益证明机制）、PBFT（实用拜占庭容错算法）等。无论采用哪种共识机制，一旦多数意见出现错误，则整条区块链网络上的数据均会出错。以 POW 共识机制为例，当攻击者具备全网 51% 的算力时就可以控制整个比特币网络，系统的安全性也难以保证。

其次需要注意的是算法攻击。哈希算法可以将任意长度的输入经过变化以后得到固定长度的输出，它是一个从明文到密文的不可逆的映射。常用的哈希算法有 MD5、SHA128、SHA256、SHA512、SM2、SM3 等。以 SHA128 算法为例，它将任意长度的原文数据转化为 128 位的二进制数据，即哈希运算库有 2^{128} 种不同的值。哈希运算库虽然巨大，但其数量终究是可以穷尽的。根据鸽巢原理，暴力破解哈希算法并非绝无可能，只是在概率学上成功率极低，导致破解哈希算法的成本极高。随着计算机技术的发展，算力的巨大提升将暴力破解哈希算法变得并非难事。

还有一个不能忽视的问题是多重存证。由于电子数据往往掌握在一方当事人手中，且另一方当事人可能处于弱势地位，具有存证能力的当事人可以通过多重存证的方式，将一个在线行为生成多个不同版本的电子数据，并分别上传至区块链进行存证。当发生争议的时候，存证方可以选择有利于自己的电子数据进行提交核验，由于区块链的各个节点存储的仅为哈希值，而电子数据原文实际保存在存证方手中，所以即使通过了哈希核验，电子数据仍可能存在造假的嫌疑。

除了技术风险，隐私风险就像新技术的副产品一样如影随形。实践时，如何有效保证区块链信息不发生外泄是司法应用的另一关键所在。电子数据具有量大、实时性强、易篡改、易丢失等特征，因此在利用区块链技术存证过程中容易出现存证真实性及隐私保护的问题。相比传统的存证方式，如公证存证、第三方存证、本地存证等，本质上都由一方控制存证内容，利用区块链技术的存证方式，去掉了中心化这一特点，一旦存证人恶意存证，便会侵犯真正权利人的合法权益。除此之外，在去中心化存证的情况下，一旦遭受攻击，容易造成存证数据丢失或被篡改，也易造成信息泄露等问题，给权利人的隐私保护带来一定的难题。根据区块链技术的特点，区块链的隐私保护不是单一的，而是分为网络层的隐私保护、交易层的隐私保护和应用层的隐私保护。可见技术的发展也对隐私的保护带来更多的挑战和难度。区块链具有分布式记账技术、公开透明的特点，任何人都可以获取到区块链上的所有交易信息，如果有人对这些交易信息通过大数据技术进行分析，就能够得出账户地址之间的关系、交易之间的关系以及账户地址和交易之间的关系。既然区块链上的信息都是公开透明、可追溯的，那么上链信息和数据的合法权利如何不被侵害，如何对权利人的隐私权进行特别保护，就是一个必须面对的重要问题。此外，在区块链隐私保护过程中，不能打破区块链本身的一些优质特性，因此区块链隐私保护还面临着巨大挑战。为了应对这种挑战，对新技术风险进行规制，必然需要法律和司法进行预防、保护和救济。

社会飞速发展，新鲜事物不断涌现，区块链技术正处于高速发展的阶段，很多问题还有待发现，而法律法规从立项、制定到发布往往需要经历漫长的过程，由此就导致社会对这项技术的认知尚未理性普及，法律层面的认定和定性还比较模糊，对于规范流程的各类规章制度都处于亟待完善的阶段，而法院的司法裁判是以事实为依据，事实的认定主要就是依靠证据。证据不仅要真实，而且获取的手段也必须合法，一些证据还必须由具备一定资质的机构提供才是合法有效的，比如鉴定意见、公证文书、勘验、检查报告等，都需要专业机构或者部门出具。那么，通过区块链技术进行取证的平台需要具备何种资质，该资质的赋予主体如何确定，相关规则的缺失也导致审判实践中存在同案不同判等裁判尺度不统一的情况，影响了区块链技术在司法等领域的进一步落地。

此外，区块链电子证据的推广实践还需要依赖法院干警和律师工作习惯。由于法院干警和律师在当前阶段可能更倾向于使用传统和熟悉的电子证据形态，随着区块链技术的普及与带来的便利，可能会使法院干警和律师加大对于区块链技术在电子证据存证验证的应用，适应区块链在法院诉讼服务方面的发展潮流。以裁判文书网 2020 年的数据统计显示，相关区块链电子证据平台的裁判数量已经与第二位的传统电子证据判例数非常接近。基于广泛的社会共识，区块链电子证据日后可能成为主流的电子证据形态，法院干警和律师将成为区块链电子证据广泛应用的促进者。

司法区块链安全防护还处于起步阶段，更应注重安全管理。司法区块链基于联盟链技术构建，尽管主要节点由司法机关、行政部门控制，但从商用区块链遭遇的安全问题来看，司法区块链的安全性保障还应予以加强，特别是对认证机制、形式化验证、技术架构、数据保护和基础设施的全局发展提出新的考验，要注重安全管理，保障数据的安全性。

第二节 区块链存证的前景展望

随着区块链技术在司法实践领域的应用逐渐深入，利用区块链塑造新的信任机制，提供技术信任成了数字经济下重要的发展方向之一。从目前的产业实践来看，电子合同、版权保护、数据流通、征信等多个领域正在开展区块链存证相关的探索。

基于区块链的电子合同。在传统的电子合同基础上，引入区块链技术为电子合同的各个环节提供真实性保障，为后续可能产生的纠纷处理提供全面真实可回溯的证据链条。在身份认证、合同文本、合同签署等环节加入区块链技术，提高电子合同的安全性和有效性。在电子合同签署前，借助轻量级区块链电子签名技术对合同签订者的身份进行验证；在电子合同签署过程中，区块链对电子合同文本信息、签章等真实性进行技术保障。如在线电子合同法大大平台，在旅游、电商、金融、人力资源、物流等多个场景下使用区块链技术进行签约，目前企业用户数量突破660万家，显示了良好的应用效果。

基于区块链的版权保护。版权存证是目前区块链存证一个重要的应用方向，文学、艺术、音乐、影视等内容生产机构或内容运营企业通过将作品内容存证在区块链上，实现了作品原创登记，政府、版权中心、企业等多方机构可通过区块链共同对原创者的版权进行确认，通过版权监测和电子数据采集，能够及时发现版权侵权行为，为国内版权保护工作提供支持。版权家平台将版权数据存证、侵权电子数据取证和司法诉讼形成业务闭环，进一步推动了互联网版权的保护。

基于区块链的征信业务。基于区块链技术，打通产业链上下游企业及相关机构的数据壁垒，广泛接入政务、能源、银行、零售、物流等行业数据，结合隐私计算等技术，有助于利用技术创新实现多家机构、平台间的数据资源不泄露前提下的数据多源交叉验证与共享，突破传统以财务信息为中心的信用评价机制，能够多维度、更精确地对企业进行征信业务评价。

此外，在数据要素市场化改革的建设方面，区块链存证同样也具有重要的应用价值和发展前景。当前，数字经济已经成为经济高质量发展的新动能，加快向数字产业化、产业数字化、数据价值化、数字化治理的“新四化”趋势转型。数字技术的发展推动数据互联互通，数据的全球化、流动性与资产化特征显著增强。而数据要素作为数字经济时代的重要战略资源和关键生产要素，成为数字经济新引擎的源动力，与社会生产、生活和治理体系深度融合，形成了“信息—物理—社会”强耦合的复杂动态系统，对于传统经济结构变革具有重大影响，也对我国国家治理现代化提出了新挑战。激活数据要素潜能、释放数据要素价值成为推动数字经济发展的关键举措，以技术与顶层机制建立健全数据要素市场，则是充分发挥数据价值的重要保障。

2022 年 12 月，中共中央、国务院印发《关于构建数据基础制度 更好发挥数据要素作用的意见》（以下简称《意见》），正式确立数据要素的顶层设计，为数据要素市场化发展举旗定向，推动构建数据要素双循环新发展格局。各地政府、行业也在积极推动地方试点，在实践中探索数据要素市场化规则体系。数据要素相关政策环境的不断完善带动我国数据要素资源规模持续扩大，但不可忽视的是，我国数据要素市场建设仍然处在探索阶段。虽然《意见》确立了数据要素基础制度的四梁八柱，但数据产权界定、统一规范的交易流通规则及价值分配等问题仍然有待进一步厘清。

从数据要素市场发展的整体趋势来看，目前数据确权仍然是制约数据流通交易的关键环节，除了政策上有待对产权进一步明确外，在司法层面如何应对数据的技术属性所带来的新挑战也是摆在司法实务工作者面前新的课题。特别是对于尚在探索中的以数据交易所为代表的场内交易而言，如何确定数据权属，为数据流通交易提供公平合理透明可信的信息披露机制，确定关键性节点，为整个数据流通交易提供可追溯、可审计的证据留存，并建立起一套统一规范、便于操作的存证标准化体系，为数据流通交易提供司法支撑对于整个数据要素市场的良性可持续发展至关重要。

而对此，区块链技术或可提供一套可行的解决方案。区块链数据公开透明的机制，使得公开的信息更加公开、可信，任何操作记录的主体、操作行为、时间等均在区块链上留下不可篡改的记录，相关人员可结合对身份鉴定技术、时间戳、区块链凭证信息等，实现行为的审计和追溯，让信息权威性和公信力得到进一步提升。区块链可以有效促进各方积极规范自身的行为，严格依法依规操作，规范相关主体的合规运行，对违规违法行为从技术上进行了预防和震慑。因此，利用区块链技术探索数据流通交易系统搭建，支持数据可信安全流转也成为目前产业实践探索的一个重要方向。基于区块链、数字水印和标识解析等技术，可将数据本身和其拥有者的信息存证在区块链上，形成多方共识和信任背书，为数据的真实性、有效性权属问题提供相应的技术支撑手段，为数据资产流通、交易创造良好的环境。在数据确权登记过程中，可根据数据来源和数据生成特征，分别界定数据生产、流通、使用过程中各参与方享有的合法权利，并为不同登记资产分配对应的登记证明标识，建立数据在授权使用、交易流通过程中的可追溯体系。确权登记平台围绕数据资产确权登记运营生态，从数据商入驻后发起登记开始，提供数据资产确权、合规评估、登记管理、证书签发的核心流程闭环，建立可信的数据资产确权登记体系。我国首家数据确权运营平台——人民数据资产服务平台已开始运行，而贵阳数据交易所、杭州国际数据交易所等也都在探索利用区块链技术搭建数据确权及交易管理体系，通过区块链存证构建可信赖的流通交易链条，在建立基于区块链的数据确权行业标准、引领行业规范发展方面迈出了新步伐。

社会经济的发展推动着司法的进步，而数字技术的变革更要求司法理论及实践的持续性创新与发展。以数据为代表的数字经济的发展改变了以往传统线下审判的模式，在线化司法审判及智慧法院的发展如火如荼，而司法证据的电子化、数字化更是带来一场法律科技的发展变革，在促使法官等实务工作者转变思路，将更多的技术人才引入司法领域，不断完善相关规则的同时，也催生了新的产业发展。区块链技术的诞生在改变法律所调整的社会关系同时，也在改变法律本身的运作方式。区块链存证模式的诞生使得司法证明正在经历一场颠覆性的变化，由传统经验性证据感知判断和认定事实逐渐转向更加数字化、智能化的处理方式，更多依靠技术手段的辅助来收集、固定证据并判断其证据能力与证明力。数字技术为司法带来风险与挑战的同时，也带来无限新的机遇与可能。但需要注意的是，作为社会治理的第一防线，新兴技术在司法中的使用更应被审慎考虑，法律工作者应理性对待技术带来的潘多拉魔盒。区块链技术证明只能成为传统证明制度的辅助性措施，而不能本末倒置，认为其可以代替法官对案件事实的认定。证据证明制度不仅需要技术上的事实判断，更重要的是融入裁判者的价值判断，技术理性永远不能凌驾于人的伦理与法律独有的价值之上。

附　录

附录 1：可信区块链推进计划（T/TBI 25—2021）

区块链司法存证应用标准　第 1 部分：数字版权应用场景

1　范围

本文件提出了基于区块链数字版权存证通用流程、数字版权侵权纠纷场景下电子存证、电子取证等活动中对于证据内容、存证数据的标准，存证平台的技术及核验要求等。

本文件适用于区块链司法存证系统研发、运营、检测等。

2　规范性引用文件

下列文件对于本文件的应用是必不可少的。凡是注日期的引用文件，仅所注日期的版本适用于本文件。凡是不注日期的引用文件，其最新版本（包括所有的修改单）适用于本文件。

GB/T 30247—2013 信息技术　数字版权管理　术语

GB/T 21374—2008 知识产权文献与信息　基本词汇

ISO 22739：2020 区块链和分布式记账技术—术语和概念

JR/T 0184—2020 金融分布式账本技术安全规范

ITU-T F. 751. 0 分布式账本系统要求

3　术语和定义

3.1　区块链 blockchain

一种由多方共同维护，使用密码学保证传输和访问安全，能够实现数据一致存储、防篡改、防抵赖的技术体系。

注：典型的区块链是以块链结构实现数据存储的，以下行文，分布式账本系统和底层链使用区块链表述。

[来源：ITU-T F.751.0，定义 3.2.2]

3.2　共识机制 consensus mechanism

分布式账本系统中各节点间为达成一致采用的计算方法。

[来源：JR/T 0184—2020，定义 3.17]

3.3　智能合约 smart contract

一种旨在以信息化方式传播、验证或执行合同的计算机协议，其在分布式账本上体现为可自动执行的计算机程序。

[来源：JR/T 0184—2020，定义 3.20]

3.4　事务 transaction

工作过程的最小单元，是产生符合规则要求的结果所需的一个或多个动作序列，又称事务。

[来源：ITU-T F.751.0，定义 3.2.19]

3.5　接口 interface

应用与底层链交互的接口，即底层链通过提供相关接口对应用层开放支持能力。

3.6　节点 node

提供区块链或分布式账本的所有或部分功能的实体。

[来源：JR/T 0184—2020，定义 3. 22]

3. 7　区块链司法存证 judicial evidence of blockchain

借助于区块链技术，确保作为民事诉讼证据的电子数据在采集、传输、储存、流转等过程中保持真实性、有效性的存证方法。

3. 8　版权 copyright

著作权

著作权人对其数字内容依法享有的权利。

[来源：GB/T 21374—2008 3. 4. 1]

3. 9　版权确权 copyright confirmation

确认版权的权利归属的行为。

3. 10　数字水印 digital watermark

一种将特定信息嵌入数字内容中的技术，需要时可以根据预定义的提取算法把相关信息提取出来，从而证明数字内容的版权信息。

[来源：GB/T 30247—2013 2. 3. 13]

4　基于区块链的数字版权存证平台

基于区块链的数字版权存证平台包含区块链底层平台实现数字版权可追溯不可篡改的存证和业务系统，实现安全、清洁的数字版权取证和存证。

基于区块链的数字版权存证平台可支持上层用户实现：

a）用户可对证明著作权权属的证据进行电子存证和确权；

b）用户可对网络侵权取证进行电子存证；

c）可对用户出示链上证据或链上核验。

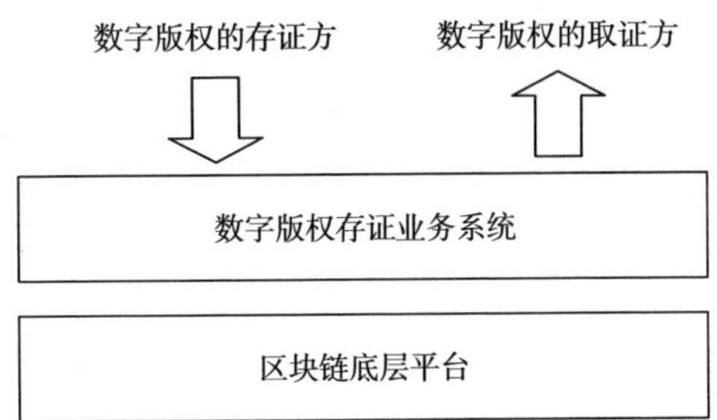

图1　基于区块链的数字版权存证平台示意图

为了确保区块链平台存证的有效性、正确性和合法性，基于区块链的数字版权存证平台需要满足基本要求、存证可靠性、存证清洁性、用户注册和身份核验要求。

4.1　区块链存证平台的基本要求

区块链存证平台应符合国家相关部门对提供区块链存证服务的相关规定和区块链平台的要求。具体要求包括但不限于：

a）区块链存证平台应该进行实名认证和资质审查；

b）区块链存证平台的基础硬件、基础软件、密码算法、节点通信、账本数据、共识协议、智能合约、身份管理、隐私保护等应符合相关国家标准或行业标准的技术要求和安全要求；

c）区块链存证平台与用户之间不应存在利害关系，且不应利用技术手段不当干预存证和取证的过程，符合相关参考架构国家标准和行业标准中对参与方活动的规范；

d）区块链存证平台应通过网信办（中共中央网络安全与信息化委员会办公室）备案或认可。

4.2　存证可靠性要求

区块链存证平台应满足存证可靠性要求，包括但不限于：

a）区块链存证平台应当确保电子数据的生成时间与上链存证时间具有紧密连贯性；

b）区块链存证平台应当使用有效的哈希算法对存证数据进行加密变换，

并确保存证数据原文与加密变换后的哈希值具有唯一对应关系；

c）区块链存证平台应当确保节点成员之间形成可信的共识机制。区块链存证平台应当对节点成员的真实身份信息进行审查，法院应当结合共识机制对节点成员进行审查。如节点成员之间存在相互控制关系，或节点成员与当事人存在利害关系，根据共识机制足以影响上链电子数据的不可篡改性，上链的电子数据不应认定为可信存证数据；

d）区块链存证平台应确保其主要系统与节点之间、节点与节点之间生成、存储、传输电子数据所依赖的计算机系统的硬件、软件环境完整、可靠。

4.3 存证清洁性要求

区块链存证平台应满足存证清洁性要求，包括但不限于：

a）区块链存证平台对区块链电子证据固定、传输和使用的技术和过程应符合国家标准或行业标准关于系统环境、技术安全、加密方式、数据传输、信息验证等方面的具体要求；

b）区块链存证平台应对用户存证时的设备、网络环境是否处于正常运行状态进行监测、检查，并形成相应的清洁性检查记录；当设备、网络环境异常时，区块链存证平台应对电子数据的生成、存储、传输是否受到影响进行评估。

4.4 用户注册和身份核验要求

用户特指存证平台的使用主体，可以是自然人或机构。用户在存证前应在区块链存证平台进行用户实名登记注册，实名登记需要提供信息如下：

a）机构用户应提供机构名称、机构证件类型、机构证件号、法定代表人、法定代表人证件类型、法定代表人证件号、经办人姓名、经办人身份证件类型、经办人身份证件号以及联系方式等信息并进行登记；

b）自然人用户应提供姓名、身份证件类型、身份证件号以及联系方式等进行登记；

用户使用存证平台进行数字版权存证或取证时，区块链平台应当通过口令或生物特征识别等方式对用户进行身份核验。

5　数字版权作品权属确认的存证要求

区块链电子证据涉及著作权的原始载体，以及出版物或发布内容、认证机构的证明、取得权利的合同、符合行业惯例的权利人声明等。数字版权作品可以从不同的阶段完成基于区块链的权属确认，为了保证不同阶段的有效性，区块链电子证据需要满足以下的要求。

5.1　作品原始载体证据

作品原始载体的区块链电子证据应根据作品类型和内容保障真实性，具体要求包括：

a）经区块链存证的作品原始载体上是否含有创作主体的署名信息；

b）作品原始载体的区块链电子证据的存证主体与作品原始载体上的署名信息应一致，或者声明两者的关系；

c）经区块链存证的作品原始载体上应包括创作时间的信息；

d）作品原始载体的区块链电子证据的存证时间与作品原始载体上的创作时间信息应相符，创作完成后宜尽快进行区块链存证；

e）作品的创意描述、作品大纲、创作组成元素以及该等元素的选择和编排的呈现方式、作品中间版本或过程版本以及在前述内容基础上进行修改、改编、演绎、衍生的版本，均可以进行区块链存证。该等存证内容与最终创作完成作品的电子证据结合，可体现并证明作品创作的完整过程、创作主体、创作时间等必要事实，以便加强作品系作者独立创作的证明目的。同时，上述内容本身在具有独创性的条件下也可能单独构成作品；

f）作品电子原件的技术参数信息或属性页面应进行区块链存证。

5.2　作品发布证据

作品发布证据的区块链电子证据应包括发布的时间和渠道等信息。具体包括：

a）经区块链存证的作品发布证据的发布时间、发布渠道以及作品内容等信息应完整，如网页上有发布主体的宜包括实名认证信息；

b）区块链电子证据的存证主体与作品发布证据上的署名信息应一致，或者声明两者的关系；

c）区块链电子证据的存证时间与作品发布证据上的发布时间应相符，并且宜在创作完成后尽快进行发布；

d）区块链电子证据的存证时间不应晚于侵权作品的发布时间。

5.3　版权登记存证

区块链存证服务平台与中国版权保护中心合作，并为用户提供版权登记服务的，应适用中国版权保护中心的相关规定。存证的作品取得作品登记证书的，具有形式上的证明力。

5.4　其它权属证据区块链存证

除著作权登记证书外，认证机构的证明、取得权利的合同以及符合行业惯例的权利人声明可以作为证明权属的证据。该区块链电子证据形成时间和内容应与其他权属证明相符。

6　网络侵权取证的存证要求

区块链存证平台用户可对证明著作权侵权行为、侵权受到损失等事实的证据进行区块链存证。

6.1　侵权作品发布和使用的取证内容

侵权作品发布和使用的区块链证据应当保障发布主体、时间、平台等相关事实的真实性，具体包括：

a）侵权存证中应包含发布主体信息，以及该等主体是否经过实名认证的相关证据。若侵权主体为企业主体，且该网络账号已经发布平台核验认证，则取证中应包含该企业主体完整企业名称的网络账号认证信息；若侵权主体为自然人主体，且该网络账号名称为自然人实名并经发布平台核验认证，则取证中应包含该自然人完整姓名的网络账号认证信息；

b）侵权存证中应包含侵权作品的发布平台名称。若侵权主体为匿名账号或未经发布平台核验认证，则应将该网络账号的账号信息进行存证；

c）侵权存证中应包括侵权作品的发布时间；

d）侵权存证中应包含侵权作品的完整内容。

6.2　侵权损失的取证内容

反映侵权所受到损失的证据可以通过区块链存证。存证内容包括证明侵权情节、作者和作品知名度、创作成本等证据。以下存证信息发生在线下的，用户可以将实体凭证转化为电子数据后，上传区块链存证平台进行存证。

a）侵权情节证据通常包括如下信息：应包括侵权作品的浏览量（下载量/评论量/转载量/播放量/销售数量/侵权作品所在页面的浏览量，侵权网络账号的关注人数，侵权网络账号从事营利性活动的相关情况，侵权主体的经营规模，侵权主体重复侵权或以侵权为业的相关情况）。

b）知名度证据通常包含如下信息：第三方媒体对于作者的报道（内容应包括：报道媒体名称、报道标题、报道时间、作者姓名），作者的获奖情况（内容应包括：奖项名称、获奖时间、颁奖单位、作者姓名），作者在网络平台中关注者的数量（内容应包括：网络平台名称、关注者数量），作品在作者发布渠道中的情况（内容应包括：发布平台名称、作品的浏览量、播放量、销售数量、下载量、评论量、转载量）。

c）创作成本证据包括如下信息：可通过网络方式核验的为创作作品所支出的成本，包括通过网络查询可确认的差旅费等。创作成本证据的内容应与作品的创作时间、创作地点相对应。

d）合理开支证据一般包括：制止侵权所支出的律师费、公证费、存证费、差旅费等。其证据表现形式通常为合同、发票、支付凭证等。

7　存证和取证过程性数据存证要求

区块链存证平台不仅应当以电子数据的形式对上述证据内容进行储存，还应当对用户使用存证、取证平台的过程性数据进行存证。

7.1　用户主动上传电子数据

如果用户进行电子存证，完整的电子证据至少应包括：

a）存证所上传的原始文件；

b）存证证明（内容至少包括：存证主体、文件名称、文件格式、存证时间、证据文件哈希值、区块哈希值)。

7.2 网页截图取证

如果用户使用网页截图的方式进行电子取证，完整的电子证据至少应包括:

a) 取证主机归属单位及主机IP信息，以便纠纷解决机关了解取证主机是否具备清洁、可信执行环境或安全元件;

b) 存证证明(内容至少包括:取证主体、取证网址、取证时间、证据文件哈希值);

c) 操作日志(内容至少包括:取证服务器的IP地址、取证开始时间、证据上链时间、取证结束时间);

d) 清洁性检查记录(内容至少包括:取证环境的操作系统信息、IP配置信息、访问路径检查、VPN检查、网络连接检查等);

e) 网页截图(内容还可包括:浏览器与服务器交互时的报文HAR格式文件、网页本地保存HTM格式文件等)。

7.3 录屏视频取证

如果用户使用录屏的方式进行电子取证，完整的电子证据至少应包括:

a) 取证主机归属单位及主机IP信息，以便纠纷解决机关了解取证主机是否具备清洁、可信执行环境或安全元件;

b) 存证证明(内容至少包括:取证主体、证据文件哈希值、取证时间);

c) 操作日志(内容至少包括:请求开始取证时间、虚拟机分配完成时间、虚拟机IP地址、虚拟机操作系统版本、虚拟机远程桌面准备完成时间、登录远程桌面时间、虚拟机启用录屏服务时间、虚拟机可信环境自检的开始时间、虚拟机可信环境自检的完成时间、结束录屏时间、数据上链时间);

d) 清洁性检查记录(内容至少包括:虚拟机机器信息、虚拟机操作系统版本、hosts文件检查、任务管理器检查、浏览器代理链接检查、互联网访问时间检查、访问路径检查、VPN检查、网络连接检查);

e) 手机操作日志(用户使用手机界面录屏功能时需包括此文件，内容至少包括用户应用程序的安装、卸载记录);

f）手机清洁性检查记录（用户使用手机界面录屏功能时需包括此文件，内容至少包括：手机虚拟界面启动时间、IP 地址、网络类型、WLAN 设置、VPN 设置、蓝牙设置、时间自动同步设置、网络代理情况、清洁性检查结论）；

g）录屏视频文件。

7.4　现场实时录音、录像、拍照取证

区块链存证平台为用户提供现场实时录音、录像、拍照取证服务的，完整的电子数据至少应包括：

a）取证设备型号信息，以便纠纷解决机关了解取证设备是否符合相关电子产品行业安全要求，是否具备物理防拆解能力；

b）取证设备配置信息，以便纠纷解决机关了解取证设备是否具备可信执行环境或安全元件，取证设备的音视频采集、储存、传输等核心组件是否为原装或经过更换；

c）取证设备的唯一标识，取证设备采集的音频、视频、图片数据应采用数字水印、图像指纹等方式计算其与设备唯一进行锚定，以便纠纷解决机关了解存证数据与取证设备之间的唯一对应关系；

d）取证模块权限信息，以便纠纷解决机关了解取证模块是否按最小可用原则调用设备系统权限，是否存在超越合理权限篡改存证数据的风险；

e）存证证明（内容至少包括：取证主体、取证时间、证据文件哈希值）；

f）操作日志（内容至少包括：取证开始/结束时间、取证地理位置信息、取证设备运行进程信息）；

g）清洁性检查记录（内容至少包括：互联网访问时间检查、访问路径检查、VPN 检查、网络连接检查）；

h）录音音频、录像视频、照片图片。

8　数字版权存证平台的出证与核验要求

8.1　总体要求

区块链存证平台应当提供便捷的核验工具和配套证明文件，满足用户核

验电子证据的便捷性需求，满足纠纷解决机关审查电子证据的审慎性需求。

当事人或区块链司法存证平台将电子数据系通过司法机关区块链进行存储，并经技术核验一致的，纠纷解决机关可以认定该电子数据未经篡改，但有相反证据足以推翻的除外。

区块链存证服务平台将存证数据同步传输至公证机关进行互联网公证，或同步传输至司法鉴定机关进行互联网存证的，如公证机关、司法鉴定机关在公证书、司法鉴定书中对相关内容进行证明，则可推定存证数据在形式上符合证据真实性要求，但对方当事人提交相反证据足以推翻的除外。

8.2 证据核验工具

区块链电子证据核验时应结合文件哈希值或区块哈希值验证文件是否被篡改。

区块链存证平台应当在互联网端提供核验功能载体，包括但不限于具备核验功能的网站、客户端等。核验步骤至少应包括将存证上传的原始文件或取证获取的证据文件与文件哈希值或区块哈希值进行匹配校验的过程。

8.3 配套证明文件

用户使用经区块链存证平台存证的电子证据进行诉讼或仲裁的，区块链存证平台应当为用户提供相关配套证明文件，对区块链存证技术的可靠性与证据核验的准确性进行有效证明，包括但不限于：

a）节点成员证明（存证平台提供节点成员实名认证资料、加入协议等）；

b）节点服务器配置证明（节点服务器型号、位置、配置、节点服务器购买/租赁合同等原始凭证等）；

c）存证平台运行情况证明（软件环境、传输协议、纠错机制等）；

d）哈希转换算法说明（披露转换算法，对每一项存证数据与哈希值之间的一一对应关系进行演示或说明）；

e）共识机制说明（共识机制的类型、原理、与节点数量的关系/维持可信性的最低节点数量、节点区块数据是否存在被篡改情况）。

附录　A

（资料性附录）
过程稿或中间稿示例

不同作品类型的过程稿或中间稿的表现形式各不相同。图像、音视频等作品的过程稿及中间稿件如表 A.1 所示。

表 A.1　过程稿或中间稿举例

摄影作品	未经后期制作的照片原图
美术作品	手稿、底稿
音乐作品	乐谱、音乐 DEMO（样本唱片）
文字作品	创意描述、作品大纲、章节梗概、人物关系设计、手稿
视听作品	原始素材、样片
图形作品	手稿、底稿
软件作品	流程图、状态图、时序图、DFD 图、开发过程中不时形成的部分源代码

附录2：可信区块链推进计划（T/TBI 27—2021）

区块链司法存证应用标准
第2部分：互联网贷款应用场景

1 范围

本文件提出了贷款机构、贷款服务机构从事互联网贷款相关业务时利用区块链技术进行电子存证的通用流程，以及互联网贷款业务场景下电子存证、电子取证活动中存证平台的技术要求、证据内容要求、证据核验要求等。

本文件适用于：

a）为区块链存证平台的研发、运营、检测等提供技术指导；

b）为互联网贷款业务场景中的参与方提供关于电子存证及技术核验的参考；

c）为纠纷解决机关审查互联网贷款业务场景区块链存证的电子证据提供依据。

2 规范性引用文件

下列文件中的内容通过文中的规范性引用而构成文件必不可少的条款。其中，注日期的引用文件，仅该日期对应的版本适用于本文件；不注日期的引用文件，其最新版本（包括所有的修改单）适用于本文件。

JR/T 0193—2020 区块链技术金融应用评估规则

ISO 22739：2020 区块链和分布式记账技术—术语和概念

3 术语和定义

3.1 区块链 blockchain

一种在对等网络环境下，通过透明和可信规则，构建不可伪造、不可篡改和可追溯的块链式数据结构，实现和管理事务处理的模式。

3.2　区块链司法存证　blockchain jurisdictional deposit

借助于区块链技术，确保作为民事诉讼证据的电子数据在采集、传输、储存、流转等过程中保持真实性、有效性的存证方法。

3.3　智能合约　smart contract

存储在分布式账本中的计算机程序，其共识执行结果都记录在分布式账本中。

3.4　存证方　depositing party

将互联网贷款业务数据提交至区块链存证平台，进行电子数据区块链存证的机构或自然人。

3.5　技术核验方　technology verifying party

存证方使用经区块链存证平台存证的电子证据进行诉讼时，向区块链存证平台发送核验请求进行互联网贷款相关证据核验的纠纷解决机构、诉讼参与人。

4　区块链存证平台的基础要求

区块链存证平台应符合国家有关部门关于提供区块链存证服务的相关规定和对于区块链平台的相关要求。具体要求包括但不限于：

a）区块链存证平台应该进行实名认证和资质审查；互联网贷款存证方使用其他机构提供的区块链存证服务前，应在区块链存证平台进行用户实名登记注册，实名登记需要提供信息包含：机构用户应提供机构名称、机构证件类型、机构证件号、法定代表人姓名、法定代表人证件类型、法定代表人证件号、经办人姓名、经办人身份证件类型、经办人身份证件号以及联系方式等信息并进行登记；自然人用户应提供姓名、身份证件类型、身份证件号以及联系方式等进行登记。

b）区块链存证平台的基础硬件、基础软件、密码算法、节点通信、账本数据、共识协议、智能合约、身份管理、隐私保护等应符合相关法律、法规、国家标准或行业标准关于存证技术可靠性要求和存证环境清洁性的要求。

c）为互联网贷款存证方提供区块链存证服务的机构应保持技术中立性，互联网贷款存证业务的参与方不应利用技术手段不当干预存证和取证的过程，应符合国家标准和行业标准中对于参与方活动的规范。

5 总体要求

5.1 系统框架

基于区块链的互联网贷款存证系统应当包括互联网贷款业务的参与方身份、送达地址、贷款流程中的重要信息或文件及其操作元数据的即时上链存证和核验技术，如图1所示。

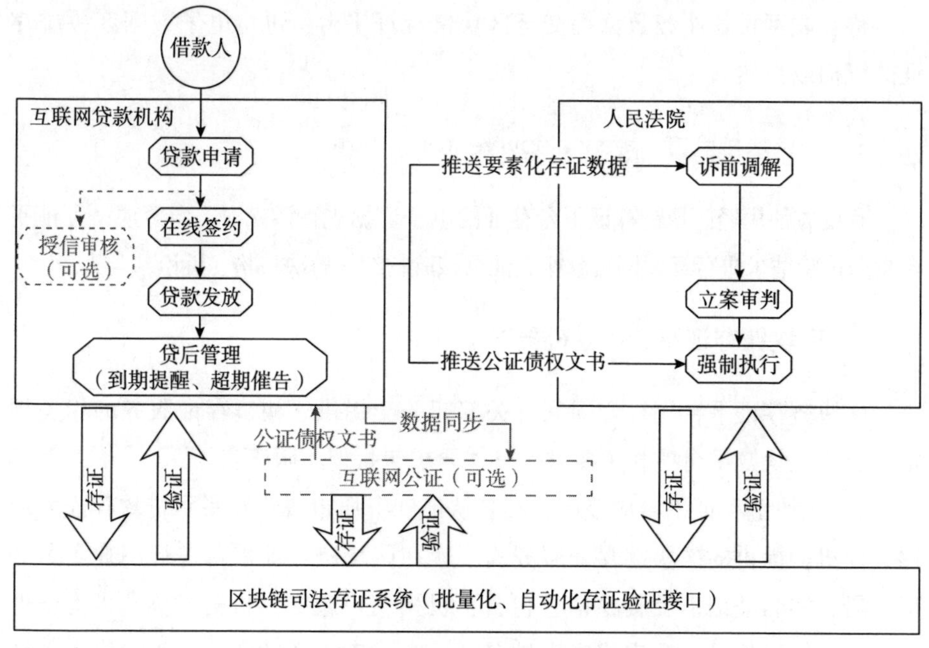

图1 基于区块链的互联网贷款存证概图

5.2 关于互联网贷款业务参与方的相关信息

5.2.1 互联网贷款机构

互联网贷款机构是指经国家相关金融管理部门批准经营贷款业务的企业和组织，包括但不限于商业银行、政策性银行、消费金融公司、信用合作社、小额贷款公司等。

其通过应用层用户注册、节点注册或 API 接口对接的方式接入存证平台，可提交互联网贷款业务数据，进行电子数据区块链存证和技术核验。

5.2.2　贷款服务机构

贷款服务机构是指在互联网贷款业务中，与贷款机构合作并提供相应服务（包括但不限于营销获客、风险防控、信息技术支持等）的各类机构。

其通过与贷款机构合作的方式与内容，将相关电子数据进行区块链存证和技术核验。

5.2.3　借款人

借款人是指以信用或财产为保证，从互联网贷款机构取得货币资金的企事业单位或个人。

其可将从互联网贷款机构或贷款服务机构办理互联网贷款业务产生的相关电子数据进行区块链存证和技术核验。

5.2.4　区块链存证服务机构

区块链存证服务机构是指在互联网贷款业务中，通过区块链技术为互联网贷款机构和贷款服务机构提供电子数据可信存证技术服务的各类机构。

区块链存证平台：是指与互联网贷款机构、贷款服务机构的业务系统进行对接，为互联网贷款各个环节提供即时、安全、清洁、可追溯的区块链存证服务的企业。

公证机关：是指根据《中华人民共和国公证法》，基于区块链技术互联网贷款各个环节提供即时、安全、清洁、可追溯的公证取证，并将以给付为内容并载明债务人愿意接受强制执行承诺的债权文书进行公证的机构。

5.2.5　纠纷解决机构

对互联网贷款业务中产生的纠纷，以中立第三方角色，通过调解、诉讼、仲裁等方式解决争议的单位或个人。

纠纷解决机构可以对当事人提供的区块链存证电子数据、公证文书进行技术验证，并将争议解决的结果进行区块链存证。

a）人民法院：是指根据《中华人民共和国民事诉讼法》，通过民事诉讼、调解、执行等方式解决争议的司法机关。

b）仲裁委员会：是指根据《中华人民共和国仲裁法》，基于当事人自愿达成的仲裁协议，以裁决方式依法独立解决纠纷的社会组织。

c）调解组织或调解员：是指基于当事人自愿，以调解方式促成当事人主动解决纠纷的单位或个人。

6 关于互联网贷款业务流程中相关信息及操作元数据的存证

6.1 互联网贷款业务的流程以及存证要求

互联网贷款业务分为贷款申请、授信审核（如有）、债权文书的公证（如有）、贷款发放、贷后管理（包括到期提醒和超期催告）等阶段。互联网贷款机构、贷款服务机构可以对互联网贷款业务中各个交易环节的数据进行区块链存证。存证应包含借款人身份、贷款合同、贷款发放、贷款偿还及通知送达等信息。该等信息均为互联网贷款业务场景中的关键信息。

6.1.1 贷款申请的流程以及存证要求

借款人在线申请贷款，并通过自动信息系统与贷款机构签订贷款合同的，贷款机构可以将借款人身份信息、贷款合同等电子数据进行存证。互联网贷款的主要流程以及对应存证要求如下：

a）借款人实名认证。贷款人在互联网贷款机构的平台上提交实名认证信息。互联网贷款机构可以将借款人的实名认证数据进行区块链存证，包括但不限于：

如借款人为自然人的，实名认证数据包括但不限于：姓名、身份证号码、银行卡号码或第三方支付账户信息、预留手机号码及其他身份认证相关数据。

如借款人为法人机构的，实名认证数据包括但不限于：机构名称、社会统一信用代码、法定代表人姓名、住所及其他身份认证相关数据。

b）借款人身份核验。互联网贷款机构可以对借款人的身份信息进行核验。互联网贷款机构将其完成的身份核验数据进行区块链存证，包括但不限于：

身份核验方式（例如密码核验、短信验证码核验、生物信息核验等）、身份核验时间、身份核验方式、身份核验结果。

在未违反个人信息保护、商业秘密保护相关规定的前提下，存证方可将借款人进行核验身份时的设备信息、网络环境信息、生物识别信息上链存证。

c）电子送达地址。借款人同意，纠纷解决机构可以通过短信、微信、电子邮件等方式将争议解决和执行程序中的法律文书送达给借款人。互联网贷款机构将借款人确认并同意的联系信息上传至区块链存证，包括但不限于：电子邮箱、微信号、手机号等。

d）在线签约。借款人在贷款机构的平台上在线申请贷款，并完成在线签约。互联网贷款机构可以将借款人签署后的贷款合同完整文本进行区块链存证。

e）电子协议以及交易数据上链存证。互联网贷款机构将电子协议以及与贷款交易相关电子数据实时进行区块链存证。贷款机构与借款人通过电子签名签订贷款合同的，签约过程应符合《中华人民共和国电子签名法》等法律法规及相关国家标准、行业标准的规定。除前述数据外，互联网贷款机构应将反映电子签名制作、签署过程的相关数据进行区块链存证。

6.1.2 授信审核的流程以及存证要求

6.1.2.1 授信审核业务流程

互联网贷款机构收到贷款申请后，应当结合借款人的信用情况，对是否进行贷款及贷款额度进行审核。互联网贷款机构可以将审核依据、审核结果进行区块链存证。

a）借款人授权。互联网贷款机构查询借款人的征信情况前，应根据《中华人民共和国个人信息保护法》等相关法律法规，取得借款人的书面授权。授权文件应至少包括贷款人所需要收集及查询的个人信息及信用信息种类及用途。互联网贷款机构可以将授权文件的完整文本及签署过程进行区块链存证。

b）贷款机构征信查询。取得借款人的明确授权后，互联网贷款机构可通过合法渠道和手段向征信机构线上收集、查询和验证借款人的个人信息及信用信息。互联网贷款机构可以将征信机构名称、查询对象、查询时间、查询内容进行区块链存证。

c）征信结果反馈。征信机构获取借款人征信查询请求后，依请求查询、验证相应信息并反馈给互联网贷款机构。互联网贷款机构可以将征信机构反馈的查询结果、反馈时间、征信机构名称进行区块链存证。

d）征信方案评估。贷款机构依据征信机构反馈的信息，评估借款人信用情况，并确定授信方案。互联网贷款机构可以将评估结果进行区块链存证。

6.1.2.2　授信审核流程存证要求

a）贷款机构应及时将征信机构反馈的关于借款人的个人信息及信用信息、验证结果、授信结果进行区块链存证。

b）涉及借款人个人信息的存证，应按照符合《个人信息保护法》等法律法规的方式进行，对于属于个人敏感信息的，应予以脱敏或加密等手段处理。

6.1.3　贷款发放的流程以及存证要求

互联网贷款机构在完成授信审核、确定贷款方案后向借款人指定账户发放贷款，并将发放贷款的相关数据实时进行区块链存证。存证数据包括但不限于：

表1　贷款发放记录的区块链存证信息

存证字段	描述或要求
合同编号	贷款合同编号
收款人名称	收款人姓名或机构名称
放款时间	放款交易时间（需用自然时间记录，精确至秒）
放款金额（单位：分/元）	放款金额（需明确单位）
收款账号	借款人收款的银行账户等、第三方支付账户等
收款银行	为收款人提供收款服务的机构名称

6.1.4　贷后管理的流程以及存证要求

到期提醒是指互联网贷款到期日前，贷款人向借款人发送贷款即将到期，并催促其按期还款的通知。贷款机构、贷款服务机构通过短信、电子邮件等方式向借款人发送通知的，可以将通知情况实时进行区块链存证，包括但不限于：

表2　到期提醒记录的区块链存证信息

存证字段	描述或要求
通知文本	短信或电子邮件的完整文本
接收人手机号	接收人手机号
接收人电子邮箱地址	接收人电子邮箱地址
通知发送时间	（需用自然时间记录，精确至秒）

借款人到期向贷款机构归还借款。贷款机构收到借款人的还款时，可以将还款情况实时进行区块链存证，包括但不限于：

表 3　还款记录的区块链存证信息

存证字段	描述或要求
合同编号	贷款合同编号
客户名称	借款人姓名或机构名称
还款时间	借款人还款的准确时间（精确至秒）
还款金额（元/分）	还款金额
还款账户	借款人履行还款义务时使用的银行账户信息

超期催告是指互联网贷款到期日之后，借款人未能按约还款的情况下，贷款人向借款人发送要求其履行债务的通知。贷款机构、贷款服务机构通过短信、电子邮件等方式向借款人发送通知的，可以将通知情况实时进行区块链存证，包括但不限于：

表 4　超期催告记录的区块链存证信息

存证字段	描述或要求
通知文本	短信或电子邮件的完整文本
接收人手机号	接收人手机号
接收人电子邮箱地址	接收人电子邮箱地址
通知发送时间	(需用北京时间记录，精确至秒)

6.1.5　纠纷处理流程及存证要求

6.1.5.1　纠纷协商

在贷款合同履行过程中，互联网贷款机构与借款人如产生纠纷，可以进行协商。互联网贷款机构（或委托贷款服务机构）向借款人发送通知书、催告书、律师函等各类函件，可以将函件文本、发送方式、发送时间、发送对象进行区块链存证。如互联网贷款机构或贷款服务机构通过短信、电子邮件等方式向借款人发送通知的，可以将通知情况实时进行区块链存证，存证信息同表 4。

借款人向互联网贷款机构发送通知书、催告书、律师函等各类函件的，可以将函件文本、发送方式、发送时间、发送对象进行区块链存证。互联网贷款机构收到借款人发送的函件，可以将函件文本、接收时间、接收方式进行区块链存证。

互联网贷款机构与借款人协商达成一致意见并签署和解协议、补充协议、承诺书等各类协议文件的，可以将上述协议的文本进行区块链存证。双方通过互联网进行线上签约的，贷款机构可以将贷款合同等电子数据进行区块链存证，存证信息及对应要求与本标准 6.1.1 条一致。

6.1.5.2　纠纷解决

互联网贷款机构与借款人可以将纠纷提交人民法院、仲裁委员会、调解组织或调解员等纠纷解决机构的，可以将提交的起诉书、申请书及相关证据材料进行区块链存证。

纠纷解决机构可将相关文书（包括但不限于人民法院作出的判决书、调解书、裁定书、仲裁委员会作出的裁决书、调解组织或调解员作出的调解协议）进行区块链存证。纠纷解决机构通过电子送达方式向当事人送达上述文书的，可以将电子送达的对象、时间、内容、结果进行区块链存证。互联网贷款机构、借款人接收后，可以将上述文书的文本进行区块链存证。

纠纷解决机构将案件处理的过程和结果进行区块链存证，应遵守法律、法规及行业主管部门的有关规定。

6.1.5.3　公证债权文书的办理与执行

互联网贷款机构采用基于区块链存证技术的互联网公证，互联网贷款机构与借款人可以向公证机关申请经公证赋予强制执行效力的债权文书。

公证机关可以将公证债权文书审核、办理的过程和结果进行区块链存证，存证信息、流程要求参照相关法律法规的规定。

互联网贷款机构持经过区块链存证的公证债权文书申请强制执行，应同时上传与公证债权文书匹配的贷款业务存证数据、执行证明。人民法院对上述材料进行技术验证后，对是否符合立案条件进行审核。

人民法院可以采用智能合约技术，自动核验互联网贷款机构推送的公证债权文书及配套数据，并根据相应执行立案要素完成自动审核和立案。

7　互联网贷款业务区块链存证的技术核验流程

互联网贷款存证业务的技术核验方可通过区块链存证平台完成对已经存储于区块链存证平台的相关存证信息的技术核验：

—技术核验方向基于区块链的互联网贷款存证平台发送核验请求；

—存证平台根据链上的存证信息，反馈核验结果。

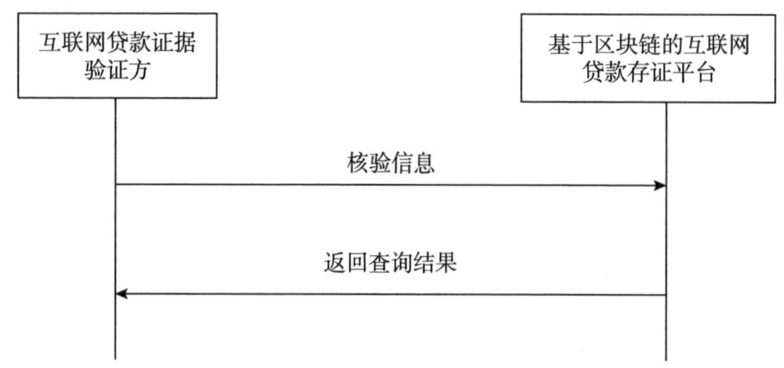

图 2　互联网贷款存证的技术核验流程

7.1　总体要求

区块链存证平台应当提供便捷的核验工具和配套证明文件，满足用户核验电子证据的便捷性需求，满足纠纷解决机关审查电子证据的审慎性需求。

当事人或区块链司法存证平台将电子数据系通过司法机关区块链进行存储，并经技术核验一致的，纠纷解决机关可以认定该电子数据未经篡改，但有相反证据足以推翻的除外。

区块链存证平台将存证数据同步传输至公证机关进行互联网公证，或同步传输至司法鉴定机关进行互联网存证的，如公证机关、司法鉴定机关在公证书、司法鉴定书中对相关内容进行证明，则可推定存证数据在形式上符合证据真实性要求，但对方当事人提交相反证据的除外。

7.2　证据核验工具

区块链电子证据核验时应结合文件哈希值或区块哈希值核验文件是否被篡改。

区块链存证平台应当在互联网端提供核验功能载体，包括但不限于具备核验功能的网站、客户端等。核验步骤至少应包括将存证上传的原始文件或取证获取的证据文件与文件哈希值或区块哈希值进行匹配校验的过程。

7.3 配套证明文件

贷款机构、贷款服务机构使用经区块链存证平台存证的电子证据进行诉讼或仲裁的，区块链存证平台应当为贷款机构、贷款存证机构提供相关配套证明文件，对区块链存证技术的可靠性与证据核验的准确性进行有效证明，包括但不限于：

a）节点成员证明（存证平台提供节点成员实名认证资料、加入协议等）；

b）节点服务器配置证明（节点服务器型号、位置、配置、节点服务器购买/租赁合同等原始凭证等）；

c）存证平台运行情况证明（软件环境、传输协议、纠错机制等）；

d）哈希转换算法说明（披露转换算法，对每一项存证数据与哈希值之间的一一对应关系进行演示或说明）；

e）共识机制说明（共识机制的类型、原理、与节点数量的关系/维持可信性的最低节点数量、节点区块数据是否存在被篡改情况）。

附录3：可信区块链推进计划（T/TBI 26—2021）

可信区块链：区块链版权存证系统测评规范

1　范围

本文件规定了区块链用于版权存证系统场景的技术与应用要求。

本文件适用于区块链在版权存证场景中的系统设计与实现，也适用于第三方机构对区块链版权存证系统进行测评。

2　规范性引用文件

下列文件对于本文件的应用是必不可少的。凡是注日期的引用文件，仅所注日期的版本适用于本文件。凡是不注日期的引用文件，其最新版本（包括所有的修改单）适用于本文件。

GB/T 30247—2013　信息技术　数字版权管理　术语

GB/T 21374—2008　知识产权文献与信息　基本词汇

JR/T 0184—2020 金融分布式账本技术安全规范

ITU-T F. 751. 0 分布式账本系统要求

T/TBI 03—2021 可信区块链：功能评测方法

T/TBI 09—2020 可信区块链：区块链存证系统应用规范

3　术语和定义

3. 1　区块链　blockchain

一种由多方共同维护，使用密码学保证传输和访问安全，能够实现数据一致存储、防篡改、防抵赖的技术体系。

注：典型的区块链是以块链结构实现数据存储的，以下行文，分布式账本系统和底层链使用区块链表述。

[来源：ITU-T F. 751. 0，定义 3. 2. 2]

3.2　共识机制　consensus mechanism

分布式账本系统中各节点间为达成一致采用的计算方法。

[来源：JR/T 0184—2020，定义 3. 17]

3.3　智能合约　smart contract

一种旨在以信息化方式传播、验证或执行合同的计算机协议，其在分布式账本上体现为可自动执行的计算机程序。

[来源：JR/T 0184—2020，定义 3. 20]

3.4　事务　transaction

工作过程的最小单元，是产生符合规则要求的结果所需的一个或多个动作序列，又称事务。

[来源：ITU-T F. 751. 0，定义 3. 2. 19]

3.5　接口　interface

应用与底层链交互的接口，即底层链通过提供相关接口对应用层开放支持能力。

3.6　节点　node

提供区块链或分布式账本的所有或部分功能的实体。

[来源：JR/T 0184—2020，定义 3. 22]

3.7　版权　copyright

著作权人对其数字内容依法享有的权利。

[来源：GB/T 21374—2008 3. 4. 1]

3.8　数字水印　digital watermark

一种将特定信息嵌入数字内容中的技术，需要时可以根据预定义的提取算法把相关信息提取出来，从而证明数字内容的版权信息。

［来源：GB/T 30247—2013 2. 3. 13］

4　功能要求

图 1　区块链版权存证系统参考框架

4. 1　基础功能要求

基础层应满足密码算法、对等网络、共识机制、智能合约、数据存储 5 大区块链核心技术要求，具体要求如下：

1）密码算法：应支持非对称密码算法、哈希算法，宜支持对称加密算法、零知识证明、同态加密等密码算法。

a）非对称密码算法：应支持商用密码算法 SM2，宜支持 RSA、ED25519、ECDSA 等其它算法；

b）哈希算法：应支持商用密码算法 SM3，宜支持 SHA 系列等哈希算法；

c）对称密码算法：应支持商用密码算法 SM4，宜支持 AES 等其它密码算法；

d）零知识证明算法：宜支持 zkSNARK，zkSTARK，BulletProof 等算法；

e）同态加密：宜支持加同态、乘同态等同态加密算法。

2）对等网络：区块链节点之间应支持全连通的对等网络，当节点数大于 5 时，共识节点邻接节点数不少于 5 个，以保证系统的弹性；当节点数小于 5 时，所有不同节点间应可直接连通。

3）共识机制：系统应具备全网共识一致的能力，宜支持绝对一致共识，应支持 CFT 容错能力，宜支持 BFT 容错能力。

4）智能合约：应支持智能合约，包括合约部署、升级、调用、吊销功能，宜支持基础的存证合约模板。

5）数据存储：应支持数据持久化存储能力，宜支持数据加密存储、分布式存储、数据归档等数据安全存储、存储扩展能力，宜支持数据异常恢复能力。

4.2 应用功能要求

4.2.1 机构管理

（1）系统应对区块链运营机构合法性进行验证。

（2）系统应对区块链运营机构运营性质进行验证。

4.2.2 用户管理

（1）应具备用户注册和登录功能。

（2）应满足用户身份核验要求，即用户在使用区块链版权存证服务前，应在平台上进行用户实名登记注册。

（3）宜具备用户权限管理功能。

4.2.3 版权存取证数据要求

（1）数据可靠性：应当确保电子数据的生成时间与上链存证时间具有紧密连贯性，应当使用有效的哈希算法对存证数据进行加密变换。

（2）数据清洁性：对于数据的固定，传输和使用应进行清洁型检查，并保证系统环境、技术安全、加密方式、数据传输、信息验证等方面符合标准。

（3）数据完整性：应保障关键数据在传输和储存中的完整性。

（4）数据一致性：应采用防篡改机制，保障链上与链下数据的互为对应。

（5）数据类型：应支持不同类型的数据接入版权存证系统。

4.2.4 版权存证功能

（1）应具备版权作品权利声明签署功能，进行用户版权作品的权利声明。

（2）应具备版权作品备案功能，存证登记版权作品相关信息内容。

（3）宜有相似性检索功能，可根据作品源文件查找是否有相似的作品信息存证上链。

（4）宜有内容安全检测功能，可检查版权存证源文件和作品相关信息是否存在内容安全问题。

（5）宜有数字水印功能，可给各个数据类型作品文件添加对应的水印信息帮助传播。

4.2.5　版权取证功能

（1）应提供版权取证功能，提供多种类型的取证方式。

（2）应保证取证环境的清洁性和取证证据的完整。

4.2.6　版权核验功能

（1）应当提供便捷的技术核验工具及配套核验结果，满足用户技术核验区块链电子证据的便捷性需求的同时，亦满足纠纷解决机关审查区块链电子证据的审慎性需求。

（2）应当在互联网端提供核验功能载体，包括但不限于具备核验功能的网站、客户端等。

（3）应实现文件哈希核验及区块哈希核验。

（4）宜支持存证证明文件、存证证据编号或法院平台核验。

4.2.7　版权第三方证明

（1）宜支持用户通过人民法院司法区块链系统进行存证取证，数据核验应当符合最高人民法院的有关规定。

（2）区块链版权存证系统将存证数据同步传输至公证机关进行互联网公证，或同步传输至司法鉴定机关进行互联网存证的，则可推定存证数据在形式上符合证据真实性要求，但对方当事人提交相反证据的除外。

4.2.8　系统稳定性要求

（1）版权存证系统应具有稳定性，应能 7 * 24 小时提供正常服务。

（2）版权存证系统在一定压力与海量存量数据基础上，可保持一定的稳定性支撑。

5　评测方法

5.1　基础功能评测方法

基础功能测评以 4.1 章节“基础功能要求”为基础，评测方法参照 T/TBI 03—2021《可信区块链：功能评测方法》相关要求。

(1) 底层区块链类型

测试项目	底层区块链类型
测试目的	披露验证底层区块链系统基本信息
测试环境	受测环境
必选/可选	必选
前置条件	受测系统平稳运行
测试步骤	披露所依赖的底层区块链系统基本信息，文字披露，关键代码或配置文件截图验证： 1. 区块链系统名称及版本； 2. 密码算法支持情况，包括非对称、哈希、对称等，标注默认与可选； 3. 共识机制支持情况，标注默认与可选； 4. 对等网络支持情况，包括网络类型、P2P 网络模型，标注默认与可选； 5. 智能合约支持情况，包括合约类型与合约语言，标注默认与可选； 6. 数据存储支持情况，包括账本数据、状态数据所支持的数据库类型，标注默认与可选。
预期结果	披露内容详实
测试结果	

(2) 网络拓扑

测试项目	网络拓扑
测试目的	披露验证受测系统网络拓扑信息
测试环境	受测环境
必选/可选	必选
前置条件	受测系统平稳运行
测试步骤	1. 披露展示：披露受测系统的网络拓扑信息，包括底层区块链系统（共识节点、普通节点）、客户端、网关代理、上层应用系统等不同角色，网络拓扑图形式展示，标注不同角色间的连通关系、通信方式，以及各角色的 IP 地址； 2. 截图验证：依据披露内容，对受测环境的配置信息、运行信息等截图验证。
预期结果	披露内容详实
测试结果	

5.2 应用功能评测方法

应用功能评测以4.2章节“应用功能要求”为基础，按照如下评测方法进行评测工作。

5.2.1 版权用户管理功能

（3）版权用户注册登录

测试项目	版权用户注册登录功能
测试目的	平台宜满足用户注册登录功能，符合对应账号管理要求。
测试环境	受测环境
必选/可选	必选
前置条件	区块链系统平稳运行
测试步骤	1. 支持用户通过手机号、邮箱等个人信息进行平台账号注册； 2. 完成账号注册以后，可以通过注册的账号登录平台正常使用功能。
预期结果	用户可以正常完成注册和登录的操作
测试结果	

（4）机构注册及核验

测试项目	机构注册及核验
测试目的	平台应满足用户身份核验要求，即用户在使用区块链版权存证服务前，应在平台上进行用户实名登记注册。
测试环境	受测环境
必选/可选	必选
前置条件	区块链系统平稳运行
测试步骤	1. 机构注册：机构用户应提供机构名称、机构证件类型、机构证件号、法定代表人、法定代表人证件类型、法定代表人证件号，宜提供经办人姓名、经办人身份证件类型、经办人身份证件号、经办人联系方式以及机构用户给到经办人的授权证明等信息并进行登记； 2. 关键信息核验：执行关键操作，应直接或间接进行实名信息校验，机构应进行机构四要素信息（营业执照名称、统一社会信用代码、法定代表人姓名、法定代表人有效证件号码）验证，同时进行经办人二要素信息（姓名、身份证号码）验证。
预期结果	平台支持机构填写相关实名信息进行验证，支持机构和个人关键信息核验
测试结果	

（5）个人注册及核验

测试项目	版权个人用户注册及核验
测试目的	平台应满足用户身份核验要求，即用户在使用区块链版权存证服务前，应在平台上进行用户实名登记注册。
测试环境	受测环境
必选/可选	必选
前置条件	区块链系统平稳运行
测试步骤	1. 自然人注册：自然人用户应提供姓名、身份证件类型、身份证件号以及联系方式进行登记，宜支持对指纹、虹膜、人脸等生物特征信息登记注册； 2. 关键信息核验：执行关键操作，应直接或间接进行实名信息校验，个人应进行个人二要素信息（姓名、身份证号码）进行核验。
预期结果	平台支持个人填写相关实名信息，支持个人关键信息核验
测试结果	

5.2.2　版权数据要求

（6）版权数据接入方式

测试项目	版权数据接入方式
测试目的	披露登记数据接入方式
测试环境	受测环境
必选/可选	必选
前置条件	区块链系统平稳运行
测试步骤	1. 披露存证数据采集、存证数据上链方案； 2. 存证人获取原始存证数据，数据类型可包括文本、图片、音频、视频等； 3. 版权存证应用通过接口将用户版权信息上链，获取存证 ID； 4. 通过存证 ID 查询版权存证结果。
预期结果	披露内容详实，根据 ID 可查询到存证数据
测试结果	

（7）版权存证一致性

测试项目	版权存证一致性
测试目的	披露版权存证哈希算法，平台应当使用有效的哈希算法对存证数据进行加密变换，并确保存证数据原文与加密变换后的哈希值具有唯一对应关系

续表

测试环境	受测环境
必选/可选	必选
前置条件	区块链系统平稳运行
测试步骤	1. 披露版权存证哈希算法； 2. 验证相同文件经过系统存证哈希结果一致，不同文件经过系统存证哈希结果不一致，存证数据原文与加密变换后的哈希值具有唯一对应关系； 3. 验证系统的哈希结果和公开的对应哈希算法结果一致。
预期结果	符合披露哈希算法结果，并且存证数据原文与加密变换后的哈希值具有唯一对应关系
测试结果	

5.2.3 版权作品备案功能

（8）版权作品权利声明签署

测试项目	版权作品权利声明签署
测试目的	验证是否支持版权作品权利声明签署功能
测试环境	受测环境
必选/可选	可选
前置条件	区块链系统平稳运行
测试步骤	1. 支持权利声明功能：应提供版权权利人姓名/名称、作品类型、作品或者制品创作完成日期、创作完成地点、发表状态、首次发表日期、首次发表地点、首次发表网址等相关信息； 2. 权利声明一致性校验：区块链电子证据的存证主体应与作品发表证据上的署名信息保持一致；如不一致，则应声明两者的关系； 3. 调用权利声明接口生成权利声明书，并携带用户数字签名/签章。
预期结果	生成权利声明书并带有声明用户数字签名签章
测试结果	

（9）版权作品权利声明查询

测试项目	版权作品权利声明查询
测试目的	验证是否支持版权作品权利声明查询能力
测试环境	受测环境
必选/可选	可选

续表

前置条件	已声明版权，并生成版权声明书
测试步骤	1. 调用版权声明查询接口，应支持根据版权主体（机构、自然人）、作品名称、版权声明书 ID 为索引，查询版权声明信息； 2. 应返回权利主体信息（主体名称）、作品名称、声明时间、版权声明书 ID 等信息，宜返回版权声明书原文等更为详尽的信息。
预期结果	支持根据版权主体（机构、自然人）、作品名称、版权声明书 ID 为索引，查询相关版权声明信息
测试结果	

（10）版权作品备案

测试项目	版权作品备案
测试目的	验证是否支持版权作品备案功能
测试环境	受测环境
必选/可选	可选
前置条件	区块链系统平稳运行
测试步骤	1. 应支持用户登记版权权利人信息、版权作品源文件、权利声明书等版权备案基础信息； 2. 宜支持用户提供著作权登记证书外，认证机构的证明、取得权利的合同、以及符合行业惯例的权利人声明可以作为证明权属的证据进行一起备案； 3. 调用版权作品备案接口，使用相同存证事务进行版权相关信息存证上链。
预期结果	支持版权相关信息一起完成版权备案成功
测试结果	

（11）版权作品备案查询

测试项目	版权作品备案查询
测试目的	验证是否支持版权作品备案查询功能
测试环境	受测环境
必选/可选	可选
前置条件	区块链系统平稳运行，已备案相关作品
测试步骤	支持用户根据权利人、备案 ID 等查询备案信息，具体如下： 1. 用户可根据权利人、备案 ID 等输入信息，查询对应的备案信息； 2. 查询成功，返回版权登记相关信息（版权权利人信息，版权作品源文件，权利声明书，辅助证明材料）和版权登记存证上链交易 HASH、区块高度。

续表

预期结果	根据权利人、备案 ID 等查询备案信息成功，返回查询结果完整
测试结果	

5.2.4　版权作品备案衍生功能

（12）版权作品相似性检索

测试项目	版权作品相似性检索
测试目的	验证是否支持版权作品相似性检索功能
测试环境	受测环境
必选/可选	可选
前置条件	区块链系统平稳运行
测试步骤	1. 提供版权作品源文件，版权作品信息调用版权登记相似性检索接口，获取登记 ID1； 2. 使用登记 ID1 调用版权存证登记接口获取版权存证相关信息确认完成版权登记； 3. 使用相同或相似的版权作品源文件调用版权登记相似性检索接口，获取登记 ID2； 4. 使用登记 ID2 调用版权存证查询接口获取版权存证和版权相似相关信息。
预期结果	1. 使用相同或者相似版权源文件可以通过版权查询接口获取相同或者相似的作品结果； 2. 使用不相似的版权源文件进行相似性检索不能获取相似作品结果。
测试结果	

（13）版权作品备案内容敏感信息过滤

测试项目	版权作品备案内容敏感信息过滤
测试目的	验证受测系统的敏感信息过滤功能
测试环境	受测环境
必选/可选	可选
前置条件	区块链系统平稳运行
测试步骤	1. 提供版权作品源文件，用带有内容敏感信息的版权作品信息和权利申明书调用版权登记接口； 2. 对作品源文件敏感内容（包括但不限于作品源文件（图片、视频）、版权相关文字信息）进行检测。
预期结果	检查敏感内容成功，并进行对应信息提示
测试结果	

(14) 版权作品数字水印

测试项目	版权作品数字水印
测试目的	验证是否支持版权存证添加数字水印功能
测试环境	受测环境
必选/可选	可选
前置条件	区块链系统平稳运行
测试步骤	1. 提供版权作品源文件，版权作品信息调用版权存证（带水印）接口，获取存证 ID1； 2. 使用存证 ID1 调用版权存证查询接口获取版权存证相关信息和添加完水印的版权作品文件。
预期结果	通过查询接口获取带水印的版权作品文件，支持图片、视频和音频
测试结果	

5.2.5 版权取证功能

(15) 网页截图取证

测试项目	网页截图取证
测试目的	验证是否支持网页截图取证功能
测试环境	受测环境
必选/可选	必选
前置条件	区块链系统平稳运行
测试步骤	1. 提供取证网页地址，调用网页取证接口进行取证； 2. 宜通过固定清洁的镜像启动一个新的服务器，保证取证环境的清洁性； 3. 获取网页取证结果，验证网页取证结果内容是否包含必要文件内容，并且文件内容都已上链存证： a. 应包括完整的网页截图文件（内容还可包括：浏览器与服务器交互时的报文 HAR 格式文件、网页本地保存 HTM 格式文件等）； b. 应包括操作日志，记录取证的操作过程（内容至少包括：取证服务器的 IP 地址、取证开始时间、证据上链时间、取证结束时间）； 4. 宜支持清洁性检查记录，记录取证的环境信息，证明取证环境的清洁性（内容至少包括：取证环境的操作系统信息、IP 配置信息、访问路径检查、VPN 检查、网络连接检查等）。
预期结果	披露内容详实，演示结果符合预期
测试结果	

（16）录屏视频取证

测试项目	录屏视频取证功能
测试目的	验证是否支持录屏视频取证功能
测试环境	受测环境
必选/可选	可选
前置条件	区块链系统平稳运行
测试步骤	1. 准备需要取证的地址，调用录屏取证接口进行取证； 2. 宜通过固定清洁的镜像启动一个新的服务器，保证取证环境的清洁性； 3. 获取录屏取证结果，验证录屏取证结果内容是否包含必要文件内容，并且文件内容都已上链存证： a. 应包含完整的包含音画同步的录屏视频文件； b. 应记录操作日志，记录取证的操作过程（应包括用户请求开始取证时间、用户结束录屏时间、数据上链时间，宜包括虚拟机分配完成时间、虚拟机 IP 地址、虚拟机操作系统版本、虚拟机远程桌面准备完成时间、虚拟机启用录屏服务时间、虚拟机可信环境自检的开始时间、虚拟机可信环境自检的完成时间）； c. 宜支持清洁性检查记录，记录取证的环境信息，证明取证环境的清洁性（应包括虚拟机机器信息、虚拟机操作系统版本，宜包括 hosts 文件检查、任务管理器检查、浏览器代理链接检查、互联网访问时间检查、访问路径检查、VPN 检查、网络连接检查）； d. 宜包括手机操作日志，记录取证的操作过程（用户使用手机界面录屏功能时需包括此文件，内容至少包括用户应用程序的安装、卸载记录）； e. 宜包括手机清洁性检查记录，记录取证的环境信息，证明取证环境的清洁性（应包括手机虚拟界面启动时间、IP 地址，宜支持网络类型、WLAN 设置、VPN 设置、蓝牙设置、时间自动同步设置、网络代理情况、清洁性检查结论）。
预期结果	可以正常完成录屏取证并且包含必要文件，文件相关信息已上链
测试结果	

5.2.6　版权核验功能

（17）区块链存证平台核验

测试项目	区块链存证平台核验
测试目的	验证区块链存证平台是否支持核验功能
测试环境	受测环境
必选/可选	必选

续表

前置条件	区块链系统平稳运行
测试步骤	1. 提供存证源文件或者存证源文件哈希、存证链上交易哈希等； 2. 调用区块链存证平台核验功能。
预期结果	得到存证相关上链信息
测试结果	

（18）版权作品备案核验

测试项目	版权作品备案核验
测试目的	验证是否支持版权作品备案核验功能
测试环境	受测环境
必选/可选	可选
前置条件	区块链系统平稳运行
测试步骤	1. 提供版权作品源文件、源文件存证交易 HASH、权利人信息、权利人存证交易 HASH、权利声明书、权利声明书存证交易 HASH，作为核验信息； 2. 使用核验信息调用版权登记核验接口，展示核验结果。
预期结果	1. 使用正确的版权作品备案信息可以核验通过； 2. 使用错误的版权作品备案信息核验失败； 3. 使用分开独立存证上链的版权作品源文件、权利人信息、权利声明书核验失败。
测试结果	

（19）取证证据核验

测试项目	取证证据核验
测试目的	验证是否支持取证证据核验功能
测试环境	受测环境
必选/可选	可选
前置条件	区块链系统平稳运行
测试步骤	1. 提供取证源文件、取证操作日志文件、取证清洁性检查文件还有对应的交易 HASH，作为核验信息； 2. 使用核验信息调用取证核验接口，展示核验结果。
预期结果	1. 使用正确的取证信息可以核验通过； 2. 替换任意一个取证文件或者任意一个交易 HASH 信息核验失败。
测试结果	

5.2.7 版权第三方证明

(20)版权存证公证处出证

测试项目	版权存证出证
测试目的	验证是否支持版权存证出具公证处证书
测试环境	受测环境
必选/可选	可选
前置条件	区块链系统平稳运行
测试步骤	1. 提供版权作品源文件、版权作品信息调用版权备案出证接口; 2. 调用版权备案出证查询接口获取版权登记相关信息和公证处证书文件。
预期结果	通过查询接口获取公证处证书文件
测试结果	

(21)人民法院核验功能

测试项目	人民法院核验功能
测试目的	宜支持用户通过法院司法区块链系统进行存证取证核验,数据核验应当符合最高人民法院的有关规定。
测试环境	受测环境
必选/可选	可选
前置条件	区块链系统平稳运行
测试步骤	1. 提供版权存证和取证源文件、存证和取证链上交易 HASH; 2. 登录法院区块链核验平台,输入对应核验数据进行核验,展示核验结果。
预期结果	能在法院区块链核验平台获取正确的核验结果。
测试结果	

5.2.8 可视化展示

(22)版权作品存证信息可视化展示

测试项目	版权作品存证信息展示
测试目的	验证产品对于已存证信息的可视化展示能力
测试环境	受测环境
必选/可选	可选
前置条件	区块链系统平稳运行

续表

测试步骤	1. 支持可视化展示版权平台所存证的版权作品信息，应包括作品名称、所有人信息、存证时间、交易哈希，宜包括作品原始文件、权利证书等详尽信息； 2. 上述可视化信息支持分页展示、关键字查询功能。
预期结果	正确展示存证的数据，支持分页与查询
测试结果	

(23) 版权作品取证信息可视化展示

测试项目	版权作品取证信息展示
测试目的	验证产品对于已存证/取证信息的可视化展示能力
测试环境	版权平台测试环境
必选/可选	可选
前置条件	区块链系统平稳运行
测试步骤	1. 支持可视化展示版权平台所取证的信息，包括取证的文件名称、操作人员信息、取证时间，宜包括其它更为详尽的信息； 2. 上述可视化信息支持分页展示、关键字查询功能。
预期结果	正确展示取证的数据，支持分页与查询
测试结果	

(24) 版权作品公示

测试项目	版权作品公示
测试目的	验证是否支持版权存证作品公示功能
测试环境	受测环境
必选/可选	可选
前置条件	区块链系统平稳运行
测试步骤	1. 提供版权作品源文件，版权作品信息在平台完成存证和权利声明； 2. 查看平台公示板块是否展示完成版权作品存证的数据。
预期结果	在公示板块展示完成版权存证的作品信息
测试结果	

5.2.9　系统稳定性

（25）特定存证压力下长期运行稳定性

测试项目	特定存证压力下长期运行稳定性
测试目的	验证系统在特定压力环境下的存证操作长期运行稳定性支持能力
测试环境	受测环境
必选/可选	可选
前置条件	区块链系统正常运行
测试步骤	1. 进行存证功能压力测试，条件如下：共识节点不少于4个，存证数据不小于200字节，压力值不低于200 TPS，持续运行不小于4小时； 2. 系统平稳运行，无明显抖动，交易成功率不低于95%。
预期结果	系统在披露的高压与海量数据基础上仍可以提供稳定服务
测试结果	

附录4：可信区块链推进计划团体标准（T/TBI 35—2022）

区块链司法存证应用标准　第4部分：商业秘密保护

1　范围

本文件规定了区块链司法存证应用下商业秘密保护的术语与定义、存证系统技术要求及系统对应的存证与取证、出证与核验等功能模块应用要求。

本文件适用于区块链司法存证应用下商业秘密保护系统的设计、开发、生产和测试。

2　规范性引用文件

下列文件中的内容通过文中的规范性引用而构成本文件必不可少的条款。其中，注日期的引用文件，仅该日期对应的版本适用于本文件；不注日期的引用文件，其最新版本（包括所有的修改单）适用于本文件。

T/TBI 26—2021　区块链司法存证应用标准　第1部分：数字版权应用场景

ISO 22739：2020　区块链和分布式记账技术—术语和概念（Blockchain and distributed ledger technologies — Vocabulary）

ITU-T F. 751. 0　分布式账本系统要求（Requirements for distributed ledger systems）

3　术语和定义

下列术语和定义适用于本文件。

3.1　区块链　blockchain

一种由多方共同维护，使用密码学保证传输和访问安全，能够实现数据一致存储、防篡改、防抵赖的技术体系。

[来源：ITU-T F.751.0，定义3.2.14]

3.2　区块链司法存证　blockchain judicial deposit

为了保护司法存证信息的完整性和真实性，采用区块链技术实现多节点共识的司法存证服务。

3.3　商业秘密　trade secrets

不为公众所知悉、具有商业价值并经权利人采取相应保密措施的技术信息、经营信息等商业信息。

3.4　商业秘密权利基础的证明要件

3.4.1　秘密性要件　secrecy

商业秘密的具体内容是否在被诉侵权行为发生时“不为公众所知悉”。

3.4.2　价值性要件　commercial value

商业秘密的具体内容因不为公众所知悉而具有现实的或者潜在的商业价值，生产经营活动中形成的阶段性成果也可能具有现实的或者潜在的商业价值。

3.4.3　保密措施要件　protective measure

为防止商业秘密泄露，在被诉侵权行为发生以前所采取的合理保密措施。

4　概述

4.1　参考架构图

商业秘密存证系统由基础层和应用层构成，其参考架构如图1所示。

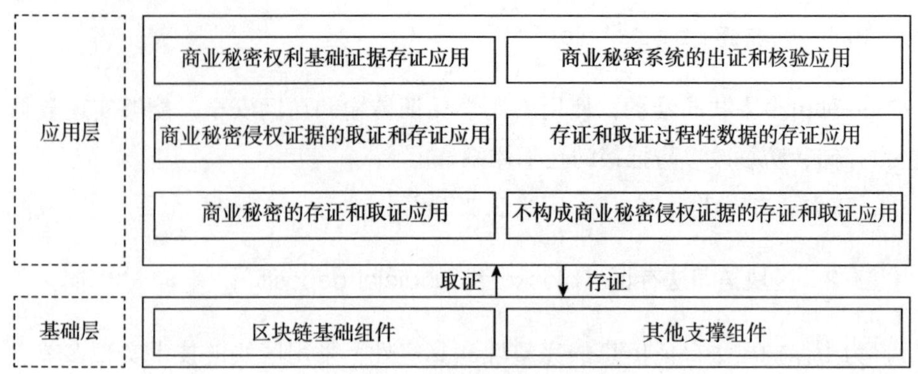

图1　商业秘密存证系统参考架构

4.2　模块解析

4.2.1　基础层

基础层应提供区块链底层技术能力，包括共识机制、分布式存储、密码学算法、智能合约等，以及支撑商业秘密存证系统运行的其他相关组件。

4.2.2　应用层

应用层应依赖基础层区块链基础组件及其他支撑组件可信存证、节点管理、用户管理等能力，实现存证与取证功能，支撑商业秘密存证系统的上层应用，包括商业秘密权利基础证据的存证应用、商业秘密侵权证据的取证和存证应用、不构成商业秘密侵权证据的存证和取证应用、商业秘密的存证和取证应用、存证和取证过程性数据的存证应用和商业秘密系统的出证和核验应用等。

5　商业秘密存证系统基础要求

5.1　基本运行要求

商业秘密存证系统为满足安全合规的基本运行要求：

a）应对使用者进行实名认证和资质审查；

b）基础硬件、基础软件、密码算法、节点通信、账本数据、共识协议、智能合约、身份管理、隐私保护等应符合相关国家标准或行业标准的技术要求和安全要求；

c）区块链电子证据的生成、固定、传输和使用的技术和过程应当符合相关国家标准或行业标准中关于系统环境、技术安全、加密方式、数据传输、信息验证等方面的具体要求；

d）应当对企业使用区块链司法存证时的硬件设备、网络环境是否处于正常运行状态进行监测、检查，并形成相应的清洁性检查记录；

e）应进行中共中央网络安全与信息化委员会办公室备案，获取可在区块链信息服务备案管理系统查询的备案号；

f）应满足国家有关部门颁布的关于区块链存证系统的最新标准。

5.2 功能要求

商业秘密存证系统为满足安全、清洁的电子证据存证、取证功能要求：

a）应对商业秘密的权利基础证据进行电子存证；

b）应对商业秘密侵权证据进行电子取证和存证；

c）应对不构成商业秘密侵权证据进行电子存证和取证；

d）应对商业秘密侵权的赔偿证据进行电子取证和存证；

e）应对上述电子证据进行真实性核验。

5.3 可靠性要求

商业秘密存证系统为满足可靠运行的要求：

a）应确保电子数据的生成时间与上链存证时间的紧密连贯性；

b）应使用有效的哈希算法对存证数据进行加密变换，确保存证数据原文与加密后哈希值具有唯一映射关系；

c）应确保节点成员间通过可信共识机制形成一致正确的分布式账本；

d）应对节点成员的真实身份信息进行审查；

e）应基于共识机制确保节点成员无法对上链电子数据进行篡改；

f）应确保其子系统与节点间、节点与节点间生成、传输、存储电子数据所依赖的计算机系统的硬件、软件环境安全可靠。

6 商业秘密存证系统应用要求

6.1 商业秘密权利基础证据的存证应用要求

6.1.1 商业秘密内容秘密性要件的存证应用要求

商业秘密存证系统为满足商业秘密内容秘密性要件的存证应用要求，存证内容需反映商业秘密的信息，应至少包括商业秘密中的技术信息、经营信息及其他商业信息。

a）技术信息应至少包括：与技术有关的结构、原料、组分、配方、材料、样品、样式、植物新品种繁殖材料、工艺、方法或其步骤、算法、数据、计算机程序等有关证明性文档及操作性元数据；

b）经营信息应至少包括：与经营活动有关的创意、管理、销售、财务、计划、样本、招投标材料、客户信息、数据等信息有关证明性文档及操作性元数据；

c）其他商业信息应至少包括：即除技术信息、经营信息以外商业信息的有关证明性文档及操作性元数据。

6.1.2 商业秘密价值性要件的存证应用要求

商业秘密存证系统为满足商业秘密价值性要件的存证应用要求，存证内容需反映商业秘密相关商业价值，应至少包括权利人为形成商业秘密所付出的成本、第三方为获得商业秘密而支付的许可费用及使用商业秘密的产品的销售情况。

a）权利人为形成商业秘密所付出的成本应至少包括：权利人为研发商业秘密投入的物料成本、人员支出、设备支出、委托开发费用等成本的原始凭证、财务报告等有关证明性文档及操作性元数据；

b）第三方为获得商业秘密而支付的许可费用应至少包括：技术许可协议、第三方支付许可费的转账凭证等有关证明性文档及操作性元数据；就许可费部分，许可协议的支付条款应与转账凭证金额相互对应；

c）使用商业秘密的产品的销售情况应至少包括：相关产品的销售合同、发票、付款凭证等有关证明性文档及操作性元数据。

6.1.3 商业秘密保密性要件的存证应用要求

商业秘密存证系统为满足商业秘密保密性要件的存证应用要求，存证内容需反映权利人针对商业秘密采取相应合理保密措施的证据存证应用要求，应至少包括保密约定证据、保密要求证据、物理场所区分管理证据、载体区分管理证据、访问限制证据、离职管理证据以及反映采取其他合理保密措施的证据。

a）保密约定证据应反映签订保密协议或者在合同中约定保密义务的有关证明性文档及操作元数据；

b）保密要求证据应反映通过章程、培训、规章制度、书面告知等方式，对能够接触、获取商业秘密的员工、前员工、供应商、客户、来访者等提出保密要求的有关证明性文档及操作元数据；

c）物理场所区分管理证据应反映对涉密的厂房、车间等生产经营场所限制来访者或者进行区分管理的有关证明性文档及操作元数据；

d）载体区分管理证据应反映以标记、分类、隔离、加密、封存、限制能够接触或者获取的人员范围等方式，对商业秘密及其载体进行区分和管理的有关证明性文档及操作元数据；

e）访问限制证据应反映对能够接触、获取商业秘密的计算机设备、电子设备、网络设备、存储设备、软件等，采取禁止或者限制使用、访问、存储、复制等措施的有关证明性文档及操作元数据；

f）离职管理证据应反映要求离职员工登记、返还、清除、销毁其接触或者获取的商业秘密及其载体，继续承担保密义务的有关证明性文档及操作元数据；

g）反映采取其他合理保密措施的证据。

6.1.4　商业秘密的其他权属证据的存证应用要求

商业秘密存证系统为满足商业秘密的其他权属证据的存证应用要求，存证内容需保证非该商业秘密的原始权利人可通过受让、继承与商业秘密权利人签署的商业秘密许可合同取得商业秘密权利，相关证据的存证要求应至少包括：

a）继承的相关凭据等证明性文档及操作性元数据；

b）许可合同或授权书、授权条款等有关证明性文档及操作性元数据。例如对普通被许可人，许可合同中应包含权利人明确授权权利人单独提起诉讼的授权条款；

c）其他相关证据。例如排他被许可人时，可以对权利人明示放弃起诉或权利人已知道有侵权行为发生而仍不起诉的相关证据进行存证。

6.2 商业秘密侵权证据的取证和存证应用要求

6.2.1 对被控侵权人接触商业秘密的证据进行取证和存证应用要求

商业秘密存证系统为满足对被控侵权人接触商业秘密的证据进行取证和存证的应用要求，取证和存证内容需反映被控侵权人拥有“接触商业秘密的机会和途径”的证据，应至少包含证明被控侵权人的主体身份信息、接触商业秘密的具体途径和方式等。

a）通过员工/前员工接触商业秘密的情况，被控侵权人接触商业秘密的证据进行取证和存证要求应至少包括：

1）证明员工/前员工工作职责与商业秘密相关的劳动合同、工作职责书；

2）商业秘密所涉项目的立项、验收文件中相关员工的签署记录和项目成员名单；

3）前员工在涉嫌侵权单位任职或与侵权单位关联的网页报道、个人履历更新、落户公示、工商登记信息等。

b）通过合作或因其他商务关系接触商业秘密的情况，被控侵权人接触商业秘密的证据进行取证和存证要求应至少包括：

1）合作方与权利人签订的相关合作协议，例如委托开发协议、合作开发协议、供销协议、设计协议等；

2）合作方的项目成员清单及其他合作方项目成员实际或可能接触到商业秘密的证据，如包含项目成员的邮件、显示项目成员的图纸或技术文件等；

3）合作方的项目成员在涉嫌侵权单位任职的网页报道、个人履历更新、落户公示、工商登记信息等；

4）合作方与涉嫌侵权单位达成合作的网页报道、招投标信息、上市公司公告、政府审批公示信息等；

c）通过其他方式接触商业秘密的情况，被控侵权人接触商业秘密的证据进行取证和存证要求应至少包括：访客来访登记记录、权利人的监控记录。

6.2.2　对被控侵权内容与权利人商业秘密内容相同或实质相同的证据进行取证和存证应用要求

商业秘密存证系统为满足对被控侵权内容与权利人商业秘密内容相同或实质相同的证据进行取证和存证应用要求，取证和存证内容应至少包括被控侵权内容的取证和存证、被控侵权内容与商业秘密的具体内容的同一性比对。

a）被控侵权内容的取证和存证要求应至少包括：

1）被控侵权内容通过网页等方式实现，包括，网页宣传、网络视频、学术论文、基金申请和结题文件、专利申请文件等；

2）应当对网页信息进行取证和存证，具体要求参见本文件第6.4.2节；被控侵权内容通过物理载体呈现的，可进行物理载体电子化存证、取证，具体请见本文件第6.4.3节。

b）同一性比对应至少包括：

1）同一性比对应当以经过取证、存证的被控侵权内容作为比对对象，与权利人总结的商业秘密的具体内容进行比对，且商业秘密的具体内容应当能够得到权利人商业秘密载体的支持；

2）对比对结论采用区块链存证的，应将比对时间、比对内容、比对使用的工具、比对显示的结果（相同或实质性相似）等要素进行固定和存证。

6.2.3　“非法获取”证据的取证和存证应用要求

商业秘密存证系统为满足“非法获取”证据的取证和存证应用要求，取证和存证内容应至少包括证明被控侵权人身份信息、非法获取的具体方式和时间、非法获取的信息内容。

a）被控侵权人通过盗窃获取商业秘密的情况，“非法获取”证据的取证和存证应至少包括：

1）被控侵权人及其相关人员（例如员工/前员工或其他主体）将权利人的电脑、服务器、邮件系统等存储介质中的商业秘密电子文档通过转发至个人邮箱、上传至个人网盘、传输至私人服务器、下载至个人移动存储设备、转存至个人电脑和平板等终端设备、或通过其他方式违背权利人的意愿使得商业秘密脱离权利人的控制的电子文档具体内容；

2）通过特定工具记录的传输日志，例如系统后台记录、有监控功能的特定软件记录；物理载体的证据，例如：监控记录、门禁系统记录等。

b）被控侵权人通过电子侵入的手段获取商业秘密的情况，“非法获取”证据的取证和存证应至少包括：权利人服务器的异常访问记录；通过特定工具记录的传输日志等；

c）被控侵权人通过贿赂的手段获取商业秘密的情况，权利人通过内部调查等合法方式获得员工/前员工或其他主体收受被控侵权人财物和其他利益的证据的取证和存证应至少包括：银行转账记录、第三方支付工具转账记录、财物本身或财产的登记记录等；

d）被控侵权人通过欺诈、胁迫的手段获取商业秘密的情况，“非法获取”证据的取证和存证应至少包括：被控侵权人告知虚假情况、隐瞒真实情况、施加胁迫的沟通记录，例如：邮件、函件、录音等；权利人基于错误认知或基于恐惧将商业秘密交付给被控侵权人的相应记录等；

e）以其他不正当手段获取商业秘密的情况，根据“其他不正当手段”的具体情形进行取证和存证，即对被控侵权人以其他违反法律规定或者公认的商业道德的方式获取商业秘密的行为进行保全和存证。例如，对于以“侵占”的方式获取商业秘密，即被控侵权人将代为保管或合法持有的商业秘密据为己有拒不返还的行为，可以保全被控侵权人做出拒不返还的意思表示的邮件、函件、录音等。交付商业秘密载体副本的记录及返还副本的记录，以证明返还的副本少于交付的副本。权利人请求被控侵权人返还商业秘密载体副本的意思表示的邮件、函件、录音等。

6.2.4　“披露、使用、允许他人使用”证据的取证和存证应用要求

商业秘密存证系统为满足“披露、使用、允许他人使用”证据的取证和存证应用要求，取证和存证内容需反映被控侵权人“披露、使用、允许他人使用”涉案商业秘密的证据，应至少包括证明被控侵权人身份信息、披露、使用、允许他人使用的具体方式、内容和时间。

a）被控侵权人披露商业秘密信息的情况，证据的取证和存证应至少包括：

1）被控侵权人发表的学术论文；申请的专利文本；

2）通过论坛和会议展示商业秘密的相关报道和记录；

3）通过销售和使用公开商业秘密信息的记录，例如公开销售的载有商业秘密的产品记录等；

4）向未经许可的第三方传输或分享商业信息的证据等。

b）被控侵权人使用、允许他人使用商业秘密信息的情况，证据的取证和存证应至少包括：

1）被控侵权人或获得被控侵权人允许的侵权人的产品销售和购买记录；

2）产品实物及检测分析报告；行政审批文件中披露的生产工艺和产品信息；

3）其他通过合法手段调查获取的生产工艺和产品信息；

4）利用经营信息（例如保密的价格信息、客户名单等）达成交易或获取竞争优势的招投标信息；

5）上市公司公告；通过合法手段获取的合同信息等。

6.2.5　保密义务和保密要求证据的存证应用要求

商业秘密存证系统为满足保密义务和保密要求证据存证应用要求，存证内容应至少包括被控侵权人对涉案商业秘密负有保密义务或权利人向被控侵权人提出保密要求、被控侵权人未通过合同等方式明示承担保密义务。

a）被控侵权人对涉案商业秘密负有保密义务或权利人向被控侵权人提出保密要求的情况，参照本文件第6.1.4条的相关规定。

b）被控侵权人未通过合同等方式明示承担保密义务的情况，权利人可对双方的往来邮件、信函、沟通记录或者合同中的关键条款进行取证和存证，证明被控侵权人知道或应当知道其获取的信息属于商业秘密，证据的存证应至少包括：

1）双方商业往来的目的、性质和缔约过程，反映被控侵权人知道或应当知道其获取的信息属于商业秘密的。例如，委托开发合同的“鉴于条款”约定双方的合同目的为开发可用于申请专利的技术方案；

2）缔约过程中权利人要求限定参与缔约和履约的人员范围的邮件、信函、沟通记录等；根据双方的交易习惯或行业内的一般交易习惯，被控侵权人知道或应当知道其获取的交易信息属于商业秘密。例如，既往的类似项目中，权利人要求被控侵权人签订了保密协议，或者对被控侵权人提出了保密要求的相关协议内容、邮件、信函、沟通记录等。

6.2.6　第三人侵权的取证和存证应用要求

商业秘密存证系统为满足第三人明知或应知他人商业秘密侵权或帮助、

教唆他人实施商业秘密侵权行为存证应用要求，权利人进行区块链存证的具体存证内容应至少包括：

a）被控侵权人明知/应知他人构成商业秘密侵权的情况，权利人应向被控侵权人发函，并向被控侵权人的系统提起侵权投诉、发出涉嫌侵权通知，第三人侵权的取证和存证应至少包括：

1）权利人向被控侵权人发函的函件内容、发函和送达时间、被控侵权人回复等记录；

2）权利人向被控侵权人的系统提起侵权投诉、发出涉嫌侵权通知的记录；

3）被控侵权人掌握的商业秘密载体中是否明确注明了权利人权属标志等。

b）证明被控侵权人帮助、教唆他人实施商业秘密侵权行为的情况，第三人侵权的取证和存证应至少包括：通过合法手段收集的被控侵权人与直接侵权人的沟通交流记录、被控侵权人向直接侵权人提供的用于电子入侵、非法获取商业秘密的工具和设备等。

6.2.7　损失赔偿证据的取证和存证应用要求

商业秘密存证系统为满足损失赔偿证据的取证和存证应用要求，取证和存证内容需反映损害赔偿证据，应至少包括证明被控侵权人销售利润的损失和被控侵权人获利情况的证据、证明权利人的研发成本的证据、证明商业秘密的合理许可费的证据。

a）证明被控侵权人销售利润的损失和被控侵权人获利情况的证据应至少包括：

1）权利人因侵权行为造成的销量减少数量的财务凭证、销售合同等相关证明；

2）权利人每件产品销售利润的财务报告、核算凭证等相关证明；

3）侵权产品销售量和每件侵权产品的合理利润的相关网页报道、上市公司公告、合法获取的审计报告和财务报表等。

b）证明权利人的研发成本的证据应至少包括：

1）权利人为开发商业秘密投入的物料、人员支出、设备支出、委托开发费用等成本的原始凭证；

2）权利人相关财务报告等。

c）证明商业秘密的合理许可费的证据应至少包括：

1）技术许可协议所注明的许可费价款、许可费支付和收款凭证；

2）技术进出口合同登记证书；

3）其他类似技术的许可费信息等。

6.3 不构成商业秘密侵权证据的存证和取证应用要求

6.3.1 商业信息合法来源证据的存证应用要求

商业秘密存证系统为避免被控侵犯他人商业秘密，存证和取证需反映商业信息来源合法，应至少包括证明商业秘密信息系通过独立开发获得的证据、证明商业秘密信息系通过反向工程获得的证据、证明商业秘密信息系从第三方合法取得的证据。

a）证明商业秘密信息系通过独立开发获得的证据应至少包括：

1）证明商业秘密信息开发的项目立项、过程签批、中间和最终验收的文档；

2）商业秘密信息开发过程中的会议纪要、邮件往来；

3）为商业秘密信息开发所付出成本的原始凭证、财务报告等有关证明性文档及操作元数据。

b）证明商业秘密信息系通过反向工程获得的证据应至少包括：

1）证明合法获取反向工程对象的采购记录、销售合同、收货和验收证明、购买产品付款凭证等；

2）证明反向工程项目的项目立项、过程签批、中间和最终验收的文档；反向工程过程中的拆解、分析记录和证明；

3）反向工程过程中的会议纪要、邮件往来等；

4）为反向工程所付出成本的原始凭证、财务报告等有关证明性文档及操作元数据。

c）证明商业秘密信息系从第三方合法取得的证据应至少包括：

1）与第三方签署的技术许可或转让协议；

2）向第三方支付的费用凭证；

3）第三方交付的技术文件等有关证明性文档及操作元数据。

6.3.2　公知信息的取证和存证应用要求

商业秘密存证系统为避免被控侵犯他人商业秘密，取证和存证需反映权利人主张的商业信息是否属于公知信息，应至少包括证明权利人及其他主体使用公开/销售公开商业秘密的证据、证明通过专利和其他文献公开商业秘密的证据、证明普遍知悉和容易获得的其他证据。

a）证明权利人及其他主体使用公开/销售公开商业秘密的证据应至少包括：

1）产品在电商系统的销售信息、产品的上市注册信息、相关主体的宣传和推广信息、第三方对于公开销售的报道等；

2）使用公开/销售公开的时间、企业购买并拆解产品的时间；反映相关产品设计一致性的有关证明性文档。

b）证明通过专利和其他文献公开商业秘密的证据应至少包括：

1）专利申请和授权文本；

2）公开的学术论文、会议论文、毕业论文等证明性文档。

c）证明普遍知悉和容易获得的其他证据应至少包括：

1）证明“普遍知悉”的相关证据，例如，披露了相关技术信息的教科书、综述性文献；

2）对该等文献进行取证、存证的，应当将发表时间、版权页、教科书的前言部分和载有相关信息的页面进行存证；

3）证明“容易获得”的相关证据，例如，对于直接观察即可获知的信息，可以对购买产品的过程及产品外观进行取证和存证，或者对产品在展会、网站等场景展示的照片、网页内容进行取证存证；

4）对于简单拆解即可获知的信息，可以对产品的拆解、测试和分析过程以及结果进行取证存证。

6.3.3　第三人非明知/应知的存证应用要求

商业秘密存证系统为避免被控侵犯他人商业秘密，存证需反映第三人没有主观过错，应至少包括证明相关主体做出的知识产权承诺的证据、证明被控侵权人为排除侵权可能性做出的合理努力的证据：

a）证明相关主体做出的知识产权承诺的证据应至少包括：前员工在入职或在职过程中做出的不在工作中披露和使用其他任何第三方商业秘密的书面

承诺，合作方在合作协议中做出的不侵犯任何第三方商业秘密的书面承诺等有关证明性文档及操作元数据；

b）证明被控侵权人为排除侵权可能性做出的合理努力的证据应至少包括：被控侵权人在产品发布前做出的自由实施检索、不侵权法律分析，为制止员工在工作中使用第三方商业秘密而制定的相关政策和规则等有关证明性文档及操作元数据。

6.3.4 “个人信赖”相关情节的取证和存证应用要求

商业秘密存证系统为避免被控侵犯他人商业秘密，可行使“个人信赖”抗辩，即，证明客户是基于对被控侵权企业的特定员工个人的信赖而与被控侵权企业进行交易，存证和取证需反映“个人信赖”抗辩相关情节，应至少包括：

a）客户与员工联系并表达与其新任职单位（即被控侵权企业）交易意愿的证明。个人信赖抗辩一般需证明“客户系自愿与该员工或其所属新单位发生交易”，对客户与员工之间表达交易意愿的邮件、信函、沟通记录进行取证和存证；

b）交易习惯、交易条件的证明。个人信赖抗辩一般需证明客户并非基于前单位和/或新单位的“物质条件、商业信誉、交易平台”等情节而达成交易，对交易习惯、交易条件进行说明和证明，表示交易主要依赖前员工的个人技能，而非平台的物质条件、商业信誉、交易平台；

c）行业领域的证明。个人信赖抗辩一般适用于医疗、法律服务等较为强调个人技能的行业领域，对所在行业进行说明和证明。

6.4 商业秘密的存证和取证应用要求

6.4.1 商业秘密证据载体的形式

商业秘密保护相关证据需由一定形式的载体进行记录、承载，应至少包括：

a）电子载体证据：证据内容以数字化形式存储、处理、传输的证据，包括承载商业秘密的电子图纸、电子文档、电子录音、电子邮件、数据库、聊天记录等有关证明性文档及操作元数据；

b）实物载体证据：证据内容以非数字化形式存储、处理、传输的证据，包括载有商业秘密的纸质图纸、纸质文稿、样品样机、产品实物、新品种植物实物、生产厂房及机器设备等。

6.4.2　商业秘密保护电子证据存证、取证的形式要求

商业秘密存证系统为保护电子证据存证、取证过程，需通过商业秘密保护存证系统对电子载体证据进行存证、取证，电子证据存证、取证的形式要求应至少包括商业秘密电子载体的存证、商业秘密电子保密措施的存证、商业秘密侵权电子证据的存证和取证、不构成商业秘密侵权的电子证据存证和取证。

a）商业秘密电子载体的存证应至少包括：对商业秘密电子载体进行常态化存证，在电子载体定稿后及时在商业秘密存证系统存证，确保权利一致性、时间连续性和内容完整性；

b）商业秘密电子保密措施的存证应至少包括：通过电子文件发送的保密要求、计算机终端的权限管理软件生成的访问记录和报告等电子证据，可以在商业秘密存证系统进行存证；

c）商业秘密侵权电子证据的存证和取证应至少包括：对于反映被控侵权人侵权行为的网页、计算机软件画面、被控侵权人向个人邮箱转发的机密文件、数据防泄露监控软件形成的事件报告等证据可以利用商业秘密存证系统进行截屏、录屏、下载操作。例如，反映被控侵权人使用的技术方案的行政审批文件截屏、录屏和下载，反映被控侵权人招投标情况的截屏、录屏和下载等。网页截屏、录屏的具体要求可参见第6.5.4节和第6.5.5节的内容。

d）不构成商业秘密侵权的电子证据存证和取证应至少包括：

1）对常态化的技术信息合法来源存证，包括在独立研发的各个环节对过程性文件和成果性信息载体进行及时存证；

2）在反向工程的购买环节对合法购买的证据进行及时存证；在反向工程分析的各个环节对过程性文件和成果性信息载体进行及时存证；

3）对于公开商业秘密的文献资料也可以利用商业秘密存证系统进行截屏、录屏、下载。

6.4.3　商业秘密保护电子证据存证、取证的应用要求

商业秘密存证系统为保护电子证据存证、取证过程，需通过商业秘密保护存证系统对电子载体证据进行存证、取证，电子证据存证、取证的应用要

求应至少包括权利一致性要求、时间连续性要求、内容完整性要求。

a）权利一致性要求应至少包括：经区块链存证的电子证据应含有权利人的权属标记或相应署名信息；存证主体与权属标记所反映的权利人保持一致；如不一致，则应声明两者的关系；

b）时间连续性要求应至少包括：

1）经区块链存证的电子证据包括该内容信息的形成时间信息；

2）区块链电子证据的存证时间与电子证据的形成时间信息相符，即电子证据形成后宜尽快进行区块链存证。

c）内容完整性要求应至少包括：经区块链存证的电子证据体现并证明电子证据形成的完整过程，例如商业秘密的研发主体、研发时间、研发内容等必要事实，如对项目立项文件、中期验收文件、结项报告文件、重要版本的中间稿或修改稿、其他研发过程证据等要进行完整性区块链存证。

6.5　存证和取证过程性数据的存证应用要求

6.5.1　对存证、取证主体的记录的应用要求

商业秘密存证系统为实现对存证、取证主体的记录，需对发起存证、取证的主体行为日志进行存证，因发起存证、取证的主体一般为区块链存证系统的实名认证登录主体（个人可通过手机号码、生物信息识别等方式认证，单位可通过上传营业执照副本、法定代表人手机号码验证等方式认证）。受他人委托进行存证、取证的，应在存证系统中注明委托人的名称/姓名，同时上传如下文件：

a）授权委托书：授权委托书应当载明委托权限（包含调查取证权限）、委托人和受委托人身份信息等。存在转委托的，授权委托书中应当载明转委托权限，同时应当一并提交转委托书；

b）委托人营业执照扫描件：如委托人为企业的应当提交委托人营业执照扫描件。

6.5.2　主动上传电子数据进行存证的应用要求

商业秘密存证系统为支持当事人通过主动上传电子数据的方式进行存证，完整的电子证据应至少包括：

a）存证所上传的原始文件，如设计图纸、客户名单、销售记录等商业秘

密载体的原始文件；

b）存证上传文件的过程性证明，如项目立项决策、项目验收报告、设计文档的过程稿、草稿等证明商业秘密载体产生过程的文件；

c）存证证明，内容至少包括：存证主体、文件名称、文件格式、存证时间、证据文件哈希值、区块哈希值。

6.5.3 自动上传电子数据进行存证的应用要求

商业秘密存证系统为支持当事人将相关业务系统与商业秘密存证系统进行对接，自动上传相关数据。例如，当事人通过计算机系统以标记、分类、隔离、加密、封存、限制能够接触或者获取的人员范围等方式对商业秘密及其载体进行区分和管理，对相关人员使用、访问、储存、复制商业秘密信息及其载体进行禁止或限制的，当事人可以通过将其计算机系统与商业秘密保护区块链存证平台对接的方式，实现自动上传相关数据。除电子数据原文外，完整的电子证据还应至少包括：

a）相关业务系统的设备型号、配置信息，以便纠纷解决机关了解当事人相关业务系统的硬件环境是否符合相关电子产品行业安全要求，是否具备可信执行环境或安全元件；

b）相关业务系统的运行日志，以便纠纷解决机关了解当事人业务系统的软件环境在电子数据上传存证时是否运行正常，内容至少包括：电子数据的生成时间、上传存证时间、操作系统版本、软件运行进程信息；

c）相关业务系统的网络清洁性检查记录，内容至少包括：互联网访问时间检查、访问路径检查、VPN 检查、网络连接检查。

6.5.4 电子合同存证的应用要求

商业秘密存证系统为支持当事人将与商业秘密保护相关的电子合同进行存证。例如，当事人以在线签约的方式签署保密协议或包含保密条款的商务合同、劳动合同、竞业限制协议等，该等合同可以在商业秘密保护区块链存证平台进行存证。除电子合同文本外，完整的电子证据还应至少包括当事人实名认证、当事人身份核验：

a）当事人的实名认证过程应至少包括：

1）当事人为自然人的情况，实名认证数据包括但不限于：姓名、身份证号码、银行卡号码或第三方支付账户信息、预留手机号码及其他身份认证相关数据；

2）当事人为法人机构的情况，实名认证数据包括但不限于：机构名称、社会统一信用代码、法定代表人姓名、住所及其他身份认证相关数据。

b）当事人在线签约时的身份核验过程应至少包括：身份核验方式（例如密码核验、短信验证码核验、生物信息核验等）、身份核验时间、身份核验方式、身份核验结果。在未违反相关法律法规的前提下，企业可将当事人进行核验身份时的设备信息、网络环境信息、生物识别信息上链存证。

6.5.5 网页截图取证的应用要求

商业秘密存证系统为支持当事人使用网页截图的方式进行电子取证。例如，被控侵权人披露商业秘密的网页信息、被控侵权人获利的网页报道，可以使用网页截图形式通过商业秘密保护区块链存证平台进行取证。网页截图完整的电子证据应至少包括：

a）取证主机归属单位及主机 IP 信息，以便纠纷解决机关了解取证主机是否具备清洁、可信执行环境或安全元件；

b）存证证明内容至少包括：取证主体、取证网址、取证时间、证据文件哈希值；

c）操作日志内容至少包括：取证服务器的 IP 地址、取证开始时间、证据上链时间、取证结束时间；

d）清洁性检查记录内容至少包括：取证环境的操作系统信息、IP 配置信息、访问路径检查、VPN 检查、网络连接检查等；

e）网页截图至少包括：浏览器与服务器交互时的报文 HAR 格式文件、网页本地保存 HTM 格式文件、网页运营主体的 ICP 备案信息等。

6.5.6 屏幕录像取证的应用要求

商业秘密存证系统为支持当事人使用屏幕录像的方式进行电子取证。例如，被控侵权人发布的侵权视频、反映被控侵权人侵权规模的多个网页信息，可以使用屏幕录像形式通过商业秘密存证系统进行取证。屏幕录像完整的电子证据应至少包括：

a）取证主机归属单位及主机 IP 信息，以便纠纷解决机关了解取证主机是否具备清洁、可信执行环境或安全元件；

b）存证证明，内容至少包括：取证主体、证据文件哈希值、取证时间；

c）操作日志，内容至少包括：企业请求开始取证时间、虚拟机分配完成时间、虚拟机 IP 地址、虚拟机操作系统版本、虚拟机远程桌面准备完成时间、企业登录远程桌面时间、虚拟机启用录屏服务时间、虚拟机可信环境自检的开始时间、虚拟机可信环境自检的完成时间、企业结束录屏时间、数据上链时间；

d）清洁性检查记录，内容至少包括：虚拟机机器信息、虚拟机操作系统版本、hosts 文件检查、任务管理器检查、浏览器代理链接检查、互联网访问时间检查、访问路径检查、VPN 检查、网络连接检查；

e）手机操作日志，企业使用手机界面录屏功能时需包括此文件，内容至少包括企业应用程序的安装、卸载记录；

f）手机清洁性检查记录，企业使用手机界面录屏功能时需包括此文件，内容至少包括：手机虚拟界面启动时间、IP 地址、网络类型、WLAN 设置、VPN 设置、蓝牙设置、时间自动同步设置、网络代理情况、清洁性检查结论；

g）录屏视频。

6.5.7 现场实时录音、录像、拍照存证和取证的应用要求

商业秘密存证系统为支持当事人进行现场实时录音、录像、拍照取证。例如，对于商业秘密物理载体的存证、被控侵权行为的现场取证，可以进行现场实时录音、录像、拍照。现场实时录音、录像、拍照的完整的电子数据应至少包括：

a）取证设备型号信息，以便纠纷解决机关了解取证设备是否符合相关电子产品行业安全要求，是否具备物理防拆解能力；

b）取证设备配置信息，以便纠纷解决机关了解取证设备是否具备可信执行环境或安全元件，取证设备的音视频采集、储存、传输等核心组件是否为原装或经过更换；

c）取证设备的唯一标识，取证设备采集的音频、视频、图片数据应采用数字水印、图像指纹等方式计算其与设备唯一进行锚定，以便纠纷解决机关了解存证数据与取证设备之间的唯一对应关系；

d）取证模块权限信息，以便纠纷解决机关了解取证模块是否按最小可用原则调用设备系统权限，是否存在超越合理权限篡改存证数据的风险；

e）存证证明，内容至少包括：取证主体、取证时间、证据文件哈希值；

f）操作日志，内容至少包括：取证开始/结束时间、取证地理位置信息、取证设备运行进程信息；

g）清洁性检查记录，内容至少包括：互联网访问时间检查、访问路径检查、VPN 检查、网络连接检查；

h）录音音频、录像视频、照片图片。

6.5.8　使用 3D 扫描技术进行存证和取证的应用要求

商业秘密存证系统为支持当事人采用 3D 扫描技术将实物载体证据转化为电子载体证据，并对电子载体证据及相应工程文件进行存证。使用 3D 扫描技术的完整电子数据应至少包括：

a）3D 扫描所得的原始工程文件，一般包括 .asc，.stl，.obj，.ply 等格式文件；

b）使用 3D 软件（例如，SolidWorks，Geomagic Solutions，PolyWorks 等）打开相应工程文件后所呈现的画面以及反映相应技术参数信息、形成时间、制作主体的页面；

c）工程文件的显示界面、呈现效果进行存证的屏幕录像。

d）对上述电子数据的存证过程中，采用电子数据上传、屏幕录像等其他存证方式的，应符合本标准第 6.5.7 条的相关规定。

e）使用 3D 扫描技术进行反向工程的，反映实物载体证据的信息与合法来源证据的对应性。例如，3D 扫描显示的实物载体证据表面产品编号应与采购合同中的产品编号一致等。

6.5.9　使用 VR 场景构建技术进行存证和取证的应用要求

商业秘密存证系统为支持当事人采用 VR 场景构建技术将实物载体证据转化为电子载体证据，并通过商业秘密存证系统对电子载体证据及相应工程文件进行存证。VR 场景构建技术是指采用多个摄像机呈环形或球面排列进行拍摄，并经过相应图像拼接算法拼接和编辑处理，形成最终 VR 效果文件。完整的电子证据应至少包括：

a）不同摄像机在各个角度所捕捉和拍摄的原始画面；

b）选用的图像拼接算法软件及拼接算法的相应信息；

c）VR 场景构建拍摄、拼接和编辑过程中所使用的全部设备信息；

d）最终形成的 VR 工程文件；

e）VR 场景构建后所呈现效果的录屏文件；

f）对上述电子数据的存证过程中，采用电子数据上传、屏幕录像、现场实时录音录像等其他存证方式的，应符合本标准第 6.5.7 条的相关规定。

6.6 商业秘密系统的出证和核验应用要求

6.6.1 出证与核验的基本应用要求

商业秘密存证系统为提供便捷的核验工具，满足核验区块链电子证据的便捷性需求、满足纠纷解决机关审查区块链电子证据需求，应至少包括：

a）使用商业秘密存证系统进行存证取证，或通过跨链的方式与人民法院司法区块链统一系统进行对接，数据核验应符合最高人民法院的有关规定。

b）作为证据提交的电子数据系通过商业秘密存证系统存储，并经技术核验一致的，纠纷解决机关可认定该电子数据上链后未经篡改，但有相反证据足以推翻的除外。

c）商业秘密存证系统将存证数据同步传输至公证机关进行互联网公证，或同步传输至司法鉴定机关进行互联网存证的，如公证机关、司法鉴定机关在公证书、司法鉴定书中对存证内容进行证明，则可推定存证数据在形式上符合证据真实性要求，但对方当事人提交相反证据的除外。

6.6.2 证据核验工具的应用要求

商业秘密存证系统为区块链电子证据核验提供支撑，应至少包括：

a）将存证上传的原始文件或取证获取的证据文件与文件哈希值或区块哈希值进行匹配校验；

b）具备核验功能的网站、客户端等。

6.6.3 配套证明文件的应用要求

使用经商业秘密存证系统存证的电子证据进行诉讼或仲裁时，商业秘密存证系统应为当事人提供相关配套证明文件，对区块链存证技术的可靠性与证据核验的准确性进行有效证明，应至少包括：

a）节点成员证明，包括但不限于：商业秘密存证系统提供节点成员实名认证资料、加入协议等；

b）节点服务器配置证明，包括但不限于：节点服务器型号、位置、配置、节点服务器购买/租赁合同等原始凭证等；

c）商业秘密存证系统运行情况证明，包括但不限于：软件环境、传输协议、纠错机制等；

d）哈希转换算法说明，包括但不限于：披露转换算法，即对每一项存证数据与哈希值之间的一一对应关系进行演示或说明；

e）共识机制说明，包括但不限于：共识机制的类型、原理、与节点数量的关系/维持可信性的最低节点数量、节点区块数据是否存在被篡改情况。

附录5：可信区块链推进计划团体标准（T/TBI 36—2022）

区块链司法存证应用标准 第5部分：数字藏品应用场景

1 范围

本文件规范了基于区块链的数字藏品平台技术要求，规定了数字藏品的业务流程与管理要求，并为数字藏品场景下的司法存证与取证要求进行规范。

本文件适用于数字藏品应用中的司法存证与取证场景，为数字藏品发行方、平台运营方、司法机构等相关方提供指引。

2 规范性引用文件

下列文件中的内容通过文中的规范性引用而构成本文件必不可少的条款。其中，注日期的引用文件，仅该日期对应的版本适用于本文件；不注日期的引用文件，其最新版本（包括所有的修改单）适用于本文件。

GB-T 22239—2019 信息安全技术 网络安全等级保护基本要求

T/TBI 26—2021 区块链司法存证应用标准 第1部分：数字版权应用场景

ISO 22739：2020 区块链和分布式记账技术—术语和概念

ITU-T F. 751. 0 分布式账本系统要求

3 术语和定义

下列术语和定义适用于本文件。

3. 1 数字藏品 digital collectibles

将原始作品复制于特定应用界面或存储空间，以区块链技术在区块链生成的唯一对应的虚拟凭证进行标识的数字化资产，由数字藏品发行方通过数字藏品平台向用户发行、发放，供用户进行收藏、展示、学习、研究、欣赏和分享。

3.2　原始作品　original works

指发行方用于生成和发行数字藏品的原创或授权作品及其中的素材、内容和元素，包括但不限于数字图片、音乐、视频、3D 模型等各种形式。

3.3　数字藏品平台　digital collectibles platforms

基于非同质化数字凭证技术向发行方和公众提供数字藏品的铸造、发行、信息展示、交易、流转和应用的平台。

3.4　数字藏品发行方　issuers

在数字藏品平台上，铸造数字藏品并向公众有偿或无偿提供数字藏品的实体或个人。

3.5　数字藏品平台运营方　platform operators

运营和管理数字藏品平台的实体。

3.6　数字藏品的用户　users

根据数字藏品平台的相关规则，在数字藏品平台购买、获赠或以其他方式获取数字藏品，并对相应数字藏品享有收藏、展示、学习、研究、欣赏和分享等权利的个人。

4　缩略语

下列缩略语适用于本文件。

ID：标识符（Identifier）

LOGO：商标（logotype）

5 数字藏品业务基本原则

数字藏品业务参与方从事铸造、发行、流转、治理等数字藏品业务活动时，应坚持价值化、实用化、合规性原则。

6 数字藏品应用区块链技术要求

6.1 数字藏品基本要求

从事数字藏品业务，应使用区块链技术进行数字藏品的铸造、发行和流转等活动，数字藏品应满足如下要求：

a）唯一性：在特定的区块链上，基于哈希函数等技术手段，建立数字藏品元数据与凭证标识的唯一映射关系，保证数字藏品的链上唯一性和不可复制性；

b）可追溯性：数字藏品的铸造、发售、流转均在特定区块链上通过智能合约执行，各节点对执行结果进行记录并通过共识机制完成一致性确认并存证，保障记录不可篡改；

c）不可拆分性：数字藏品是特定原始作品在区块链上的指代性标记，无法被拆分为两个或多个相同的份额。

6.2 数字藏品平台存证技术要求

数字藏品平台在铸造、发行、流转和治理等业务时，对产生和处理的电子数据应进行区块链存证。其使用的区块链系统应满足如下要求：

a）基础硬件、基础软件、密码算法、节点通信、账本数据、共识协议、智能合约、身份管理、隐私保护等应符合相关国家标准或行业标准的技术要求和安全要求；

b）电子数据的生成、固定、传输和使用的技术和过程应当符合相关国家标准或行业标准中关于系统环境、技术安全、加密方式、数据传输、信息验证等方面的具体要求；

c）进行数字藏品业务相关操作时所使用的软硬件环境应满足电子存证的清洁性要求，包括硬件设备、网络环境、虚拟机环境、运行状态等应满足清洁性要求；

d）区块链服务平台应通过中共中央网络安全与信息化委员会办公室备案。

7　数字藏品铸造前的存证要求

7.1　数字藏品原始作品权属及授权审核数据存证

7.1.1　原始作品的权属审核数据存证

数字藏品铸造前，数字藏品发行方应向数字藏品平台提交原始作品的权属证明文件，以证明其具有数字藏品铸造的权利。数字藏品发行平台运营方应对原始作品权属证明文件进行审核，相关权属证明文件及审核过程等相关电子证据应上链存证。权属证明文件包括如下材料：

a）版权登记证书；

b）公开发表资料；

c）原始作品的创作资料，如创意描述、作品大纲、创作组成元素以及作品中间版本等；

d）商标注册证书；

e）专利证书；

f）继受取得作品权利的相关身份证明或其他继承材料；

g）转让获得作品权利的转让合同等证明材料；

h）法人作品或职务作品需提供与作品创作者之间的劳务关系等证明材料；

i）委托设计作品需提供委托设计合同等能够体现权属约定的证明材料；

j）合作作品需提供合作合同等能够体现与他人共同享有作品权利的证明材料；

k）或其他能证明原始作品权利人对该作品享有权利的证明材料。

7.1.2　原始作品的授权审核数据存证

如果数字藏品发行方不是原始作品的著作权人，数字藏品发行方需要另行取得原始作品著作权人的授权。数字藏品发行方可以提交原始作品的许可协议或授权协议或者版权授权书等授权文件，以证明其经授权有权铸造和发行数字藏品。数字藏品平台运营方应将其审核过的前述授权文件及审核过程的相关数据及时上链存证，该等授权文件具体应当包含以下信息：

a）数字藏品的发行时间处在授权期间内；

b）授权文件记载的授权权利范围涵盖复制权、发行权、信息网络传播权等著作财产权。如数字藏品涉及对原始作品进行二次创作，需要取得改编权的授权；

c）授权用途能否包含数字藏品发行；

d）授权文件由有权主体通过合法、有效的形式进行签署。

7.2 数字藏品内容安全审核及电子数据存证

数字藏品平台运营方对数字藏品及原始作品进行内容安全审核的，应将审核内容、审核结果进行区块链存证，包括但不限于：

a）数字藏品内容是否违反法律法规或监管政策要求；

b）数字藏品内容是否违反公序良俗；

c）数字藏品内容是否存在或其他可能产生严重负面舆情的情形。

7.3 数字藏品发行协议审核的数据存证

数字藏品平台运营方应当与数字藏品发行方签署委托发行协议，数字藏品平台运营方应对发行协议、协议签署过程及相应的元数据及时上链存证。

7.4 数字藏品页面展示信息审核数据存证

数字藏品发行方通过数字藏品平台销售数字藏品的，在开始销售之前数字藏品发行方或数字藏品平台运营方可以对数字藏品的销售页面展示信息进行审核，并对销售页面、审核过程及相应元数据及时上链存证。具体审核内容包括：

a）内容一致性审核：对销售页面展示信息与数字藏品元数据、原始作品权属及授权文件是否一致进行审核，真实、准确、完整披露数字藏品信息，保障消费者的知情权、选择权、公平交易权；

b）用户权益审核：对销售页面介绍的用户所享有的数字藏品权益是否已完整涵盖在原始作品授权文件中进行审核，从而保障消费者的合法权益；

c）素材授权审核：对销售页面展示信息中的图片、背景音乐、字体、LOGO、人物肖像、视频等素材是否取得权利人的授权进行审核，保障相关方的合法权益；

d）宣传合规性审核：销售页面的宣传文案是否符合《中华人民共和国广告法》及相关行政法规的规定，不得诱导用户进行盲目投资、炒作及非法交易。

7.5　数字藏品平台账户注册数据存证

数字藏品平台要求用户进行有效注册后才能使用浏览、评论、分享等功能，数字藏品平台运营方应当对用户注册、身份验证的信息及操作元数据及时上链存证，包括但不限于：

a）用户的姓名；

b）手机号码；

c）账户名称；

d）昵称、头像；

e）第三方账户相关信息（如有）；

f）用户的设备、网络环境信息（如有）；

g）用户授权的其他信息。

7.6　用户实名认证数据存证

数字藏品平台运营方根据相关法律法规中有关实名认证和反洗钱的要求，在用户通过数字藏品平台购买、领取或通过其他方式取得数字藏品的相关权利之前，要求用户提供必要的身份证明信息并进行实名认证。对用户的身份证明信息及实名认证过程元数据及时上链存证，包括但不限于：

表1　用户身份证明信息存证

存证字段	描述或要求
用户姓名	用户证件姓名
用户账户	用户在数字藏品平台注册的账户名称
昵称	用户在数字藏品平台使用的用户名昵称
证件类型	用户证件类型包括身份证、护照等
证件号码	所选证件类型对应的号码

续表

存证字段	描述或要求
身份证明方式	用户进行身份证明认证的方式，包括但不限于身份证件证明、手机号码证明、生物识别信息证明或第三方机构认证认可的其他认证方式等
证明时间	身份证明通过的时间
证明结果	用户身份认证的结果，包含“通过”和“不通过”

7.7　数字藏品发售规则数据存证

数字藏品平台应当对购买藏品的用户的资格作出规定并进行审核，数字藏品平台运营方应将审核结果进行区块链存证，包括但不限于：

a）购买人是否满足一定的年龄限制；

b）购买人是否具备一定的民事行为能力。

8　数字藏品铸造、发行、流转环节的存证要求

8.1　数字藏品铸造相关电子数据存证

数字藏品平台应将数字藏品发行方提供的原始作品铸造数字藏品及其发行信息及时在区块链上进行存证。上链信息可以包括但不限于下表所列信息：

表2　数字藏品铸造阶段的区块链存证信息

存证字段	描述或要求
数字藏品 ID	数字藏品对应的唯一编码
数字藏品名称（可选）	数字藏品名称
数字藏品源文件对应的哈希值	在区块链上生成的不可篡改的哈希值

8.2　数字藏品首次发行、销售数据存证

用户通过数字藏品平台购买了发售中的数字藏品，数字藏品平台应通过调用数字藏品对应的智能合约，将数字藏品销售、持有信息等信息及时上链存证，具体包括：

表 3 数字藏品发售信息存证

存证字段	描述或要求
数字藏品 ID	数字藏品对应的唯一编码
发行方区块链地址	数字藏品销售之前，在区块链上储存位置的编码
购买者区块链地址	购买者取得数字藏品之后，数字藏品在区块链上储存位置的编码
流转方式	购买者从发行方获得数字藏品的方式：发售
流转时间	购买者从发行方获得数字藏品的时间
流转哈希	链上发售交易标识
流转结果	交易是否成功

8.3 用户间无偿赠予数据存证

数字藏品平台支持用户以无偿赠予方式变更数字藏品的持有人。数字藏品平台运营方对无偿赠予的条件作出规定并对受赠人的资格进行审核的，应对其规则及受赠人资格审核过程元数据及时上链存证，包括但不限于：

a）受赠人是否满足一定的年龄限制；

b）受赠人是否具备一定的民事行为能力；

c）转赠人连续持有数字藏品是否达到一定的时间。

同时，数字藏品平台应当通过调用数字藏品对应的智能合约，将数字藏品赠予的相关信息及时上链存证，具体包括：

表 4 数字藏品无偿赠予信息存证

存证字段	描述或要求
数字藏品 ID	数字藏品对应的唯一编码
转赠人区块链地址	转赠人持有的数字藏品在区块链上储存位置的编码
受赠人区块链地址	受赠人取得数字藏品之后，数字藏品在区块链上储存位置的编码
流转方式	受赠人从转赠人获得数字藏品的方式：转赠
流转时间	受赠人从转赠人获得数字藏品的时间
流转哈希	链上转赠交易标识
流转结果	交易是否成功

8.4 用户间转售数据存证

在符合相关法律法规的前提下，用户通过数字藏品平台或其他交易场所、拍卖场所对持有的数字藏品进行再次转售的，数字藏品平台运营方应当通过调用数字藏品对应的智能合约，将数字藏品的转售的相关信息及时上链存证，具体包括：

表5 数字藏品转售信息存证

存证字段	描述或要求
数字藏品 ID	数字藏品对应的唯一编码
出售人区块链地址	出售人持有的数字藏品在区块链上储存位置的编码
买受人区块链地址	买受人取得数字藏品之后，数字藏品在区块链上储存位置的编码
流转方式	买受人从出售人获得数字藏品的方式：交易
流转时间	买受人从出售人获得数字藏品的时间
流转哈希	链上交易标识
流转结果	交易是否成功

8.5 数字藏品继承数据存证

如果用户死亡的，数字藏品平台运营方允许其继承人以继承方式获得数字藏品的，可以对继承人提交的关于用户死亡及其享有继承权的相关证明材料及时上链存证，具体包括：

a）死亡证明；

b）继承人与被继承人的亲属关系证明；

c）其他继承人放弃数字藏品继承权的承诺书（如有）；

d）被继承人的遗嘱（如有）。

同时，数字藏品平台应通过调用数字藏品对应的智能合约，将数字藏品继承的相关信息在区块链上进行记录和存证，具体包括：

表 6　数字藏品继承信息存证

存证字段	描述或要求
数字藏品 ID	数字藏品对应的唯一编码
被继承人区块链地址	被继承人持有的数字藏品在区块链上储存位置的编码
继承人区块链地址	继承人取得数字藏品之后，数字藏品在区块链上储存位置的编码
流转方式	继承人从被继承人获得数字藏品的方式：继承
流转时间	继承人从被继承人获得数字藏品的时间
流转哈希	链上继承转让标识
流转结果	继承转让是否成功

8.6　数字藏品信息查验

数字藏品平台可以提供数字藏品的区块链信息查询功能，以供用户及公众查询和了解账户下持有的藏品信息和流转记录等。信息查询结果包括：

a）数字藏品的藏品名称；

b）数字藏品哈希值；

c）流转哈希值；

d）持有人相关信息。

9　数字藏品治理环节的存证要求

9.1　数字藏品业务治理规则数据存证

数字藏品平台运营方为了对涉嫌侵权、炒作或将数字藏品用于非法用途等行为进行治理，如果依据相关法律法规及本文件制定了平台管理规范并向数字藏品发行方、用户予以公示的，数字藏品平台运营方可以对上述管理规范的文本、公示及后续变更情况及时上链存证。

9.2　数字藏品侵权行为存证与取证

9.2.1　第三方发送侵权通知数据存证

第三方认为数字藏品平台的数字藏品及销售信息侵犯其著作权、商标权、肖像权、姓名权或其他合法权益，按照法律规定的程序向数字藏品平台送达侵权通知的，数字藏品平台运营方应对侵权通知的文本及相关信息及时上链存证，具体包括：

a）通知人的姓名（名称）和联系方式；

b）通知人的权属证明或其他证明权利的材料；

c）要求采取必要措施的作品名称、网络地址或者足以准确定位侵权内容的相关信息；

d）要求采取必要措施的用户的相关侵权行为、事实等证据；

e）通知人要求删除相关信息的理由。

9.2.2　侵权通知处理数据存证

数字藏品平台运营方将上述侵权通知转交数字藏品发行方，如果发行方认为数字藏品不存在侵权行为并提交申诉材料及不侵权声明，数字藏品平台运营方可以将上述通知、声明的文本及转交情况及时上链存证。

9.2.3　侵权行为取证

数字藏品发行方和/或原始作品权利人认为他人侵犯数字藏品相关知识产权的，应对侵权行为和证据进行区块链取证，具体包括：

a）侵权存证中应包含发布主体信息，以及该等主体是否经过实名认证的相关证据。若侵权主体为单位主体，且该网络账号已经发布平台核验认证，则取证中是否包含该单位主体完整企业名称的网络账号认证信息页面进行存证；若侵权主体为自然人主体，且该网络账号名称为自然人实名并经发布平台核验认证，则取证中应包含该自然人完整姓名的网络账号认证信息；

b）侵权存证中应包含侵权作品的发布平台名称。若侵权主体为匿名账号或未经发布凭条核验认证，则应将该网络账号的账号信息进行存证；

c）侵权存证中应包括侵权作品的发布时间；

d）侵权存证中应包含侵权作品的完整内容。

上述证据系通过网页截图、录屏视频取证、现场实时录音录像进行存证和验证的，可以参照《区块链司法存证应用标准—数字版权场景》的相关规定。

9.2.4　侵权证据审核数据存证

数字藏品平台运营方在收到投诉人和数字藏品发行方的证据后，对侵权证据进行初步审核。数字藏品平台运营方在综合投诉人的材料和发行方的申诉材料后，可以从以下角度审查投诉是否成立：

a）投诉人的权利是否有效；

b）数字藏品的内容是否有可能构成侵权；

c）数字藏品发行方的申诉理由是否成立；

d）数字藏品平台运营方可以将审核过程、审核结果及相关数据及时上链存证。

9.2.5 侵权行为处理数据存证

如经数字藏品平台运营方审核投诉成立，数字藏品存在可能侵害第三方权利的情形的，数字藏品平台运营方应当及时将审核结果通知投诉人和数字藏品发行方，并对数字藏品采取屏蔽、断开链接、放入黑洞账户以及其他法律法规规定的必要处置措施。数字藏品平台运营方应当使用区块链技术，通过执行智能合约和共识机制将数字藏品的销毁情况进行存证和记录。数字藏品平台运营方可根据业务需求将处置措施、处置结果和处置时间及时上链存证。

9.3 用户违规交易行为治理相关电子数据存证

用户违反数字藏品平台的管理规范，利用不正当手段抢购数字藏品，或者利用数字藏品进行炒作、欺诈或从事其他非法活动的，数字藏品平台运营方应将违规行为的操作元数据及相应的处理措施进行区块链存证，存证信息如表7所示。

表7 违规治理的区块链存证信息

行为	具体描述	处置措施
组织数字藏品场外交易	组织数字藏品的场外交易行为，包括但不限于在任何平台、网站、社交媒体通过拍卖、担保交易、发布交易信息等形式组织或撮合数字藏品场外交易或为其提供便利的	a）限期关闭用户的数字藏品平台账户的购买/转赠/对外分享功能； b）封禁数字藏品平台账号； c）构成犯罪的，报警并移交司法机关处理
利用外挂抢购数字藏品	利用外挂（包括通过非官方程序、软件、硬件、机器、脚本、爬虫或其他自动化的方式）抢购数字藏品的行为，出售外挂工具或提供代抢服务的	
违规使用数字藏品	违规使用数字藏品，包括但不限于超过数字藏品发行方的授权范围使用数字藏品	
发布违规或不当信息	发布违规或不当信息，损害数字藏品平台或他人合法权益	
违法犯罪行为	构成违法犯罪的，包括但不限于欺诈、洗钱、非法经营等	
其他违约行为	其他违反数字藏品平台管理规范的行为	